KB273151

빌딩
투자
실전서

실패하지 않는 꼬마빌딩·중소형빌딩 투자와 리모델링·신축 지침서

빌딩 투자 실전서

임동권 지음

매일경제신문사

우리나라에서 '부동산 투자'라 하면 대부분 아파트 투자를 떠올린다. 아파트 투자는 쉽다. 건축법이나 공법적 지식이 없어도 별다른 문제가 없다. 그저 종잣돈에 맞춰 대출 가능 금액을 파악한 후, 원하는 지역의 아파트 매물을 검색해 요모조모 따져보고 결정하면 된다. 자금이 부족한 젊은 시절에는 외곽의 소형평수에서 시작해서 종잣돈이 모이면서 점차 도심으로 진입하는 패턴으로 진행된다. 우상향 호경기 시절에는 내 선택이 좋다기보다는 대세에 따라 가격이 올라가고, 우하향 시기에는 내 의지와 상관없이 동반 하락한다.

그런데 꼬마빌딩 투자는 아파트 투자와 결이 다르다. 달라도 너무 다르다. 투자자가 공법 지식이 불충분한 상태에서 덤벼들면 원금 일부를 잃을 수도 있다. 이런 일이 빌딩 투자 시장에서는 종종 발생한다. 빌딩 시장에서 18여 년 동안 빌딩 중개와 리모델링 및 신축 자문을 수행해온 필자는 빌딩 투자를 살얼음판을 걷는 심정에 비유한다. 좀 더 과장해서 말하면, 지뢰밭을 탐색하면서 전진하는 심정이다. 왜 그런지는 이 책을 읽어보면 안다.

이 책은 꼬마빌딩을 비롯한 중소형빌딩 투자, 빌딩 리모델링과 신축 및 유지·관리 전반에 대해 이론과 현장을 아우르는 빌딩 재테크 교과서다. 꼬마빌딩을 소유한 사람이나 준비된 자금으로 건물을 매입하려는 투자자, 또는 빌딩주의 꿈을 키워가는 선량한 현대인이 이 책을 읽고 실행하면 빌딩주의 꿈을 이루는 데 큰 도움이 될 것이다. 은퇴 세대의 생활안전판이자 성공한 사람의 상징으로 통하는 건물주가 되는 데 필요한 모든 지식을 이 책에 담았다.

필자는 2015년 9월 종합베스트셀러《10년 안에 꼬마빌딩 한 채 갖기》를 비롯해 꼬마빌딩 재테크 책만 6권을 집필해서 '꼬마빌딩'을 부동산 투자의 한 분야로 정착시킨 장본인이다. 투자자들을 대상으로 매경부동산아카데미, 건대미래지식교육원 등에서 꼬마빌딩 재테크를 강의해오고 있다. 〈매일경제〉 신문에서 중소형빌딩 리모델링 칼럼니스트로 활동하고 있으며, 에듀윌부동산아카데미와 부동산멘토스쿨에서 빌딩 중개와 리모델링·신축을 가르치고 있다. 또한, 개업공인중개사들을 대상으로 서울시가 주관하는 연수교육 과정에서 '건물·토지 중개 실무'를 교육하고 있으며, 동국대학교 행정대학원에서 부동산학을 가르치고 있다. "중소형빌딩 리모델링 리스크의 특성과 관리에 관한 연구" 논문으로 국내 중소형빌딩 리모델링 분야 1호 박사인 필자는 빌딩 투자와 리모델링 및 신축 분야에서 이론과 실전을 겸비한 전문가의 식견을 이 책에 담았다. 필자만 알기에는 너무나 아까운 빌딩 투자 관련 지식, 건설사나 건축사가 알려주지 않는 리모델링의 비법을 세상에 널리 알려, 성실하게 살아온 건물주나 투자자, 월급쟁이와 자영업자가 이 책에서 전하는 재테크를 터득하고 실천해 은퇴 후 풍요로운 삶을 누리도록 돕자는 자세로 집필했다.

국내 빌딩 시장에서 리모델링은 상수다. 현존하는 건물의 70%는 1995년 이전에 지어졌기에 준공 후 30년이 넘었다. 건물주나 투자자는 리모델링 지식 없이는 성공하기 어렵기 때문에 이 책에서는 리모델링에 심혈을 기울였다. 오늘날 우리나라 리모델링 기술은 비약적으로 발전했다. 구조안전진단 기사는 건물을 부수지 않는 비파괴 방식으로 첨단 기기를 이용해 건물의 골조를 엑스레이 찍듯 훤히 들여다보며 압축 강도와 인장 강도를 정확히 측정한다. 증축되는 건물의 하중을 계산하고, 외피 부착에 따른 자중(自重 : 건물 자체의 무게)의 증가를 파악해 필요 부위에 적절한 보강과 보수를 지시하는 구조도면을 도출한다. 건설사는 그 도면에 맞춰 시공함으로써 건물의 성능을 신축에 근접시킨다. 이런 놀라운 발전 덕분에 리모델링공사를 수행하면서 엘리베이터도 설치하고, 계단실도 이전시키고, 증축도 병행하는 것이다. 단순히 현장경험에 기초해서 어림잡아 구조보강을 하는 게 아니다. 지금의 리모델링은 과학이다. 그럼에도 불구하고 온전히 자신의 경제력과 책임으로 건물의 성능 회복과 미관 개선을 위한 리모델링을 실행해야 하는 건물주나 투자자들을 위한 맞춤형 서적이 불충분해 리모델링을 계획하는 분들이 어려움을 겪고 있는 현실을 타개하기 위한 일환으로 이 책을 펴냈다.

필자는 평소 서울 및 수도권 지역의 빌딩 소유주들이나 내 책을 읽고 찾아온 빌딩 투자자들을 대상으로 빌딩 중개와 리모델링 및 신축 컨설팅을 수행한다. 낡은 건물 소유주나 건물 매수자들의 의뢰를 받아 필자는 입지 분석과 상권 분석을 수행하고, 이를 기반으로 입지에 최적화된 층별 임대 구성(MD)을 해준다. MD에 맞춰 그에 어울리는 다양한 현대적 건물 디자인 대안을 제시해 의뢰인의 선택을 돕는다. 이후 필자가 자신 있게 추천하는 리모델링 시공사와 연결해 의뢰인의 구상을 전달하고, 그에 따른 조감도와 가견적을 제시한다. 시공사에게 가견적을 의뢰하면 대개 2~3주 걸리지만, 필자는 1~2시간이면 실견적의 90% 수준까지 산출해줄 수 있다. 이후 건설사와 수차례 상담을 거쳐 공사 범위가 설정되면 도급계약 체결을 안내한다. 착공 후 필자는 수시로 현장을 방문해 공사 진행을 점검하고, 시공사와 건물주 간의 의사소통을 돕고 공사 현장에서 발생할 수 있는 분쟁과 공사비 증액 문제 등을 중재한다. 또한, 필자는 완공 후 달성 가능한 임대료를 사전에 산출해 빌딩 시장에서 팔릴 만한 임대수익률을 기초로 해서 논리적으로 타당한 건물가격을 산출해준다. 이로써 준공 후 매월 예상되는 임대수익과 처분 시 예상되는 자본이득을 제시해준다. 이처럼 건물 리모델링과 신축에 대해 계획 단계부터 완공 단계까지 통틀어 챙기고 있다.

이 책의 'Part 1'에서는 월급쟁이와 자영업자의 영원한 로망인 꼬마빌딩, 나아가 중소형빌딩 투자를 앞두거나 장래에 투자를 계획하는 이들을 위해 통계에 근거한 투자 수요, 시대 변천에 따른 건물 트렌드, 철근콘크리트 건물의 수명과 우리나라 중소형빌딩의 노후도 현황 및 건물의 유지·보수·개수의 필요성과 빌딩 성능을 좌우하는 3요소를 논한다.

'Part 2'에서는 왜 빌딩 투자 공부가 중요한지에 초점을 둔다. 대박 추구의 위험성을 경계하고, 대박보다는 중박 이상을 목표로 해서 내재 가치를 보유한 물건을 식별하는 노하우, 상권 분석과 입지 분석을 기초로 층별 임대계획을 수립하는 요령, 매입 전 건물 답사 요령, 건물 매매계약 시 꼭 필요한 특약 달기, 건축물현황도의 중요성과 거래에 따른 제반 세금을 검토한다.

'Part 3'에서는 꼬마빌딩 투자 전략을 다룬다. 꼬마빌딩은 일반인이나 법인 투자자에게 자산 가치 상승 및 안정적 임대수익을 동시에 추구할 수 있는 매력적인 투자 대상이다. 그러나 한정된 자본과 다양한 시장 변수 속에서 성공적인 투자를 실현하려면 명확한 투자 전략이 필요하다. 이 Part에서는 꼬마빌딩 투자에서 핵심이 되는 전략을 임대수익, 자본이득, 레버리지 활용, 투자 기간별 전략 등으로 구분해서 살펴본다.

'Part 4'에는 빌딩 가치를 올리는 꿀팁을 담았다. 날로 심화하는 빌딩 시장에서 승리할 뿐만 아니라 빌딩 가치를 올리기 위해서는 신경 쓸 일이 많다. 살길은 차별화에 있다. 빌딩 외관 개발과 승강기 설치, 패러핏(parapet : 옥상 장식 구조물)과 옥상정원 설치, 내관과 화장실 꾸미기, 건물의 유지·관리 요령을 알아본다.

'Part 5'는 리모델링 전반에 대한 이해를 돕는 내용이다. 리모델링을 시행하기에 앞서 리모델링의 개념을 파악하고, 국내 노후 건축물의 현황과 리모델링의 필요성을 이해한다. 꼬마빌딩 리모델링의 11가지 특성을 공부하고, 아파트 리모델링과 차이점을 비교한다. 빌딩 시장에 나온 매물 중 수지가 맞는 물건 고르는 노하우를 익힌다.

'Part 6'에서는 본격적인 리모델링에 앞서 리모델링 관련 법규와 인허가 절차를 검토한다. 국내 리모델링 제도의 연혁을 살피고, 리모델링 절차와 용도변경에 대해 공부한다. 리모델링 시 적용되는 공법을 익히고, 평소 우리에게 생소하지만 리모델링 시 중요한 소방시설법과 장애인 등 편의법의 적용에 대해서도 알아본다.

'Part 7'은 리모델링 실전이다. 리모델링을 위한 사업계획을 수립하고, 건축사와 시공사 및 감리 선정과 도급계약 체결 시 유의점을 다룬다. 구축 건물 철거 시 주의사항과 리모델링의 주요 리스크와 대처법을 알아본다. 공사비 투입 규모에 따른 건물의 기능 향상과 임대수익 상승의 정도를 사례를 들어 설명한다. 리모델링공사 착공부터 완공까지 시각 자료를 곁들여 체험하고, 성공 사례와 실패 사례를 살펴본다.

당신이 원하는 곳에 꿈에 그리던 빌딩을 짓는다는 것은 태어나서 경험할 수 있는 가장 큰 성취일 것이다. 이를 위해 'Part 8'에서는 빌딩 신축에 관해 중요한 사항을 전한다. 용적률에 유리한 경사지에 대한 새로운 이해, 토지 매입 시 주의사항과 가설계의 중요성, 신축과 리모델링의 근본적 차이점, 건물 규모에 따라 왜 공사비가 달라지는지 등을 접하면 깨우치는 바가 클 것이다.

천신만고 끝에 빌딩주가 된 후에도 안정적인 임대수익 창출과 건물 유지 관리를 위해 챙겨야 할 일들이 많다. 'Part 9'에서는 임대료 관리와 건물 유지 관리를 위한 관리비 부과 및 관리인 고용이나 위탁 관리, 공실 관리와 대처 방안, 외벽 관리 요령, 누수나 결로 발생 시 처리 방법에 관해 구체적 사례를 들어 설명한다.

빌딩 재테크에 무지한 수많은 건물주가 건물 노후화에 따른 적절한 대처를 하지 못하고, 임대료 하락과 공실 문제로 인해 빌딩푸어로 전락하고 있기도 하지만, 이 책의 콘텐츠를 이해하고 건물 가치 제고 기법을 실천한다면 승리자의 삶을 살 것이다. 이 책은 평소 묵묵히 생업에 정진하며 알뜰살뜰 저축해 미래를 준비하는 직장인과 자영업자들이 내재 가치 충만한 물건을 골라 다양한 건물 가치 제고 기법을 활용해 성공한 빌딩주로서 풍요로운 인생 2막을 여는 지름길로 안내하는 등대가 될 것이다. 이 책을 읽고 재테크를 실행하는 독자들은 지금부터 희망을 품고 '갓물주'가 되는 그날까지 열심히 배우고 저축해서 성공적인 빌딩 투자를 실행하기를 기원한다.

임동권

Part 6. 리모델링 관련 법규 및 인허가 절차

Part 7. 리모델링 실전

Part 8. 빌딩 신축 노하우

Part 9. 빌딩 관리의 모든 것

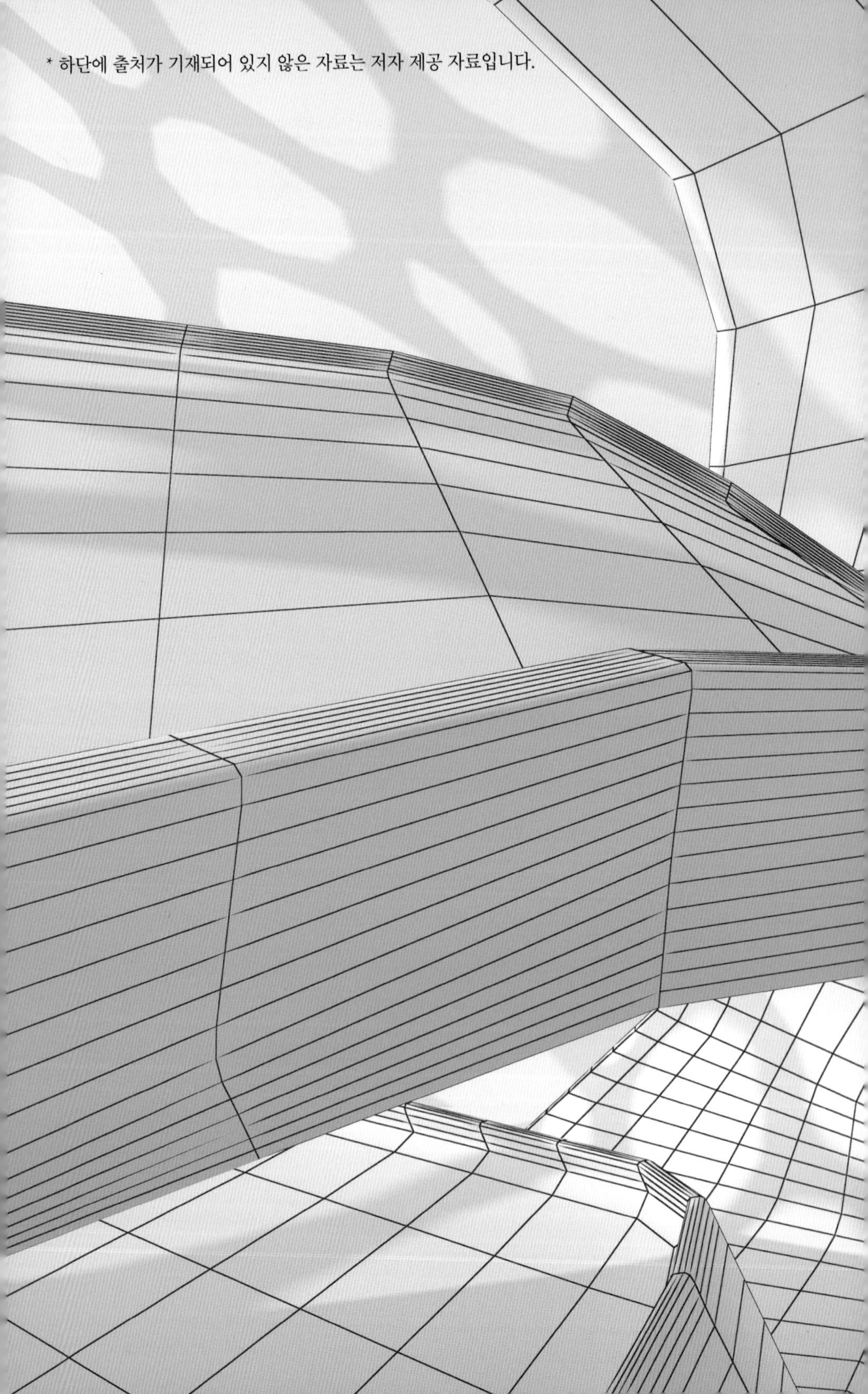
* 하단에 출처가 기재되어 있지 않은 자료는 저자 제공 자료입니다.

Part 1

꼬마빌딩 시장의 이해

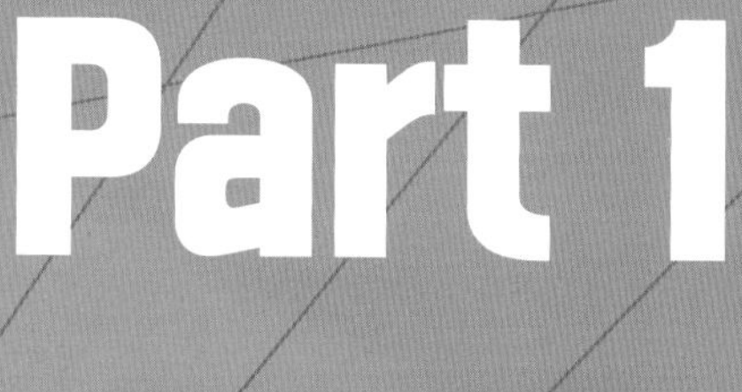

• • •

월급쟁이나 자영업자, 전문직 종사자 등 직종을 불문하고 건물주가 되는 것은 영원한 로망일 것이다. 이 파트에서는 건물 투자를 앞두거나, 장래에 투자를 계획하는 이들을 위해 통계에 근거한 건물 투자 수요, 시대의 변천에 따른 건물 외관 트렌드, 꼬마빌딩 노후도와 리모델링 실태를 살펴본다. 아파트 투자에서는 불필요한 지식이지만 건물 투자자에게는 꼭 필요한 지식인 철근콘크리트 건물의 구조와 수명에 대해 제대로 알아보고, 리모델링 시 상수도관 교체를 왜 해야 하는지, 건물의 생애주기에 따른 유지·보수·개수의 이해와 빌딩 성능의 3요소를 공부한다.

은퇴 후의 생활안전판,
꼬마빌딩

한번 태어나 세상에 이름을 남길 수 있다면 성공한 인생일 것이다. 그러나 그럴 가능성은 확률적으로 희박하다. 그런데 노후 대비가 완벽한 사람이 되는 것은 어떨까? 이름을 남기지는 못하더라도 자신이 하고 싶은 것을 원할 때 할 수 있게 해주는 경제적 자유의 획득은 그 어떤 것과도 대체할 수 없는 소중한 성취일 것이다.

월급쟁이나 자영업자가 평생 성실히 저축한다면 50대나 60대에 꼬마빌딩주, 나아가 중소형빌딩주를 꿈꿀 수 있을 것이다. 젊은 시절처럼 밤낮없이 돈벌이에 정진하기 어려운 나이가 되면 그동안 모은 종잣돈으로 지렛대를 활용해 자본이득과 임대수익을 동시에 얻을 수 있는 건물을 구입해서 자가 거주하며 건물을 관리하거나, 규모가 크다면 관리인을 고용해 건물 관리를 맡기고 행복한 여생을 보낼 수 있다. 그러니 꼬마빌딩은 은퇴 후의 생활안전판이다.

인간수명 100세 시대는 더는 꿈이 아닌 현실이다. 불치 암도 정복될 날이 머지않다. 60세를 은퇴 시점으로 볼 때 어지간하면 40년을 더 살아야 하는데, 가난해서는 장수도 축복이 아니다. 은퇴 후가 젊은 시절보다 체력은 달리지만, 경제적으로는 더욱 여유로워야 하지 않을까. 그러기 위해서는 건물 투자에 관해 제대로 공부해야 한다. 건물 투자와 직결되는 공법에 대해서도 알아야 하고, 상권과 입지 분석에도 눈을 떠야 한다. 내 건물이 매력을 뿜어내도록 성능과 외관을 개선할 줄 알아야 한다. 임차인이 한번 들어오면 나가고 싶지 않도록 차별화를 통해 만족도를 높여야 한다. 이 책은 건물 투자와 유지 관리에 관한 모든 것을 담았다.

우리에게 아파트 투자는 친숙하다. 신혼 때는 외곽의 소형평수에서 시작해 점차 평수를 키우면서 도심으로 진입하는 패턴이다. 아파트 투자는 리스크가 크지 않다. 알아야 할 필수적 공법 지식은 거의 없다. 그저 자신의 자본에 맞춰 원하는 지역의 시세와 인프라를 온·오프라인을 통해 알아보고 매물을 답사한 후에 마음에 드는 물건을 고르면 된다. 아파트는 모든 공법적 제약이나 리스크가 제거된 채 공급되었기에, 당신이 매입한 후에 투자 지식 미비로 인한 경천동지(驚天動地)할 리스크가 발생하지 않는다. 오피스텔이나 구분상가 투자도 마찬가지다.

하지만 건물 투자는 차원이 다르다. 자칫 간과하면 내가 구입한 대지 면적에서 도로법 때문에 여러 평을 빼앗길 수 있고, 용적률에 여유가 있음에도 주차장법 때문에 증축에 브레이크가 걸리기도 한다. 건물을 수직으로 5층까지 올리고 싶어도, 일조권 사선제한을 고려하지 못하면 3층까지만 곧게 올리고 4층부터는 계단식 형태로 지어야 하는 상황에 놓일 수 있다. 이런 규제를 모른 채 신축용 토지를 매입하면 큰 낭패를 보기 쉽다. 건물 투자는 마치 땅속에 매설된 지뢰를 하나하나 확인하며 전진하는 일과도 같다.

건물주 중에는 건물 관리에 무지한 이들이 너무도 많다. 필자가 18여 년간 빌딩 중개와 컨설팅을 하고, 빌딩 매물 수천 건을 답사하면서 느낀 바다. 건물 외벽 청소나 옥상 방수를 준공 이후로 단 한 번도 하지 않은 건물이 태반이었다. 왜 벽돌조 건물의 외벽에 주기적으로 발수제나 투명방수제를 뿌려야 하는지, 왜 외벽 청소를 해야만 하는지, 왜 옥상 방수도 주기적으로 해줘야 하는지 모른다. 문제는, 알려고도 하지 않는다. 자기 몸은 자주 샤워하면서 정작 자기 건물의 때는 평생 방치한다. 세입자가 비가 샌다고 민원을 제기하면 그제야 움직인다. 그마저도 대개는 땜질식 미봉책에 그치고, 문제의 근원에 대한 처방은 시행하지 않는다. 인테리어 개선이나 리모델링은 불필요한 돈을 들이는 일이라는 생각이 강한 듯하다. 이렇게 부실하게 관리된 건물의 소유주는 공실이 빈번해지고 그 기간마저 장기화되면서, 결국 대출이자도 못 내는 빌딩푸어로 전락하기 쉽다.

평생 고생해서 모은 돈으로 건물을 사놓기만 하면 별다른 신경을 쓰지 않아도 매달 월세가 착착 들어올 줄 알고, 인생 즐기기에 빠져 건물 관리에 소홀하면 이 사달이 난다.

통계로 본 꼬마빌딩
수요층은 늘고 있다

　우리나라는 출생 감소 문제로 고민이 크다. 이는 비단 우리나라만 겪는 문제가 아닌 글로벌 현상이다. 심지어 인구대국 중국마저 출생률이 급격히 감소하고 있다. 이런 트렌드가 지속되면 국가의 미래가 불안하다. 일자리와 연금은 물론, 지속 가능한 국가 발전 자체를 기대하기 어려워진다. 이런 문제를 들어 부동산 투자 시장에서 미래 전망을 어둡게 보는 이들이 늘고 있는 것도 사실이다.

　중요한 것은 이러한 출생률 감소가 부동산 시장에 영향을 미친다는 것이다. 먼저, 아파트 시장에 영향을 미친다. 아파트는 전 국민이 '0'순위로 고려하는 투자 대상이므로 20대부터 투자 시장에 뛰어든다. 그런데 이 글에서 다루는 꼬마빌딩의 투자 계층은 대체로 50~70대다. 이 연령층은 웬만하면 아파트 한 채는 보유하고 있다고 볼 때, 이제부터는 경제적 자유를 보장하고 노후 생활의 안전판인 꼬마빌딩 투자에 나서는 것이 트렌드다.

　필자는 향후 꼬마빌딩 투자 인구를 파악하기 위해 2025년 5월 기준 통계청의 인구 자료를 조사했다. 다음 페이지의 그래프에서 보듯, 꼬마빌딩 투자를 실행하는 연령대인 50~70대 분포를 보면 70대가 371만 명이고, 60대는 716만 명, 50대는 863만 명이다. 이들을 합하면 1,950만 명으로, 전체 인구의 약 38%나 된다. 그런데 30년 후에 50대가 될 현재 20대 인구가 665만 명이다. 20년 후에 50대가 될 30대도 672만 명으로 비슷하다. 10년 안에 50대가 되는 40대는 817만 명이다. 따라서 앞으로 30년 후 50~70대가 되는 인구는 총 2,154만 명으로, 현재 투자 가능 인구 1,950만 명보다 증가한다. 즉, 앞으로 적어도 30년 동안은 꼬마빌딩 투자 인구는 큰 변동이 없으므로 30~40대가 핵심 투자 계층인 아파트에 비해 상대적으로 수요가 견고하다고 볼 수 있다. 중요한 것은 아무리 투자 인구가 줄어도 당신의 건물만은 경쟁력을 유지하며 생존하면 된다. 그 비결은 차별화에 있으며, 자세한 내용은 이 책의 Part 4를 참조하라.

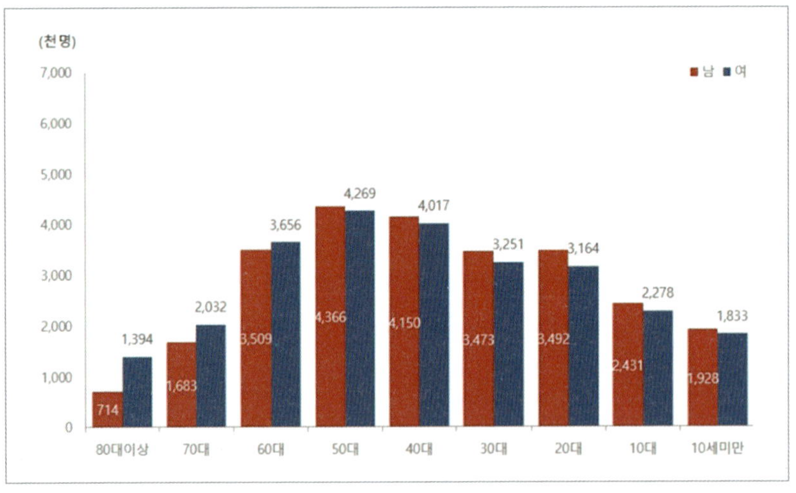

(출처 : 통계청 인구 자료 2025년 5월 기준)

시대 변천에 따른
빌딩 외관 트렌드

　우리나라에 존재하는 꼬마빌딩을 포함한 중소형빌딩은 경제 고도 성장기인 1970년대 후반부터 1990년대까지 베이비부머들의 사회 진출 시점에 맞춰 집중적으로 공급되었다. 여기에서는 우리나라 중소형빌딩이 시대 흐름에 따라 현대까지 어떤 모습으로 진화해왔는지 외관을 중심으로 살펴본다.

1970~1980년대 건물

적벽돌 마감

쪽타일 마감

화강석 마감

1970년대에는 소위 '적벽돌'로 외벽을 마감한 다가구주택, 상가주택 등이 주류를 이루었고, 조금 더 진보한 형태가 타일로 마감된 건물이다. 소위 '쪽타일'이라고 불리는 손바닥만 한 타일을 다양한 색상으로 건물 외벽에 붙인 건물들은 도심지 어디를 가든 흔하게 눈에 띈다. 여기에 돈을 좀 더 들여 건축한 형태가 화강석 마감이다. 우리나라 도처에서 생산되는 석재로서 1970~1980년대뿐만 아니라 지금도 화강석은 무난한 외장재로 널리 쓰인다.

1990년대 건물

다양한 색상의 컬러 벽돌

변색된 컬러 강판

대리석 마감

1990년대는 노태우 정부의 주택 200만 호 공약이 실현되던 시기로, 1기 신도시 입주가 집중적으로 이루어졌다. 서울 강남구에서는 테헤란로가 개발되던 시기였고, 서울시 전역과 1기 신도시, 지방도시 할 것 없이 전국 곳곳의 빈 땅에 건물들이 빼곡히 들어섰다.

벽돌 제작기술의 발달에 따라 기존의 적벽돌 일변도에서 벗어나 쥐색부터 미색까지 다양한 색상의 벽돌이 출시되었다. 화강석도 여전히 사용되고 있었지만, 고급스러운 외관 연출을 원하는 건물주들은 대리석을 애용했다. 또한, 건물의 하중을 줄이기 위해 컬러 강판이라는 패널형 외장재도 출현했다. 본래 컬러 강판은 지붕재로 널리 쓰였는데, 가격이 저렴해 건물의 외장재로도 쓰였다. 이는 아연 도금된 철판에 페인트 도장 후 열처리를 한 것으로서 다양한 색상으로 출시되었다. 문제는 이 시절에 생산된 컬러 강판은 도장 기술의 미숙으로 15년 이상 경과하면 변색되어 보기에 흉하다는 것이다. 이런 건물이 빌딩 시장에 매물로 나오면 투자자들은 건물이 지저분하다고 매입을 포기하기 일쑤다. 이렇게 인기 없는 건물을 저렴하게 매입해 리모델링하면서 외장을 교체하면 되는데, 이 방법을 잘 모르는 투자자들은 그게 잘 안 되는 모양이다.

2000년대 건물

드라이비트 마감

노출콘크리트

커튼월 마감

2000년대 들어 가성비를 추구하는 건물주들에게 인기를 얻은 것이 드라이비트다. 건물 외벽에 스티로폼을 부착하고 그 위에 잔 그물처럼 생긴 메시(유리섬유)를 덧댄 후, 마감재를 흙손으로 바르거나 뿜칠을 해서 표면을 까끌까끌하게 처리한 것이 드라이비트다. 이 마감재는 화강석으로 마감하는 비용의 약 1/3~1/4 정도에 불과하면서 단열효과가 좋아 인기다. 단점으로는 충격에 약해 주차하면서 벽에 충돌하거나 취객이 발길질하면 표면이 손상될 수 있고 화재에 취약하다. 이 시절에는 콘크리트 타설 후 거푸집을 제거한 상태에서 별도의 마감재를 부착하지 않고 내버려두는 방식인 노출콘크리트도 있었다. 잘빠진 몸매를 노출하려는 심리는 인간이든 건물이든 매한가지인 듯하다. 또한, 건물 외벽에 유리를 커튼처럼 두르는 기법인 커튼월 방식이 도입되었다. 건물 표면이 매끄러운 유리로 마감되니 밖이 훤히 보여 개방감이 뛰어나고, 유리 표면에 묻은 먼지가 빗물에 잘 씻겨 내려가 관리가 용이한 장점이 있어 현재까지 애용되는 대표적인 외장 마감 방식이다.

2010년대 건물

현무암 마감

메탈 패널 마감

루버 마감

2010년대에는 현무암을 가공한 석재가 등장해 외관에 중후한 기품을 더했다. 석재를 외장재로 사용하면 건물 하중에 어느 정도 부담을 주는 것이 사실이다. 특히 고층 건물인 경우, 하중을 줄이기 위해 메탈 패널을 주로 사용한다. 얇은 강판 표면에 알루미늄이나 징크 등 내구성을 위한 도금 처리 후, 다양한 색상을 입혀 마감재로 사용한다. 뒷면에는 단열재를 붙여 단열 성능도 보완한다. 오늘날 기술의 진보에 따라 메탈 패널은 30~40년간 변색 없이 버틸 수 있고, 하중 부담이 적어 리모델링 시 외장재로 애용된다. 또한, 더블스킨 기법이라고 해서 기존 외벽 위에 각재를 가로나 세로로 덧대어 모양을 내는 루버(louver) 마감법이 등장했다.

2020년대 예술미 넘치는 빌딩

삼각형과 커튼월 조합

곡선 통유리 외관

창의적 구조물 부착

2020년대인 현대는 앞에서 언급한 소재들을 서로 혼합하고 조화롭게(mix and match) 해서 건물의 특정 부위에 포인트를 주면서 환상적인 디자인으로 무장한 빌딩들이 출현하고 있다. 건물 외관에 예술적이고 기하학적인 디자인을 입히기도 한다. 커튼월을 기본으로 하되, 메탈 패널이나 대리석을 혼합하기도 하고, 조각 작품 같은 조형물을 제작해 외벽에 덧대는 방식으로 디자인 능력을 마음껏 뽐내며 끊임없이 진화하고 있다.

국내외에서 뛰어난 외관을 갖춘 빌딩 이미지를 용도별로 나누어 세 점씩 제시한다. 이는 필자가 보유한 수천 개의 이미지 데이터베이스 가운데 엄선한 자료다. 당신이 수집한 이미지든, 여기에서 제시된 이미지든 그 안에서 영감을 얻어 자신의 이상을 가미해 적절히 매치한다면 시대를 앞서가는 또 하나의 작품이 탄생할 것이다.

1) 단독주택·다가구주택

다음은 '나름대로 멋을 부린' 취향을 넘어선 고상한 디자인이라고 평가된다. 이런 근사한 주택을 도심지에 짓거나 리모델링해 거주한다면, 편의시설이 미흡한 외곽으로 나가 전원주택을 지을 필요가 없을 것이다. 베란다나 옥상에 정원과 텃밭을 가꾸면 도심 속의 전원생활은 당신 것이다.

| 장난감 같은 미니주택 | 테라스 + 옥상정원 | 흰색 톤의 저택 |

2) 소형 아파트

국내 아파트는 대단지든, 소단지든, 판상형 아니면 타워형으로, 디자인이 거기서 거기다. 필자는 아파트 디자인에는 관심이 덜 하지만, 소형 아파트는 프로젝트 매니저(PM)를 맡아 시행할 능력이 있어 관심이 크다. 다음 자료는 흔한 디자인에서 벗어나 특이하고 자유분방한 모습으로 연출된 해외 소형 아파트 이미지들이다.

원형 디자인 강조

직사각형 디자인과 통창

돌출 발코니 + 사각 박스

3) 상가빌딩

상가빌딩은 근생건물이나 통상가라고 불리기도 한다. 상가는 대중의

타원형 + 통창 + 메탈 패널

루버 + 옥탑 패러핏

검정 박스 + 통창 + 옥상정원

눈길을 사로잡아 건물 안으로 끌어들이는 강렬함이 필요한데, 그 힘은 외관에서 나온다. 앞의 사진은 국내외에 존재하는 상가빌딩이다.

4) 오피스빌딩

오피스빌딩은 건물 투자자들에게 상가빌딩과 함께 인기가 높다. 특히 법인 오너들은 남의 빌딩에 세 들어 사는 임차인 신분에서 탈피해 사옥을 지닌 빌딩주가 되는 것이 꿈이다. 현대 오피스빌딩은 전면이 탁 트인 커튼월로 마감된 건물이 대세다. 여기에 중세풍 아치를 매치하면 고풍스럽고 고급스러운 분위기를 발산하기도 한다.

| 커튼월 + 박스 디자인 | 중후한 커튼월 | 아치 디자인 석조 건물 |

5) 중소형 메디컬빌딩

의사들의 로망은 자기 빌딩에서 개업하는 것이다. 월급쟁이 닥터 생활을 거쳐 의원으로 독립해서 수년간 성실히 일하면 연간 1~3억 원은 모은다. 필자는 지난 10여 년간 수십 명의 잘나가는 개업의와 빌딩 투자 상담을 해왔다. 이들은 매월 허공으로 날리는 수천만 원의 임대료가 너무 아까워 다소 무리가 되더라도 70~90% 레버리지를 이용해 건물 투자에 나서는 경우가 많다. 필자는 병원 건물 디자인에도 관심이 많아 이런 이미지만 해도 수백 점에 이른다. 중형급 병원이든 소규모 의원이든, 차별화된 디자인을 갖춘 건물을 신축하거나 리모델링한다면 환자 유입은 물론, 매출 증대에도 상당한 효과를 기대할 수 있다.

짙은 유리 + 사각 구조물　　　　갈색톤 창호 + 패러핏　　　　박스 디자인과 통창

꼬마빌딩 공급과 노후도 및
리모델링 실태

꼬마빌딩의 공급과 노후도

꼬마빌딩도 다른 재화와 마찬가지로 수요가 있어야 공급이 된다. 우리나라에서 꼬마빌딩과 중소형빌딩의 공급은 언제부터 시작되었을까? 결론부터 말하면, 1970년대 후반부터 1990년대 말까지 집중적으로 공급되었다. 왜 그런지 생각해보면 쉽게 이해된다.

한국전쟁의 휴전협정이 체결된 1953년의 수도 서울은 멀쩡한 건물을 찾아보기 힘들 정도의 폐허였다. 당장 아쉬운 대로 거주에 필요한 주택부터 지어졌다. 대부분의 주택은 초가집이거나 형편이 나은 경우 기와집이었다. 전쟁의 상흔이 가시고 평화가 깃들면서 1955~1963년까지는 1차 베이비붐 세대로 매년 100만여 명의 아이들이 태어났다. 그 후에도 비슷한 수준의 출생이 이어지면서 이들이 성인이 되어 대학이나 사회에 진입하던 1970년대 중반부터 서울에서는 이들의 거주시설 겸 일터인 다가구주택, 상가주택, 상가건물 등 꼬마빌딩과 규모가 큰 중소형빌딩이 폭발적 수요에 맞춰 공급되었고, 1기 신도시가 들어선 1990년대까지 그 흐름은 이어졌다.

이때 지어진 꼬마빌딩의 나이가 지금은 30~50살이 되었다. 아파트는 이 나이면 재건축이나 리모델링을 위한 재정비 절차가 진행되겠지만, 건물주가 온전히 자신의 자본과 책임으로 낡은 건물의 내·외관 성능을 개선해야 하는 리모델링은 미흡한 편이다.

빌딩 공급의 대표적 방식은 신축이지만 리모델링도 그 방식 중 하나다. 서구의 빌딩 공급 비율은 신축이 60%, 리모델링이 40%쯤 되지만, 우리나라는 신축이 80% 리모델링이 20% 정도에 불과하다. 하지만 현존하는 중소형빌딩의 7할이 준공 30년을 초과하고 있으므로, 향후 우리나라에서 리모델링을 통한 빌딩 공급률은 서구처럼 30%를 넘어 40%로 향할 것이다. 철근콘크리트조 건물의 수명이 80년, 잘 관리하면 100년 정도 되므로 20~50년 지난 건물을 신축 대비 절반의 시간과 비용을 투입해 리모델링하면 다시 40~50년을 쓸 수 있기 때문에 리모델링이 활성화되는 것은 필연적이다.

우리나라의 수도 서울시에 존재하는 중소형빌딩의 노후도와 리모델링의 시급성을 파악하기 위해 필자가 2023년 말 박사 논문을 집필하면서 국토교통부가 운용하는 '브이월드(V-World)'의 공간 정보와 건축행정시스템 '세움터'의 건축물대장 정보를 건물 단위로 통합한 건물통합정보를 활용했다. 그 결과, 2023년 12월 31일 기준 서울시에 존재하는 건축물 가운데, 필자가 논문에서 정의한 10,000㎡ 미만의 중소형빌딩은 주거시설을 포함해 총 687,236동으로 파악되었다. 이 중 건축물대장에 준공연도가 표기되어 정상적으로 집계된 노후도 '21~30년' 123,017동과 '30년 초과' 325,550동을 합산한 건축물은 448,567동으로, 전체의 65.27%를 차지한다. 한편, 준공연도 미기재 또는 용도 불명 등으로 '결측값'으로 분류된 건축물이 151,574동에 달하는데, 이는 노후도 '30년 초과'로 간주한다. 왜냐하면, 준공 30년이 초과했다는 것은 1990년대 정부의 행정 서비스에 대한 전산화 작업이 시작되기 이전인

1970~1980년대에 준공된 건축물로, 당시에는 건축물대장에 준공연도나 용도가 누락된 사례가 빈번했기 때문이다. 반면 1990년대 이후 전산화가 정착되면서 이러한 미기재 사례는 거의 사라졌다. 따라서 결측값 151,574동을 '30년 초과' 범주에 합산시키면 477,124동으로 서울시 전체의 69.42%를 차지한다. 이를 이듬해인 2024년 말 기준으로 환산하면, 서울 시내 중소형빌딩의 70% 이상이 노후 건축물일 정도로 그 수준이 상당함을 알 수 있다.

서울시 중소형빌딩 리모델링 실태

앞에서 살펴본 바와 같이 서울시에 존재하는 중소형빌딩의 약 70%가 준공 30년을 초과해 리모델링이 시급하다. 건축물의 노후화는 물리적 성능 개선뿐만 아니라 사회적 기능 개선을 위한 리모델링의 필요성이 증가하는데, 사회적 기능은 방재, 방범 기능 향상, 노약자 보호 및 환경친화적 니즈, 정보화, 에너지 절약, 쾌적성 향상, 이미지 향상 등으로 다양하다.

서구 선진국의 경우, 리모델링 시장은 전체 건설 시장의 평균 35% 내외 비중을 차지하고 있으며, 일본은 전체 건설 시장의 25% 내외를 점하고 있다. 우리나라는 2002년을 기준으로 13.3%, 2010년을 기준으로는 18.5%를 차지하고 있으며, 근래에 꾸준한 증가세를 보이고 있다. 현재는 신축이 국내 건축물 시장의 중심을 유지함에 따라 리모델링의 비중은 구미 선진국과 비교할 때 저조한 상황이다.

국내 리모델링 실태를 살펴보면, 2001년 리모델링이 건축법에 법제화되면서 리모델링이 본격화되었다. 다음 그림은 2002년부터 2019년까지 전국 건축물 착공면적 현황을 나타낸다. 2002년에는 신축이 86.7%를 차지한 반면, 리모델링은 13.3%에 불과했다. 이후 금융위기가 발생한 2008년까지 리모델링 비중은 21.3% 수준으로 완만한 상승세를 유지했다. 그러나 금융위기 이후 점차 하락해 2016년에는 11%로 저점을 기록했다. 이후 다시 증가해서 2019년에 18.5%에 이르렀다. 이처럼 리모델링 비중이 점진적으로 확대되는 추세를 보임에 따라 2020년대에는 20%대에 안착하고, 2030년대에는 30%를 넘어설 것으로 전망된다.

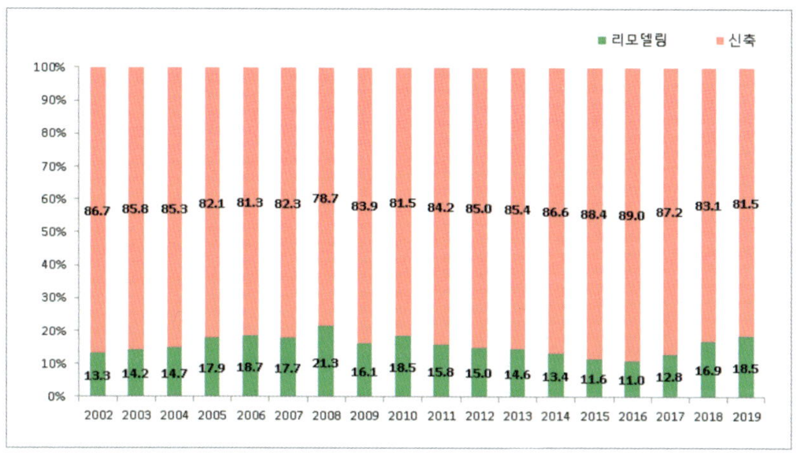

(출처 : 박용석(2020), "건축물 리모델링 시장의 전망과 정책 과제", 한국건설산업연구원, 이슈포커스, p.22.)

중소형빌딩 리모델링 전망

필자의 연구에서 조사한 바와 같이 서울지역에 존재하는 연면적 10,000㎡ 미만 중소형빌딩의 69.42%는 2023년 말 기준 노후도 30년이 초과되어 건물 내·외관이 낡아 리모델링 여건이 성숙되었다. 시간의 경과에 따라 노후 건축물의 재고는 지속적으로 증가할 것이므로 비주거시설에 대한 리모델링도 정비사업의 주요 이슈로 부각될 전망이다. 다음은 서울지역 중소형빌딩 리모델링의 전망에 대해 거시환경분석기법(STEEP)을 이용해서 추론한 것이다.

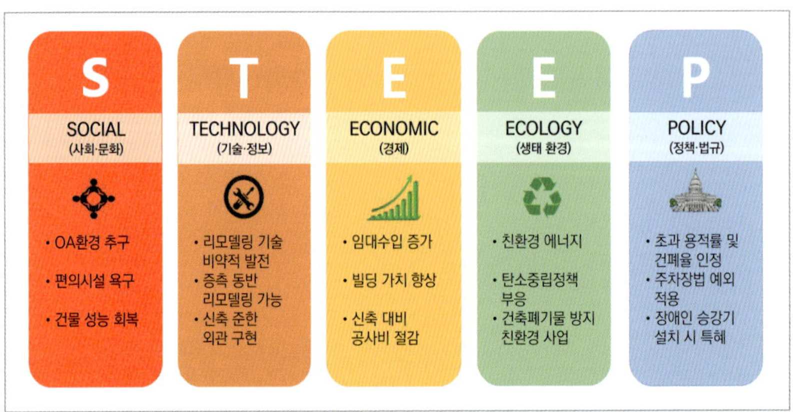

(출처 : 임동권(2024), "중소형빌딩 리모델링 리스크의 특성과 관리에 관한 연구", 강원대학교 대학원, p.62.)

서울지역 리모델링은 다음 5가지 거시환경적 요인으로 인해 향후 활성화될 전망이다.

첫째, 사회·문화적 요인 때문이다. 주변의 신축 건물은 사무자동화시설을 구비하고 엘리베이터와 주차시설의 이용이 편리한 반면, 낡은 건물은 이러한 사회적 욕구 충족이 어려워 임대료가 낮아지고 공실률은 높아진다. 그러므로 사회·문화적 니즈 변화에 따른 상대적 기능의 열화(劣化)를 극복하고, 고도의 기능 수준을 확보하기 위해 리모델링이 충분히 이루어져야 한다.

둘째, 리모델링 산업의 기술 발전이 눈부시기 때문이다. 벽식 구조로서 증축과 공간구획에 제약이 있는 아파트와 달리, 중소형빌딩은 기둥과 보가 하중을 담당해 거의 모든 벽체의 철거와 재설치가 자유로운 철근콘크리트 구조의 장점 때문에 기존의 낡은 건물 안팎의 부착물을 철거하고 골조를 재활용해 현대적 디자인으로 건물 내·외관을 재단장할 수 있다. 또한, 용적률이 남아 있는 경우, 리모델링 시 구조 보강을 거쳐 1~4층을 더 올리는 증축도 가능하다.

셋째, 재건축과 비교해 경제적이다. 리모델링은 재건축 대비 시간과 비용의 절반 투입으로 신축에 준한 성능과 미관을 얻을 수 있다. 중소규모 상가 등 근린생활시설은 주로 건물의 이용 가치를 향상시켜 임대수입 등 수익성 증대를 목적으로 리모델링이 추진되며, 공사비 절감과 공기 단축에 초점을 둔다. 리모델링 공사 완공 후에 MD 계획에 맞춰 임대하면, 임대수익이 증가할 뿐만 아니라 건물 가치도 동반 상승하므로 자본이득이 증가한다.

넷째, 친환경적 사업이다. 리모델링으로 에너지시설을 현대화하면 에너지 비용 절감뿐만 아니라 글로벌 이슈인 탄소 중립 정책에도 부응하고, 리모델링 시 기존 골조의 재활용에 따라 건축폐기물 발생이 상당 부분 방지되므로 친환경적이다. 또한, 준공 후 30년이 지나면 상하수도관의 노후화로 교체가 필요하고, 전기선과 통신선, 공조시설의 교체도 필요하다. 따라서 건물의 물리적 성능을 준공 시점 수준 또는 그 이상으로 개선시키는 리모델링은 필수적이다. 대부분의 노후 주거시설은 주거환경정비사업을 통해 아파트로 변신하는 추세지만, 중소형빌딩은 리모델링을 통해 건물 내·외관을 개선시킴으로써 환경에도 기여한다.

다섯째, 정책·법규적 요인 때문이다. 리모델링은 기존 건축물의 축조 시점에 적용된 법규를 인정받는 특례 혜택이 있다. 과거에는 1종 일반주거지역부터 3종 일반주거지역의 경우 용적률 200~400%를 인정받았지만, 현재는 150~250%의 용적률만 허용되고 있다. 법정 주차 대수만 해도 과거보다 강화되는 추세지만, 축조 시점에 주차시설이 없는 건축물도 용적률의 증가가 없는 리모델링은 가능하다. 따라서 2000년대 이전에 건축된 건물 중에는 현행법의 허용치를 초과하는 용적률을 보유한 건물이 적지 않다. 이런 건물을 리모델링하면 초과 용적률을 그대로 인정받게 되므로 수익성 측면에서 매우 유리하다. 또한, 증축을 수반한 리모델링의 경우, 증축 부분에 한해 현재의 법규를 적용받는 것을 제외하고, 기존 건축물에 대해서는 건축 당시 법규의 경과규정을 적용받기 때문에 현재의 법규를 적용받는 것보다 주차면적 산정과 주차 대수 등에서 유리하다.

이처럼 노후 중소형빌딩에 대한 리모델링은, 건설업계의 비약적인 리모델링 기술 발전과 철근콘크리트 구조물의 장점인 70~100년을 기대할 수 있는 내구수명을 고려하고, 신축 대비 절반의 시간과 비용 투입으로 건물의 성능과 내·외관을 준공 시점 또는 그 이상의 수준으로 환원시키는 획기적인 친환경 사업으로 경제적·사회적·환경적으로 기여한다는 점을 감안할 때, 향후 서울지역을 비롯한 전국의 리모델링은 활성화할 것으로 전망된다.

현재 우리나라 건설 시장에서 리모델링의 비중은 20%대 초반에 불과하지만, 서울지역을 비롯한 전국 주요 도시 중소형빌딩의 노후도와 리모델링의 시급성을 감안할 때 2030년대부터는 30%대에 안착할 것으로 전망된다.

철근콘크리트 건축물의
구조적 장점과 수명을 제대로 알자

필자는 수많은 건물 리모델링과 빌딩 신축 프로젝트에서 고객과 용역계약을 맺고 프로젝트 매니저(총괄감독) 역할을 해왔다. 그리고 이러한 이력을 살려 박사학위 논문도 중소형빌딩 리모델링에 관해 썼다. 필자는 평소 철근콘크리트 건축물의 수명에 관심이 컸다. 건축학 박사님들이나 시공사 대표님들, 건축사님들에게 철근콘크리트 건물의 수명에 관해 물으면 그들의 대답은 간단하다. "콘크리트는 50년간 굳고 50년간 풀리기 때문에 100년은 갑니다", "100년은 좀 무리고 70~80년은 갑니다" 거의 모든 대답이 둘 중 하나였다. 이런 대답은 필자의 궁금증을 풀어주지 못했다. 왜 건축 전문가인 그들은 이론에 근거한 답을 해주지 못할까. 박사 논문을 쓰면서 필자는 콘크리트의 탄생과 대형빌딩들이 지어지기 시작한 시점이 언제인지, 콘크리트 건물의 수명이 도대체 얼마나 되는지 문헌을 찾아보았다.

우리가 알고 있는 철근콘크리트 건축물에 쓰이는 콘크리트 재료는 포틀랜드 시멘트다. 이는 영국 포틀랜드에서 19세기 중엽에 탄생한 이후 개량을 거쳐 20세기 초에 압축강도가 높아졌다. 압축강도에 강한 시멘트와 인장 강도에 강한 철근의 환상적인 조합으로 초고층 빌딩도 건축할 수 있게 되었는데, 그때가 20세기 초이니 철근콘크리트 나이는 불과 100년 남짓하다. 그 이전에는 석조 건물 위주로 지어져 고층 건물은 찾아보기 힘들었다. 20세기 이전에 지어진 유럽의 대도시나 미국 아이비리그의 유서 깊은 캠퍼스 건물들을 보면, 하나같이 석조 건물이고 층수가 아무리 높아도 10층을 넘지 못한다. 그런데 철근콘크리트의 발견으로 초고층 건물도 가능하게 되었다. 그렇게 탄생된 세계적 초고층 건물 중 하나가 뉴욕의 랜드마크인 엠파이어스테이트빌딩이다. 이 빌딩은 1931년에 준공되었으니 아직 채 100년이 되지 않았다. 참고로 이 빌딩은 2015년부터 한 번에 3개 층씩 묶어 순차적으로 리모델링을 진행하고 있는데, 마치려면 앞으로도 몇 년 더 걸린다. 뉴욕 마천루의 탄생은 바로 철근콘크리트 구조의 강건성(強健性) 때문이며, 초고층 빌딩을 단기간에 짓기 위해 철근콘크리트에 더해 철골도 함께 사용했다.

생각해보자. 1910년이면 우리나라가 일제에 병합된 때다. 당시 조선의 건축물은 어땠나? 경복궁 덕수궁 등 궁궐이 가장 큰 건물이었고 양반들은 기와집, 민초들은 초가집 아니었던가. 1950년대 말부터 시작된 우리나라 철근콘크리트 건축물의 역사는 70여 년에 불과하지만, 지금 우리 주변에는 철근콘크리트 건물로 가득하다. 따라서 우리는 철근콘크리트 건물의 구조적 장점과 수명에 대해 제대로 이해하고, 건물 투자나 리모델링 및 신축에 접근해야 할 것이다. 그런 취지에서 철근콘크리트 건축물의 수명에 대한 과학적 실험 결과를 전하니, 이를 배워보자.

수명을 논하기에 앞서 중소형빌딩의 구조와 아파트 구조에 대해 간단히 짚어보자. 중소형빌딩은 기둥과 보가 구조체로서 하중을 담당하는 라멘 구조라 불리고, 대부분의 벽체가 하중을 떠받드는 아파트는 벽식 구조라고 말한다. 양자는 철근콘크리트 구조인 것은 동일하지만, 하중을 담당하는 구조체계는 근본적으로 다르다. 즉, 아파트는 외벽을 비롯한 주요 벽체가 내력벽이므로 하중을 받기 때문에 함부로 철거할 수 없다. 이 때문에 아파트는 리모델링 시 증축을 위해서 앞뒤로 넓히게 되어 평면확장이 비정상적인 동굴 형태를 띤다. 마치 컨테이너 내부처럼 좁고 긴 실내 공간을 상상해보라. 이게 동굴형이다. 이는 벽식 구조의 태생적 한계 때문이다.

반면, 기둥식 구조인 대부분의 중소형빌딩은 기둥과 보가 하중을 담당하므로 계단실을 제외한 모든 벽을 틀 수 있어 리모델링 시 평면 재배치가 자유롭다. 실내 공간의 벽을 마치 '자바라'라고 생각하면 된다. 기둥과 보, 슬래브, 계단실만 남기고 모든 벽체를 철거해도 구조에 전혀 문제가 없다. 다만 안전진단을 받아 보니 기둥이나 보 슬래브 등 구조체가 낡아서 보강이 필요한 경우, 구조 기술자가 작성해준 구조 보강도면에 따라 보강이나 보수를 하면 된다.

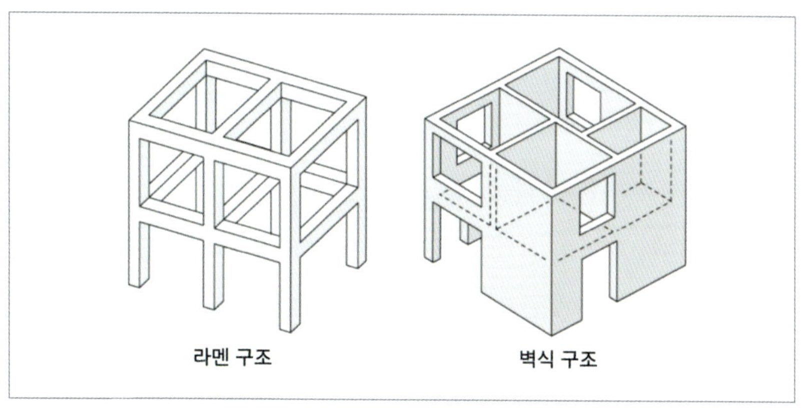

(출처 : 나무위키)

'꼬마빌딩을 리모델링한다'라는 것은 기존 건물의 골조를 남겨 재활용함을 전제로 한다. 그러므로 리모델링 후 그 건물의 사용 가능 연수 추정 및 안전성을 담보할 기존 골조의 건전성 여부는 리모델링 사전 검토 단계에서 매우 중요하다. 빌딩의 하중을 담당하는 골조는 일부 조적조(내력벽)와 혼합된 경우도 있으나, 대체로 철근콘크리트 구조로 이루어졌다.

콘크리트의 pH는 약 12.5로 알려져 있다. 강알칼리성인 콘크리트 구조물은 풍우한설(風雨寒雪) 등 계절적 환경 변화와 대기 중의 유해 성분에 지속적으로 노출되므로, 탄성화로 인한 중성화가 진행되면서 건물의 내용연수에 악영향을 받는다. 이러한 열화 현상이 발생하는 원인은 다양하다. 도심지의 이산화탄소 급증에 의한 콘크리트의 중성화, 염해에 의한 콘크리트 속 철근의 부식, 또는 동결융해와 알칼리 골재 반응 등은 철근콘크리트 구조물의 내구성 저하의 원인이 된다. 대기 중에 노출된 콘크리트는 시멘트 수화생성물인 수산화칼슘이 이산화탄소와 반응해 탄산칼슘을 생성하는 중성화반응 때문에 알칼리성을 상실한다. 이러한 중성화에 의한 알칼리도의 저하는 철근 부식의 원인이 된다. 또한, 철근을 부식시키는 유해 성분에는 할로겐이온, 황산염이온, 황이온 등이 있다. 한랭지인 경우, 동결과 융해의 반복에 따른 상승 작용 및 건조와 습윤의 반복 작용 등을 받게 되면, 훨씬 더 빠른 속도로 콘크리트의 내구성을 저하시킨다.

이처럼 다양한 원인으로 콘크리트 건축물은 시간 경과에 따라 열화가 진행되므로 건물의 유지 관리와 리모델링을 위한 사전 대비 차원에서 콘크리트 탄산화에 관한 연구가 이루어졌다. 이러한 연구는 철근 부식과 연계해 내구수명뿐만 아니라 구조적인 내력 저하까지 연구하는 단계로 발전했다. 연구에 의하면, 탄산화의 내구수명 평가는 내구한계 상태를 시간에 따라 증가하는 탄산화 깊이와 피복두께가 같아지는 시점으로 정의하며, 목표 내구수명 동안 피복두께가 성능을 유지하는 것으로 정의한다.

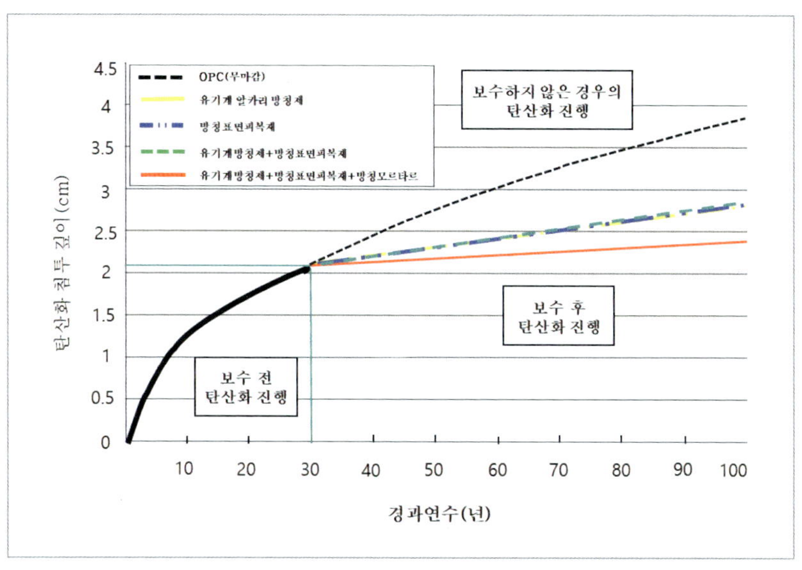

(출처 : 이형민·성명진·이한승(2014), "아파트 리모델링을 위한 표면보수공법 후 콘크리트의 탄산화 진행에 관한 연구", 추계학술발표대회 논문집 제14권, 제2호, 한국건축시공학회, p.6.)

위 실험 결과에서 보듯, 철근콘크리트 구조물은 외피로 마감된 경우, 100년 경과 시 탄산화 깊이가 2.7㎝라는 것은, 철근콘크리트조 중소형 빌딩의 하중을 담당하는 기둥과 보의 피복두께가 규정상 4㎝ 이상이므로, 100년간의 탄산화 깊이 2.7㎝에서 아직도 1.3㎝ 여유가 있다는 점을 고려한다. 또한, 콘크리트 벽체가 석재, 메탈 패널, 벽돌 등으로 마감되어 있어 탄산화를 늦출 수 있다는 점을 감안할 때, 철근콘크리트 구조물의 실질적 내용연수는 최소 70년, 적절히 유지·관리된 경우 최대 100년도 가능한 것으로 해석된다.

꼬마빌딩 대부분을 차지하는 철근콘크리트 건물은 외벽이 석재나 메탈 패널, 벽돌과 같은 피복재로 마감되어 있으므로 콘크리트 열화를 초래하는 인자들로부터 골조가 상당 수준으로 보호되므로 내용연수를 70~80년으로 추정하는 것은 무리가 없을 것이다. 따라서 준공 후 20~

50년 지난 건축물을 대상으로 리모델링을 시행하는 경우, 잔여 사용연수로 30~40년을 기대하는 것은 전혀 문제가 없다는 것이 입증되었다고 볼 수 있다.

한편, 한국리모델링협회(2021)는 다음 표와 같이 철근콘크리트 구조물의 수명을 물리적·사회적·경제적 수명으로 구분했는데, 물리적 수명은 구조물이 물리적으로 견딜 수 있는 구조적인 수명으로서, 보통 60~100년으로 보고 있다. 시대의 변화와 사회적 요구 성능이 높아짐에 따라 건축물 내부의 기능, 즉 전기설비 마감재 등의 수명이 다해 교체·수선하기 위한 사회적 수명은 일반적으로 15~25년으로 보고 있고, 경제적 수명은 건축물이 경제적으로 유의미하게 활용될 수 있는 수명으로서 감정평가법과 법인세법상의 내용연수와 같은 개념으로서 40년으로 규정하고 있다. 실질적으로 중요한 내용은 비고란의 '피복두께에 의한 수명 기준'을 보면, 보와 기둥의 피복두께가 4㎝인 경우 100년도 가능하다고 나와 있다.

구분	수명 내용	비고
물리적 수명	• 철근콘크리트 건축물의 구조적 내력 수명 • 수명연수 : 60~100년	• 콘크리트 피복두께에 의한 수명 기준: －피복두께 3㎝: 약 60년 －피복두께 4㎝: 약 100년 ※물시멘트(w/c) 60% 미만 기준
사회적 수명	• 철근콘크리트 건축물의 사회적 요구 성능에 부합하는 최대 기간 : 30년(재건축 연수 기준)	
경제적 수명	• 경제적 내구연수 : 40년 • 감정평가법·법인세법 공히 40년 규정	

(출처 : 사단법인 한국리모델링협회(2021), 〈리모델링 사업〉, p.19.)

콘크리트 건축물의 내용연수에 대한 국내외 국가별 규정을 살펴보자. 일본 건축학회는 구조물의 주 용도에 따라 1등급에서 3등급까지 세분해 내구수명을 제시하고 있는데, 높은 내구성을 필요로 하는 구조물은 100년, 일반 구조물은 65년으로 정하고 있다. 영국의 콘크리트 구조물에 대한 설계 기준인 BS7543 'Guide to durability of buildings and building elements'에서 제시한 일반 건축물(General)에 대한 내구수명은 최소 60년으로 제시하고 있으며, 우리나라 건설교통부 제정 '콘크리트 표준시방서 내구성 편(안)(2003)'에서 철근콘크리트 구조물의 내구수명은 일반 건축물(general structures)의 경우, 65년으로 정하고 있다.

이처럼 세계 각국에서도 콘크리트 건축물의 내용연수는 최소 60~65년으로 규정하고 있다는 것은 이 실험 등으로 검증된 결과에 기초한다고 봐야 할 것이다. 또한, 각국의 정부가 규정한 내용연수는 평균 연한이 아닌 최소한의 연한으로 봐야 할 것이므로, 건물의 실질적인 내용연수는 70~80년, 적절히 유지·관리되면 100년도 가능하다고 볼 수 있다.

1970~1990년대 상수도관과 현대와의
차이점 및 교체의 필요성

주택이나 중소형빌딩 내에 설치되는 상수도관은 우리가 마시는 물이 흐르는 통로이므로 건강과 직결되기에 관 내부의 위생이 매우 중요하다. 수돗물의 품질은 정수장의 시설과 능력이 중요하지만, 우리나라 수돗물의 품질은 세계적으로도 우수한 것으로 알려져 있다. 그런데 아무리 우수한 물이라도 정수장을 떠난 물이 도심 지하에 매립된 대형 수도관을 통과하는 과정에서 그 수도관 내부가 심하게 부식되어 있다면 무용지물이다. 실제로 사회면을 장식하는 수도관 파열 사고가 발생할 때마다, 심각하게 부식된 수도관 내부의 실체가 언론을 통해 공개되며 많은 이들을 경악하게 한다.

우리나라의 주택과 중소형빌딩의 공급은 1980~1990년대에 정점에 달했으며, 그 시기에 매설된 수도관 역시 노후화가 상당히 진행된 상태다. 수도관 노후화 문제의 심각성을 인식한 정부와 지방자치단체는 수도관 교체 작업을 지속적으로 진행하고 있다. 또한, 가정 내 20년 이상 지난 노후 수도관 교체를 지원하기 위해 지자체별로 기준에 따라 세대당 약 100만 원 내외의 교체 비용을 지원하고 있다.

문제는 중소형빌딩을 리모델링할 때 외장이나 내장만 교체하고, 상수도관은 내버려두는 경우가 많다는 것이다. 겉으로 보이지 않으니 '굳이 돈 들여 교체할 필요가 있겠나?' 하는 심정일 것이다. 수돗물은 건물 임차인들이 스스로 정수해서 사용하는 경우가 많다는 점도 수도관 교체를 안 하는 요인이 되기도 할 것이다. 그러나 30~50년 지난 건물을 대수선해 또다시 30~50년을 사용하고자 한다면, 벽체 속에 가려진 상수도관도 교체하는 것이 바람직하다.

우리나라 상수도관의 역사를 살펴보면, 1970~1980년대에는 주로 철제강관이 사용되었고, 일부는 동파이프나 스테인리스 파이프도 사용되었다. 1990년대 중반 이후부터는 합성수지 계열의 수도관을 사용하기 시작했고 발전을 거듭해 오늘에 이르렀다. 요즘 설치되는 상수도관은 과거의 강관보다 녹슬지 않고 열에 강하며 반영구적이다. 또한, 충격에 강하고 수질을 보존하는 성능이 우수하며, 가벼워 시공이 용이하고 내부식성, 내약품성, 우수한 전기절연성을 갖추고 있다.

문제는 1970~1990년대 중반까지 광범위하게 보급된 강관인데, 강관은 오랫동안 물과 접촉하면 내부가 부식되고 물때가 낀다. 마치 고혈압 환자의 혈관 속에 콜레스테롤이 꽉 찬 상태와 비슷하다. 요식업소에서 사용하는 수돗물은 정수하지 않고 사용된다고 볼 때, 그 물로 만든 음식이 우리 몸으로 들어온다고 생각하면 몸서리쳐진다. 따라서 이렇

부식된 상수도관 내부

합성수지 계열 상수도관

게 낡은 수도관을 교체하지 않고 방치하는 것은 무책임한 처사다. 이왕 공사할 때 수도관도 함께 교체하자.

앞의 왼쪽 사진은 강관 재질의 노후 수도관을 절단해 보여주는 그림으로, 통수한 지 7년부터 13년, 20년, 25년 지난 수도관 내부의 부식 상태다. 이렇게 목도하니 끔찍하다. 오른쪽 그림은 리모델링하면서 합성수지 계열의 수도관으로 교체 중인 모습이다.

건물의 유지·보수·개수의
이해

　모든 건축물은 준공 시점과 비교해 시간이 경과함에 따라 기능이 열화하기 마련이다. 건물 기능의 열화를 방지하고 성능을 향상시키기 위해서는 일정 기간마다 단계별로 적절한 건물 관리가 필요하다. 준공 후 10년 이내의 기간은 유지(維持) 관리 활동, 10~25년은 보수(補修) 활동, 25년 초과 시에는 개수(改修) 활동이 필요하다.

　첫째, 유지 관리(Maintenance) 활동이다. 유지 관리는 건축물이 처음 준공된 시점 수준으로 성능 유지를 위한 청소, 점검, 교체 등의 일상적인 활동으로서, 준공 후부터 10년 이내의 기간이 여기에 해당한다. 이 기간에는 부실시공이 아니라면 리모델링하는 경우가 드물다. 내부 인테리어의 교체나 적은 비용으로 외관을 단장할 수 있는 도장(painting)이나 외벽 방수공사, 옥상 방수공사 등 간단한 작업으로 건축물의 '유지'가 가능한 기간이다.

　둘째, 보수(Repair) 활동이다. 건물은 각자 고유의 수명주기를 지닌 부품 또는 자재들로 구성되어 있다. 건자재의 수명은 자재별로 다르지만, 대개 10~25년 이하다. 따라서 이 기간에는 수명이 다해 손상되거나 기능이 저하되는 구성부품 또는 자재들을 교체함으로써 원래 상태로 회복시키는 활동을 한다. 전선·통신선·창호·타일 등을 전면적 또는 부분적으로 교체하는 '보수' 기간이라고 할 수 있다. 이 기간에는 건물의 용도를 특정 목적으로 변경하기 위한 용도변경 외에 본격적인 대수선이나 증축을 겸한 리모델링을 하는 경우는 드물다.

셋째, 개수(Renovation) 활동이다. 앞의 2가지 활동은 기존 건축물의 물리적 성능을 유지하는 데 초점을 둔 개념인 반면, 개수는 건축물의 성능을 새롭게 향상시키는 활동을 의미한다. 즉, 개수란 건축물에 새 기능을 부가하거나 일부분의 성능을 준공 시점보다 향상시키는 활동으로 실무적으로는 준공 후 25년 경과한 시점부터 개수가 시작되며, 이때부터 비로소 본격적인 리모델링 단계에 진입한다. 이때부터는 기존 건축물의 골조만 남기고 건물 외관을 커튼월이나 메탈 패널, 석재, 컬러 벽돌 등을 활용해 현대적 디자인으로 변경할 수 있다. 또한, 내부 공간의 구획을 재구성하고, 건물 활용도를 높이기 위해 기존에 없던 승강기를 설치하거나, 임대 효율을 높이기 위해 계단실을 중앙에서 좌측 또는 우측 끝단으로 이동시킬 수도 있다. 용적률에 여유가 있는 경우, 증축을 겸한 리모델링을 시행할 수도 있다. 다음 그림은 앞서 살펴본 3가지 건물 관리 활동이 시간의 경과에 따라 단계적으로 진행되는 과정을 단계별로 도식화한 것이다.

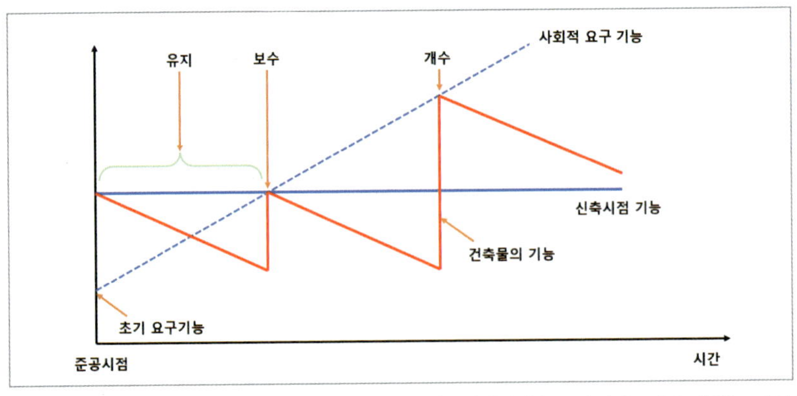

(출처 : 한국리모델링협회(2021), 《리모델링 이해》, p.11.)

이해를 돕기 위해 앞의 3가지 단계에서 수행된 서울 및 수도권 지역에서 시행된 실제 리모델링 사례들을 제시한다.

단계	리모델링 전	리모델링 후	리모델링 내역
유지 단계 (준공 ~ 10년)			• 지역 : 서울시 마포구 서교동 • 용도지역/층수 : 2종주거, B1/3F • 준공연도 : 1993 • 건폐율/용적률 : 59.9%/150.2% • 공사내역 : 외피만 예쁘게 도장(painting) 처리
보수 단계 (10 ~ 25년)			• 지역 : 서울시 마포구 합정동 • 용도지역/층수 : 2종주거, B1/5F • 준공연도 : 1988 • 건폐율/용적률 : 49.5%/247.6% • 공사내역 : 외벽에 드라이비트 시공해 단열 성능 개선, 창호 교체, 화장실 개선, 옥상 방수
보수 단계 (10 ~ 25년)			• 지역 : 경기도 포천시 신읍동 • 용도지역/층수 : 일반상업, B1/4F • 준공연도 : 1993 • 건폐율/용적률 : 56.6%/186.2% • 공사내역 : 외벽에 스톤비트 시공, 계단벽 타일 시공, 화장실 개선, 창호 교체, 옥상 방수
개수 단계 (25년 초과)			• 지역 : 서울시 마포구 공덕동 • 용도지역/층수 : 2종주거, 4F • 준공연도 : 1968 • 건폐율/용적률 : 74.3%/297.2% • 공사내역 : 외관 커튼월 시공, 계단실 이동, 승강기 설치, 철골·철판 보강공사, 내관 변경
개수 단계 (25년 초과)			• 지역 : 서울시 강남구 논현동 • 용도지역/층수 : 3종주거, B1/4F • 준공연도 : 1981 • 건폐율/용적률 : 51.8%/211.2% • 공사내역 : 경량철골 이용 4층 증축, 승강기 신설, 기계식 주차장 신설, 내관 변경, 기둥·보·슬래브 보강

빌딩 성능의 3요소 :
단열, 방수, 설비

빌딩을 설계하는 건축사, 시공을 담당하는 건설사, 완공 후 유지·관리를 책임지는 건물주는 경험적으로 이 3요소에 전폭적으로 동의할 것이다. 단열은 더운 여름이든 추운 겨울이든 외기의 혹독한 기운이 건물 내부로 침투하는 것을 방어하는 보호막 역할을 한다. 방수는 비가 새는 것을 막는 것이고, 설비는 건물 이용자의 편의를 위해 냉난방 시설, 상하수도관, 공조 시설 등을 총칭하는 말이다. 이렇게 빌딩이 제 성능을 발휘하려면 이 3가지가 정상적으로 작동해야 한다.

제로 에너지니 내진설계를 논하기 전에 가장 기본적인 부분에서 문제가 없어야 한다. 무슨 일이든 기본을 갖춘 이후에 비로소 가성비를 논하고 좀 더 나은 성능 추구를 할 수 있을 것이다. 하지만 이런 기본도 갖추지 못한 빌딩들이 우리 주변에는 너무나 많다. 특히 건물의 유지·관리에 대한 기초적인 지식도 없이 건물을 구매하거나 물려받은 경우에는 유지·관리는커녕 방치하는 사례도 적지 않다. 따라서 빌딩 투자 공부를 하는 독자 여러분은 차원 높은 성능을 논하기에 앞서 기본을 익히고 실천만 해도 훌륭한 빌딩주가 될 것이므로, 이 글에서는 기초적인 빌딩의 성능에 대해 살펴보고자 한다.

단열(斷熱)이란, 물체와 물체 사이에서 열이 이동하지 못하게 막는 것을 말한다. 열뿐만 아니라 냉기의 이동을 막는 것도 포함한다. 여름에는 건물 안으로 열기가 들어오지 못하게 막고, 겨울에는 한기가 들어오지 못하게 막아야 한다. 건물 밖에서 안으로 들어오는 것을 막는 것뿐 아니라 내부에서 밖으로 빠져나가는 것을 막는 것도 포함한다. 그러기 위해 건물을 짓거나 리모델링할 때 건물의 안이나 바깥에 단열재를 대준다. 대표적인 단열재는 널리 알려진 스티로폼이다. 주로 흰색이지만 지금은 단열 성능에 따라 어두운색으로도 나오고 압축된 형태 등 다양한 모습으로 출시된다.

건물에서 단열 문제가 발생하기 쉬운 곳은 창이다. 과거에는 홑겹 유리창이 많았지만, 지금은 이중창과 이중문을 많이 쓴다. 창이나 문을 안과 바깥으로 나누어놓으면 실내의 열이 유리를 통해 전도되어 빠져나가는 것을 막아주며, 실외의 열이 유리를 통해 전도되어 들어오지 않게 해 냉난방 효율성이 상승한다. 이에 따라 벽체나 바닥, 천장에도 단열재를 내부와 외부에 부착하기도 한다.

방수(防水)는 비가 건물 안으로 스며드는 것을 막는 것을 의미한다. 빌딩주들을 가장 속 썩이는 요인이 바로 누수다. 일반적으로 준공 후 10년 이내에는 특별한 부실공사가 없는 한 누수가 거의 발생하지 않는다. 하지만 건물이 점차 노후화되면서 벽면이나 옥상, 슬래브, 지하실 바닥 등을 통해 누수가 발생한다. 가장 흔한 누수는 벽돌조 건물에서 발생한다. 벽돌을 쌓을 때 벽돌과 벽돌 사이를 줄눈으로 메우는데, 이 줄눈에 금이 생기면 그 틈으로 빗물이 스며든다. 이를 방지하기 위해서는 3~5년 주기로 외벽에 발수제나 방수제를 도포해야 하는데, 이를 실천하는 건물주가 드물다. 벽돌뿐만 아니라 석재나 패널 등으로 외벽이 마감된 경우에도 외장재 틈 사이가 벌어질 경우 누수가 발생할 수 있다.

이때는 틈을 메워주는 코킹 작업을 약 20년 주기로 수행해줘야 할 것이다. 또 다른 흔한 누수는 옥상이 평지붕인 경우, 바닥의 방수도료가 닳아 방수기능이 상실될 때 발생한다. 따라서 옥상은 10년 주기로 방수작업을 해야 한다. 지하실 누수는 콘크리트 건물이 지닌 운명이라고 봐야 한다. 20~30년이 지나면 지하실 바닥이나 벽면의 콘크리트에 금이 간다. 이 틈 사이로 물이 들어오면 콘크리트 속의 철근이 부식되고 균열은 점점 커진다. 아무리 신축 시에 방수공사를 철저히 해도 시간 경과에 따라 지하실 누수는 필연적이라고 봐야 한다. 이때 누수 처리는 지하실 벽면 바닥을 따라 작은 도랑(트렌치)을 내고 한 모퉁이에 집수정을 설치해 물이 고이면 모터를 이용해서 건물 밖으로 펌핑해 배출하는 것이 최선이다.

설비는 크게 상하수도 설비, 공조·환기 설비, 냉난방 설비, 전기 설비, 승강기로 나눌 수 있다. 상하수도 설비에서 문제가 되는 것은 배관이다. 과거에는 배관이 주철로 되어 있어 30년쯤 지나면 배관 내부가 부식되어 수돗물 품질이 열화하기 일쑤다. 지금은 비금속 재질로 나와 내부가 부식되는 일이 거의 발생하지 않는다. 따라서 낡은 건물을 리모델링할 때는 상하수도관을 교체하는 일이 매우 중요하다. 겉으로 보이지 않는다고 해서 비용 절감 차원에서 상하수도관 교체를 생략하는 경우가 있는데, 이왕 리모델링해 40~50년을 추가로 온전하게 사용하기 위해서는 건물의 성능을 좌우하는 설비 교체가 필수다.

공조 설비는 건물 내부의 탁한 공기는 배출하고 신선한 공기를 유입시키는 기능을 담당한다. 이런 설비는 규모가 있는 중형빌딩 이상인 경우에 해당해 중소형빌딩이나 꼬마빌딩에는 중요한 설비는 아닐 수 있다. 다만, 습하고 환기가 잘 안 되는 지하실에는 전열교환기나 강제순환식 덕트 설비를 갖추면 실내를 항상 쾌적하게 유지할 수 있어 공실 방지와 임대료 상승에 크게 기여할 것이다.

냉난방 설비 역시 어느 정도 규모가 있는 중형급 건물에는 기계실을 두고 중앙공급식 난방과 냉방을 해왔지만, 요즘은 웬만한 중소형빌딩에서는 천장에 부착하는 시스템에어컨만 가동해도 냉난방이 충분하므로 중앙냉난방 설비를 별도로 갖추지 않아도 된다.

승강기는 4층 이상의 건물에는 필수다. 서울시 강남 3구만 해도 1980~1990년대에 지어진 꼬마빌딩들에는 승강기가 없는 경우가 태반이다. 이런 건물에는 건물주가 거주하는 경우가 많은데, 이들이 70~80대가 되어 계단을 오르내리기 어렵게 되면 건물을 매각하고 아파트나 주택으로 이동하기도 한다. 이때 리모델링하면서 승강기를 설치하면 건물을 팔지 않고 새로운 환경에서 계속 거주할 수 있고, 임대료 상승으로 건물 가치도 제고될 것이다.

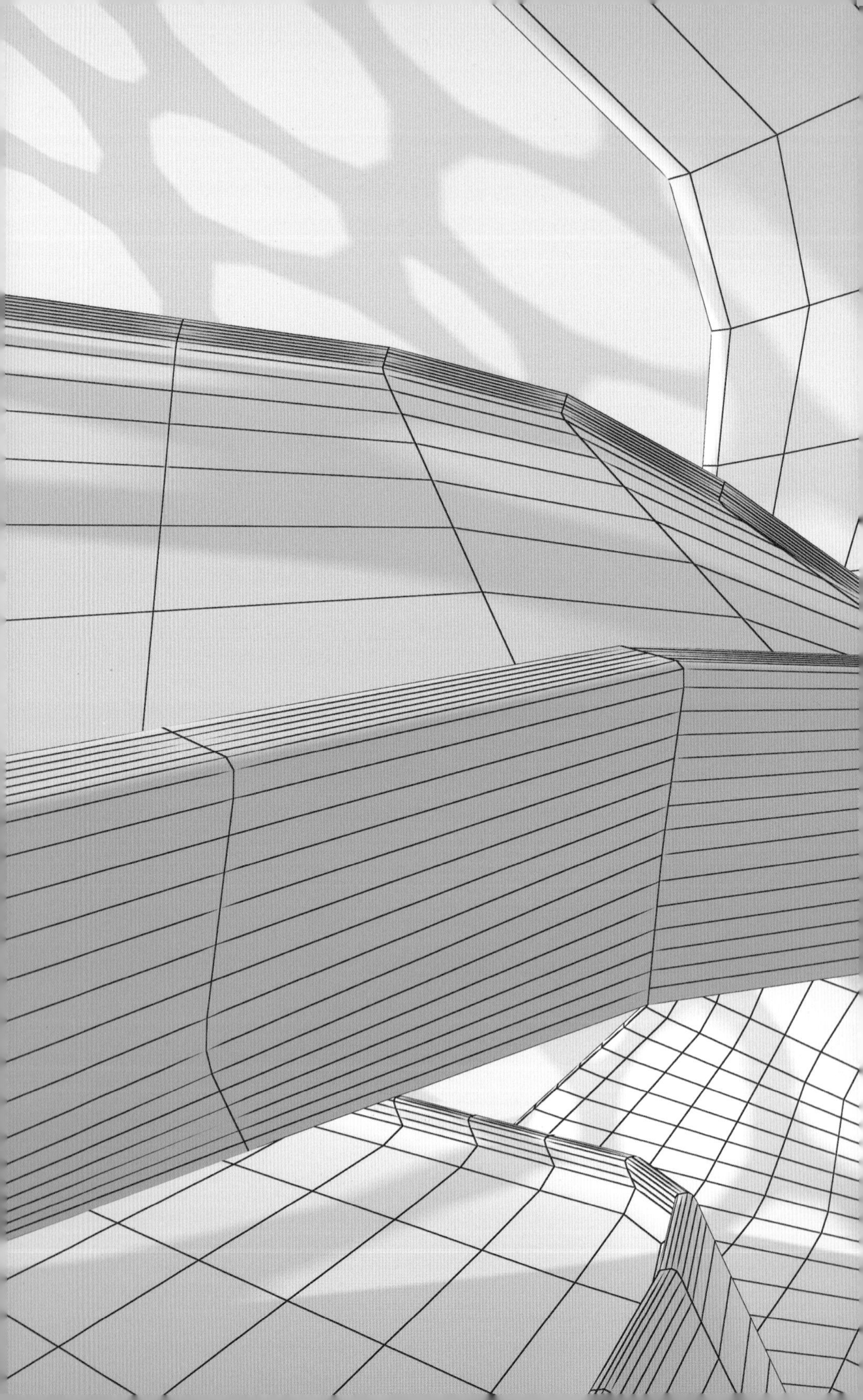

Part 2

꼬마빌딩
투자의 기초

• • •

이 파트에서는 왜 빌딩 투자 공부가 중요한지에 초점을 둔다. 대박 추구의 위험성을 경계하고, 대박보다는 중박 이상을 목표로 해서 내재 가치 보유 물건을 식별하는 노하우, 상권 분석과 입지 분석을 기초로 층별 임대계획을 수립하는 요령, 매입 전 건물 답사 요령, 건물 매매계약 시 꼭 필요한 특약 달기, 건축물현황도의 중요성과 매매에 따른 제반 세금에 관해 검토한다.

대박 추구는
쪽박으로 가는 급행열차

2000년대에는 부동산 투자로 대박을 부추기는 세력이 극성을 떨었다. 소위 컨설팅업체로 위장한 이들은, 극비로 얻어낸 정보라고 선전하며 지방의 개발 호재 주변의 임야나 농지를 저가로 사들여 분필한 후에, 호재를 과대 포장해 그들이 사들인 가격에 '0' 하나를 덧붙여 불특정 다수에게 팔아넘기는 수법을 썼다.

우리 주변에는 부동산 투자로 대박을 좇다가 쪽박을 차는 경우가 종종 있는데, 필자 역시 그런 쓰디쓴 경험이 있다. 40대였던 2000년대 초에 필자는 무역회사를 운영했다. 사업이 잘되어 연간 몇억 원씩 벌었다. 연간 매출액 유지와 성장을 위해 필자의 주 업무 중 하나는 바이어들과 거래처 대표들 접대였다. 그 당시, 부동산 투자라곤 아파트밖에 몰랐다. 결혼 후 맞벌이로 이른 시점에 17평짜리 아파트를 구입했고, 4년 주기로 24평, 33평으로 갈아탄 게 부동산 투자의 전부였지만, 나름대로 또래들과 비교할 때 필자는 부동산 투자를 잘하는 편에 속했다.

그런데 그 당시 대박의 유혹을 받았고, 그 유혹에 넘어갔다. 투자를 부추긴 컨설팅업체 직원은 명문대 출신이었고, 만나 보니 신뢰가 생겼다. 사무실은 강남구의 중형빌딩 한 층을 사용하고 있어 믿음이 갔다.

그에 따르면, 청주 오송역 주변에 대형 국가산업단지 개발 호재가 있다고 했다. 개발이 완료되면 평당 수백만 원은 될 거라며 땅 투자를 권했다. 필자는 그가 추천한 청주시 흥덕구의 나지막한 임야 300평에 투자했다. 평당 20만 원을 줬으니 6,000만 원이 들었다. 이듬해에 그 사람이 또 한 건의 호재를 소개했다. 이번에는 강릉에 경륜장이 생긴다며 소개한 땅은 해변에서 가까운 논이었다. 200평을 20만 원씩 4,000만 원을 주고 매입했다.

20여 년 전 당시 필자는 신이 났다. 2건 합친 1억 원 투자가 10년 안에 10억 원은 될 것으로 생각하니 설사 사업이 잘 안 되어도 노후 대비는 되었다는 마음에 뿌듯했다. 하지만 20년이 지난 지금 두 지역의 땅값은 매입가격에서 '0' 하나를 빼도 겨우 팔릴까 말까 한다. '0' 하나를 더하기는커녕 '0' 하나를 빼도 안 팔리는 임야와 농지를 사들였으니 당시 필자의 부동산 투자 지식 수준은 바닥이었다. 이런 쓰디쓴 투자 실패가 약이 되어 오늘날 빌딩 재테크 박사로 우뚝 서게 된 동기라고 여기며 쓴 기억을 뒤로하고 있다.

필자의 지인 중에는 필자보다 더한 사람이 있다. 그는 지방의 도청청사가 이전한다는 호재 소식을 컨설팅업체 직원을 통해 들었다. 그 직원은 지인의 과거 직장동료였고, 그 시절 호형호제하는 친한 사이였다. 그 직원은 지인에게 투자를 권했다. 마침 지인은 도청 이전용지에 가까운 곳이 고향이었다. 이 점을 파고든 그는 이전부지 인근의 토지에 투자하면 도청 이전 완료 후에 토지가격은 '0' 하나가 더 붙을 거라 꼬드겼고, 지인은 마침내 꼬임에 넘어갔다. 문제는 외국에서 20여 년간 성공적으로 사업하면서 살뜰히 모은 돈 수십억 원을 왕창 투자했다.

그런데 도청 이전이 완료된 후에도 지인이 투자한 땅값은 오르기는커녕 구입원가에도 사려는 사람이 없었다. 도청 앞 상권만 흥할 뿐 멀리

떨어진 곳에 호재의 온기가 전해질 리 만무했고, 그 땅들은 예전처럼 미동도 없이 전답으로 머물러 있다.

이윽고 지인은 필자를 찾아와 그가 투자한 필지 목록을 건네며 매각을 위한 해법을 요청했다. 필자가 그 필지들의 지번을 도청 소재지와 거리를 재보니 가장 가까운 곳이 4㎞였고, 대개 6~7㎞ 떨어진 곳의 전답이었다. 지금부터 10여 년 전에 평당 20~30만 원을 주고 구입했다고 했는데, 필자의 판단으로는 지금 평당 1만 원에 팔려고 해도 매수세가 거의 없는 곳이다. 새삼스러운 이야기가 아니지만 지금 농촌의 청년세대는 모두 도시로 빠져나가고 노인들만 남아서 힘닿는 데까지 농업을 이어가는 상황이다. 노인세대가 농사일을 더 이상 못하면 태반의 전답이 방치될 텐데, 어느 누가 돈 들여 농지를 구입하려 들겠는가. 지인은 지금까지 수년간 매각을 위해 노력해왔지만, 단 한 필지도 팔리기는커녕 입질도 없다. 출구가 전혀 보이지 않는다.

20년 전의 필자도 그렇지만, 이분의 처참한 투자 실패의 요인은 냉정한 투자 분석을 건너뛴 것이다. 상권 분석과 입지 분석 및 개발 가능성에 기초한 현재 가치와 미래 가치, 재매도 가능성 등을 깐깐하게 따져보고 들어갔어야 했는데, 꼬임에 빠져 대박을 꿈꾸며 용감하게 저지른 결과, 평생 수십 년을 타지에서 고생하며 번 돈을 땅속에 파묻은 것이다. 10년 전에 수십억 원을 지방 땅에 투자하는 대신 서울에 일부분 레버리지를 이용해 50억 원짜리 건물을 매입했더라면, 이분의 현재 건물 가치는 최소 100억 원은 되었을 것이고, 매달 2,000만 원을 월세로 받는 빌딩주가 되었을 것이다. 그런 아픈 기억을 곱씹으며 살아가는 이분의 하루하루는 자책과 회한으로 가득하다.

큰돈 투자는 너무 재도 안 되지만, 대박 욕심은 버리는 게 중요하다. 탈출이 어려운 지방 땅 투자는 필자의 관심사가 아니다. 빌딩 투자를 선구적으로 안내해온 필자가 이 책에 담은 빌딩 투자, 리모델링 투자, 신축 투자는 기본에만 충실하면 적어도 평균치를 훨씬 상회하는 투자 이익을 거둘 수 있을 것이다.

(2)

빌딩 투자는
중박을 목표로 하자

　여기서 중박이란, 대박에 대한 상대적 비유다. 빌딩 투자에서는 중박만 쳐도 훌륭하다. 대박, 중박, 소박, 쪽박으로 투자를 분류한다면, 필자가 볼 때 대박을 터트릴 확률은 전체 빌딩 투자자의 5% 선이다. 중박은 30% 정도고, 소박은 50%, 쪽박은 15%쯤 된다고 할 수 있다. 여기서 쪽박을 칠 확률이 15% 정도 된다는 것에 유의해야 한다. 그만큼 원금의 상당한 부분을 잃는 투자도 심심치 않게 발생하는 경우가 빌딩 투자에서 나온다.

　필자가 말하는 대박의 정의는 30억 원의 종잣돈으로 20억 원을 대출받아 50억 원짜리 꼬마빌딩을 매입한 후 10억 원 정도의 사업자금 대출을 받아 리모델링했을 때, 건물 가치가 85억 원 정도일 때라고 본다. 보유할 동안 얻는 임대소득은 배제하고 자본이득 증가만 따져서 85억 원 정도 된다면, 대박이라는 뜻이다. 중박은 같은 조건일 경우 건물 가치가 75억 원 정도이고, 소박은 70억 원, 쪽박은 65억 원 이하다. 종잣돈 30억 원 기준으로 대박과 쪽박의 차이는 20억 원 정도가 된다. 이는 자본이득만 계산한 수치이므로 임대수입을 추가하면 그 차이는 훨씬 더 벌어진다.

구체적으로 따져보자. 30억 원의 종잣돈으로 20억 원 대출을 받아 근생건물을 50억 원 주고 샀다면, 취득세와 중개보수를 더하면 53억 원 정도 된다. 여기에 리모델링비 10억 원을 추가하면, 총투입비는 63억 원이다. 대박의 경우는 완공 후 만실 시 건물 가치가 85억 원 정도라고 할 때 세전 시세차익은 22억 원이다. 이 건물이 서울시 서초구에 있고 건물 가치가 85억 원이라고 하면, 2025년 기준으로 임대수익률이 2.2% 정도는 되어야 거래가 가능한 수준이라고 본다. 85억 원짜리 건물로서 임대수익률이 2.2%라면 보증금 2억 원에 월세 1,525만 원 정도 나와야 한다(산출식 : 1,525만 원 × 12개월/0.022(2.2%) + 보증금 2억 원). 이 경우, 세전 시세차익 22억 원에 매년 임대소득으로 1억 8,300만 원이 추가된다. 3년간 보유 후 매각한다면 산술적으로 세전 투자 수익은 시세차익 22억 원에 3년간 임대수익 5억 4,900만 원을 합하면 27억 4,900만 원이다. 종잣돈 30억 원으로 3년 후에 27억 4,900만 원을 얻었으니 투자 수익률이 91.57%이고 연간 30.5%다. 정확한 투자 수익을 산출하려면 여기서 대출금 20억 원에 대한 이자와 매각 시 중개보수, 공실로 인한 임대수입 감소분, 재산세, 양도세 등을 감안해야 할 것이지만 대박, 중박, 소박, 쪽박을 단순하게 세전 투자 수익으로만 비교해도 그 차이가 확연해 이해가 쉬울 것이므로 이 비교방식을 택했다.

중박은 대박과 같은 조건에서 리모델링 완공 후 건물 가치가 75억 원이라고 했다. 역시 동일한 방법으로 따져보자. 총투입비가 63억 원인데, 건물 가치가 75억 원이고, 임대수익률이 2.2%가 되려면, 임대료는 보증금 1억 4,000만 원에 월세 1,350만 원이다(산출식 : 1,350만 원 × 12개월/0.022(2.2%) + 보증금 1.4억 원). 역시 3년 후 매각을 전제하면 세전 시세차익이 12억 원이다. 여기에 3년간 임대수익 4억 8,600만 원을 합하면 16억 8,600만 원이다. 30억 원의 종잣돈으로 3년 후 16.86억 원을 얻었으니 세전 투자 수익률이 50.58%이고 연간 16.86%다.

소박도 같은 조건에서 리모델링 완공 후 건물 가치가 70억 원이라고 했다. 총투입비가 63억 원이니 세전 시세차익은 7억 원이다. 70억 원짜리 건물의 임대수익률이 2.2%가 되려면 임대료는 보증금 1억 9,000만 원에 월세 1,250만 원이다(산출식 : 1,250만 원 × 12개월/0.022(2.2%) + 보증금 1.9억 원). 3년 후 매각한다면 세전 시세차익 7억 원에 3년간 임대수입 4억 5,000만 원을 합하면 11억 5,000만 원이다. 30억 원의 종잣돈으로 3년 후 11.5억 원을 얻었으니 세전 투자 수익률이 38.33%이고 연간 12.77%다.

쪽박 역시 같은 조건으로 리모델링 후 건물 가치가 65억 원이라고 보면 총투입비 63억 원 대비 세전 시세차익은 2억 원이다. 서초구 소재 65억 원짜리 건물의 임대료는 보증금 1억 8,000만 원에 월세 1,160만 원이다(산출식 : 1,160만 원 × 12개월/0.022(2.2%) + 보증금 1.8억 원). 3년 후 매각 시 세전 시세차익 2억 원에 3년간 임대수입 4억 1,760만 원을 더하면 세전 투자 수익은 6억 1,760만 원이다. 30억 원의 종잣돈으로 3년 후 6억 1,760만 원을 얻었으니 세전 투자 수익률이 20.58%이고 연간으로는 6.86%다.

쪽박을 기준으로 좀 더 세부적으로 따져보자. 총투입비 63억 원 대비 리모델링 완공 후의 건물 가치가 65억 원이다. 세전 시세차익 2억 원과 임대수익을 합한 값은 6억 1,760만 원이다. 30억 원의 종잣돈으로 리모델링비를 포함해 레버리지 30억 원을 일으켰으니 3년간 이자를 4.8%라 보고 계산하면, 매달 이자가 1,200만 원 나가므로 3년간 4억 3,200만 원이다. 따라서 총투자 수익 6억 1,760만 원에서 이자를 제하면 1억 8,560만 원이다. 여기서 매각 시 중개보수 약 5,000만 원을 제하면 1억 3,560만 원인데, 양도세와 재산세 등을 제하면 남는 게 없다.

이러니 30억 원이라는 큰돈을 투자해 3년간 온갖 고생을 하며 리모델링하고 이자 내고 유지·관리한 결과, 남는 게 없으니 쪽박이 아니고 무엇이란 말인가.

문제는 리모델링 후 매각 금액이 총투입비에 미치지 못하는 경우도 더러 있다는 것이다. 이 경우, 원금 손실을 본다. 이런 사례는 임대료가 뒷받침되지 않은 상태에서 토지가격만 엄청나게 오른 유명 상권 지역에서 흔히 발생한다. 이 지역에서 거품이 낀 시세대로 땅을 사서 신축을 하든, 구축 건물을 사서 리모델링해 따져보면 투자 수익률이 제로 이하인 경우가 수두룩하다.

거슬러 올라가서 소박의 경우도 세부적으로 따져보자. 3년간 이자를 4.8%라 보고 계산하면 매달 이자가 1,200만 원 나가니 3년간 4억 3,200만 원이다. 따라서 시세차익 7억 원과 임대수익을 더한 세전 총투자 수익 11억 5,000만 원에서 이자를 제하면 7억 1,800만 원이다. 추가로 중개보수 약 5,000만 원을 제하면 6억 6,800만 원이다. 여기서 양도세와 재산세 등을 제하면 대략 4억 5,000만 원쯤 될 것이다. 참고로 법인 투자자라면 개인 투자자보다 양도세가 확 준다. 법인에 대해서는 양도차익 2억 원까지는 지방세 포함 9.9%, 2억 원 초과에 대해서는 22%를 적용하므로 개인 투자자가 부담해야 하는 최고세율 49.5% 대비 매우 유리하다.

대박도 세부적으로 따져보자. 세전 총투자 수익 27억 4,720만 원에서 이자를 제하면 23억 1,520만 원이고, 중개보수 5,000만 원을 제하면 22억 6,520만 원이다. 양도세와 재산세 포함한 세금을 약 9억 1,520만 원으로 보고, 이를 제하면 13.5억 원쯤 될 것이다. 종잣돈 30억 원 대비 3년간 세후 수익률이 45%이고 연간 15%다. 연간 세후 15%면 실로 엄청난 수익률이다. 부동산 투자에서 3년은 짧은 기간임을 감안할 때 3년 보유 후 매각해 종잣돈 대비 절반 정도의 수익을 낸다는 것은 실로 어려운 일이다.

중박에도 동일하게 적용해서 따져보면, 총투자 수익 16억 8,600만 원에서 중개보수와 이자를 제하면 12억 400만 원이고, 양도세 등을 제하면 8억 원쯤 될 것이다. 30억 원 대비 세후 수익률이 26.6%이고 연간 8.8%다. 우리가 일상으로 접하는 주식이나 부동산, 채권 등에 관한 기사에서는 '얼마 투자해 현재 가치가 얼마다' 정도라고 피상적인 수치만 제시할 뿐이라서, 정확한 세후 투자 수익률은 알기 어렵다. 이런 피상적이고 투자만 부추기는 기사에 현혹되면 진실을 알 수가 없다. 따라서 흔들리지 않고 내실 있는 투자를 하려면 이런 식으로 제반비용을 모두 따져봐야 한다.

알부자들이 왜 국채에 장기 투자를 하고, 은행 적금금리가 4% 이상이면 적금에 장기 투자를 해서 부를 이루었는지를 곰곰이 생각해보면 연간 순수익률 5% 이상을 달성한다는 것은 결코 쉬운 일이 아님을 알 수 있다. 따라서 빌딩 투자로 필자가 중박으로 제시한 연간 세후 순수익 8.8%를 얻는다는 것은 꽤 실속 있는 투자인 것이다.

내재 가치 보유 물건
식별하기

필지의 북쪽이 도로에 접한 토지가 좋다

건물 투자 시장에서는 "북도로가 좋다"라는 말이 자주 회자된다. 정확히 말하면, '필지의 북측에 도로가 붙어 있는 게 좋다'라는 것이다. 이에 대해 정확히 이해하려면 이 책의 Part 6에서 이어지는 '리모델링 관련 공법'을 참조하시라. 간략히 언급하자면 주거지역에서 필지 북측에 도로가 있으면 도로 폭이 넓을수록 일조권 사선제한을 거의 받지 않아 해당 필지에 주어진 용적률을 최대치까지 구현할 수 있어 건물이 똑바로 올라간다. 반대로 필지 남측에 도로가 있으면 일견 남향이라고 좋게 생각할 수 있겠지만, 건물은 일조권 사선제한을 받아 4층부터는 계단식으로 올라가고 용적률을 최대치까지 구현할 수 없는 경우가 많다. 건물은 무조건 남향이 좋은 게 아니다. 용적률을 남김없이 구현하면서 위로 똑바로 올라가는 게 좋다. 그래야 건물이 커서 임대수익이 커지고 계단식으로 올라가지 않아 보기에도 좋다. 이런 의미에서 건물 투자 시 북측이 도로에 접한 토지가 상대적으로 좋다. 다만, 남측에 도로가 붙은 토지라도 대지면적이 80평 이상이면 건물을 도로에 바짝 붙여 앉히면 똑바로 올라갈 수 있기는 하다.

아래 좌측 지적도는 청색으로 표기된 도로를 기준으로 아래쪽 필지들은 일조권 사선제한을 덜 받고 위쪽 필지들은 영향을 받아 건물 상층부가 사선 형상을 띤다. 아래 우측 사진에서 ①번은 북측이 도로에 접해 똑바로 올라갔고, ②번은 북측에 도로가 없어 사선 모양을 띤다.

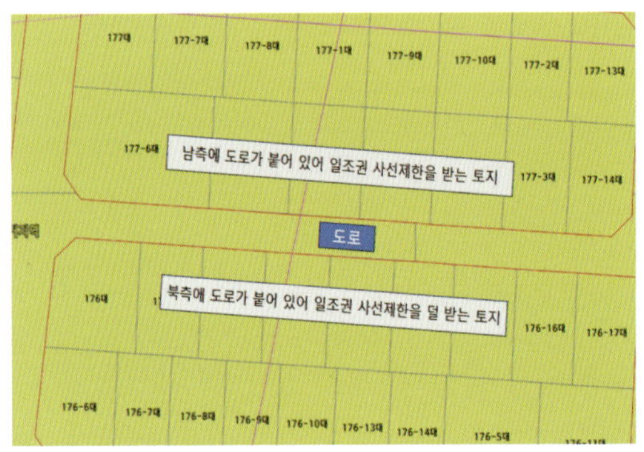

도로를 중심으로 아래쪽 필지가 일조권 영향을 덜 받음
(출처 : 토지이음)

일조권 영향으로 구현된 건물 형태

리모델링을 위해서는 지상 3층 이상 건물을 잡아라

요즘처럼 신축비가 높은 시절에는 리모델링의 가성비가 좋아 낡은 건물을 매입해 리모델링하려는 투자자들이 많다. 그렇지만 아무 건물이나 리모델링한다고 해서 수지가 맞는 게 아니다. 국내 최고 상권인 강남역 상권이나 홍대 상권에 가 보면 2층짜리 상가건물이 의외로 많다는 것을 알 수 있다. 이런 건물에는 주차할 공간도 없고, 승강기도 당연히 없다. 목이 좋고 가격이 저렴하게 나왔다면 이런 건물을 매입해 리모델링하면 좋겠다고 생각할 수 있을 것이다. 그러나 2층짜리만으로는 수지가 안 맞는다. 리모델링만으로는 임대료가 소폭 오르는 데 그칠 뿐, 건물 가치가 수직으로 상승하기에는 한계가 있다. 이 경우에는 반드시 증축을 동반해야 한다. 그러나 증축을 하려면 증가한 연면적만큼 주차 대수를 추가로 확보해야 하는데, 현실적으로 주차 공간을 마련하기가 쉽지 않다. 이 때문에 어쩔 수 없이 약 19평 정도만 증축하는 데 그치는 경우가 많고, 그만큼 임대료 상승 여력에도 한계가 생긴다. 아무리 상권이 좋아도 지상 1~2층 건물은 리모델링보다는 허물고 신축해야 할 대상이다. 따라서 리모델링 용도로 투자하려면 최소 지상 3층은 되어야 한다. 4층이면 좋고 5층이면 더 좋다. 4~5층 정도 되면 증축을 안 하더라도 이미 충분한 공간을 확보하고 있으므로 수지가 맞는다.

사거리 코너는 무조건 잡아라

조금 오래된 이야기지만 필자는 2019년에 송파구 오금동 사거리 코너 자리의 매물을 접수했다. 어느 지역이든 사거리 코너에 있는 건물은 좀처럼 매물로 나오지 않는다. 가시성과 접근성이 좋고 광고가 잘되니 임차인도 줄을 서고 임대료도 주변에서 가장 높게 형성되어 있다. 공실도 없으니 딱히 팔 이유가 없다. 그런데 이런 건물이 매물로 나온 것이다. 2종 일반주거지역 대지 47평에 지하층이 딸린 5층 건물이다. 매가 22억 원이고, 보증금 7,500만 원에 월세 510만 원으로 임대수익률이 3.3%로 양호한 편이었다. 지하철 방이역에서 300m 거리의 역세권이고, 4차선 교차로에 자리 잡았다. 필자가 당시 여윳돈이 있었으면 즉시 매입했을 텐데, 다른 데 묶여 있어서 입맛만 다시다가 필자의 한 고객에게 소개했다.

이 고객은 아파트 투자만 해온 분이었는데 남편이 곧 정년이라 아파트를 팔고 상가주택을 구매하려는 분이었다. 당시 송파구에 거주 중이어서 지역도 같고 가격도 적정해 소개한 것이다. 그런데 이분이 이튿날 건물을 답사하고서 필자에게 전화했다. "건물이 너무 못생겨서 사지 않겠습니다." 참고로 언급하자면 사거리 코너의 토지들은 자동차의 회전을 원활하게 해주기 위해 모서리를 잘라낸다. 이를 가각전제(街角剪除)라고 한다. 이렇게 모서리가 잘려나간 토지 위에 건물을 짓다 보니 정면 모습은 괜찮은데 좌우 측면에서 볼 때 기형적이다. 이 점이 마음에 들지 않은 것이다. 아파트처럼 건물이 모나지 않고 예쁘게 똑바로 올라가야 하는데 이상하게 올라간 것이 마음에 걸렸다. 이분처럼 건물 투자에 처음 나서면 최상급 매물도 최하급 매물로 보일 수 있다. '알아야 면장을 할 텐데' 아무튼, 그 물건은 그로부터 일주일 후에 내재 가치를 알아본 다른 고객의 손에 넘어갔다.

오금동 사거리 입지
(출처 : 카카오맵)

지적도(가각전제된 모습)
(출처 : 토지이음)

건물 정면 모습

준주거지역이나 일반상업지역 같은 용적률 높은 땅은 60평 이상이어야 한다

준주거지역이나 일반상업지역 같은 고밀도 개발이 가능한 토지는 대개 지하철 역세권 대로변에 입지해 있어 건물 투자자들의 로망이다. 입지가 좋고 용적률이 높으니 가격도 당연히 높다. 웬만하면 8층, 여차하면 10층 이상도 올릴 수 있는 땅이니 그럴 만하다.

그렇지만 그런 땅이라고 해서 다 좋은 것은 아니다. 토지면적이 60평 이상이어야 좋다. 법정 주차 대수를 맞추기 위해서 이 정도 크기가 필요한 것이다. 주차장은 1층의 공지에 둘 수도 있지만, 60평도 안 되는 토지 위에는 2~4대 정도가 최대다. 더 많은 대수를 채우기 위해서는 1층 일부를 필로티 처리해야 한다. 이 경우, 1층 임대공간이 줄어들어 임대수입이 크게 감소한다. 용적률을 최대한 구현하기 위해 1층의 계단실을 제외한 전체를 주차장으로 만들 수도 있지만, 그러면 1층에서 발생하는 상당한 임대수입을 포기해야 한다. 따라서 1층 공간을 유지한 채 8층에서 10층을 올리기 위해서는 기계식 주차장을 지하에 설치하는 방안이 최선이다. 이를 위해서는 대지면적이 대체로 60평 이상은 되어야 지하에 기계식 주차장을 설치할 수 있다.

2018년에 개업의 한 분이 필자를 찾아왔다. 아현역 인근에서 피부과를 운영 중인 분으로, 인근의 준주거지역 토지가 평당 5,500만 원에 나와 있어 이를 매입해 자신의 병원 건물로 짓고 싶다며 분석을 의뢰했다. 하지만 토지면적이 43평에 불과해 주차장을 지하에 설치할 수 없는 조건이었다. 1층을 부분적으로 필로티 구조로 처리해 겨우 2대 정도를 주차할 경우, 지상으로는 최대 5층까지 올릴 수 있는 상황이었다. 아무리 자신의 병원 건물을 짓고 싶다고 하나 1층 공간이 거의 없다면 약국을 어디에다 둔단 말인가. 더구나 대지 43평에 건폐율 60%를 적용하면 층당 면적이 25평 정도에 불과해 계단실과 승강기, 화장실 제하면 전용면적이 18평 정도에 그쳐 도저히 병의원용으로 사용하기에는 지나치게 협소한 규모였다.

이처럼 겉보기에는 좋아 보이는 토지도 따져보면 문제가 많다는 것을 알 수 있다. 고밀도 개발이 가능한 토지도 60평이 안 되면 사실상 3종 일반주거지역 토지에 불과하다. 용적률이 높아 고층으로 올릴 수는 있지만, 주차장 문제 때문에 답이 안 나온다. 따라서 준주거지역이나 일반상업지역 토지는 60평이 안 되면 잊어버리는 것이 좋다. 간혹 도로와

접한 상태가 양호한 경우 60평이 안 되어도 답이 나오기도 하지만, 이 경우 반드시 가설계를 떠보기를 권한다.

용적률 초과 건물을 잡아라

1970~1990년대에 지어진 건물 중에는 현행법이 허용하는 용적률을 현저히 초과해 축조된 건물들이 있다. 당시에는 주거지역에 대한 용적률 적용이 현행법 대비 상당히 너그러웠다. 가령, 2종 일반주거지역의 현재 용적률 상한선은 서울의 경우 200%인데, 간혹 250%이거나 300%에 근접한 건물도 있다. 3종 일반주거지역의 현재 용적률 상한선은 250%이지만, 매물 중에는 300% 전후의 것도 있다. 과거에는 건물을 지을 때 용적률 허용치까지 짓기보다는 건물주의 자금한도에 맞춰 저층으로 짓는 경우가 흔했다. 간혹 드물기는 했지만 건물 크기가 건물 가치에 비례한다는 것을 깨우친 건물주가 용적률 허용치까지 채워서 짓는 경우도 있었는데, 이렇게 용적률이나 건폐율이 현행법 대비 초과한 건물이 매물로 나오면 그것을 매입해 리모델링하면 축조 시의 법규를 인정받으므로 초과한 용적률 그대로 사용할 수 있어 이익이 크다. 이런 사례의 건물로서 과거 필자가 접수한 매물 중 2건을 소개한다.

첫 번째 사례는 서울시 영등포구 당산역세권의 8층 건물이다. 용도지역이 3종 일반주거지역으로 대지면적은 580㎡(175평), 지하 1층 포함한 연면적은 1,993㎡(603평)이다. 건폐율은 42.8%로서 현행법 상한선인 50% 이내를 유지했지만, 용적률은 299.4%로 현행법 상한선인 250% 대비 49.4%를 초과했다. 현행법 대비 약 86평을 더 올린 것이다. 86평에 대해 한강이 조망되는 이 지역 임대료 시세 평당 8만 원을 적용하면 매월 월세 700만 원 더 나온다. 월세 700만 원이면 은퇴 부부의 노후 생활비가 보장되는 적지 않은 돈이다. 1991년에 준공된 이 건물을 매입해 리모델링하면 초과 용적률을 그대로 살릴 수 있으므로 수익성은 매우 좋다. 2018년에 60억 원에 나온 이 건물은 몇 달 후 거래되었다.

또 다른 사례로서 서울시 광진구 군자역세권의 지상 5층 건물이다. 2종 일반주거지역으로 대지면적 514㎡(155평), 연면적 2,275㎡(688평)이다. 1995년에 준공된 이 매물은 건폐율이 59.8%로 상한선에 맞췄지만, 용적률은 무려 315.3%로서 현행법 상한선인 200% 대비 115.3%가 초과했다. 즉, 현행법 대비 2층이나 더 올린 것이다. 매가 50억 원에 급매로 나온 이 매물을 필자는 즉시 한 투자자에게 소개했고, 그 투자자가 매수 의사를 표해 필자가 매도인 측에 가격 협상 차 연락을 하자 급한 자금 문제가 해결되었다며 매도를 철회했다.

당산역세권 용적률 49.4% 초과

군자역세권 용적률 115.3% 초과

1,000세대 이상 아파트 출입문 앞의 건물은 공실 걱정이 없고 경기와 무관하다

건물 투자에서 임대수입의 안정성은 매우 중요하다. 내 건물에 들어온 임차인들이 모두 사업을 잘해서 장기간 머무르면서 임대료를 밀리지 않고 거주한다면 얼마나 좋을까. 하지만 아무리 좋은 입지에 있는 건물이라도 임차인의 능력이나 경기 변동에 따라 본의 아니게 폐업하는 경우가 있다. 이것은 모든 건물주가 갖는 공통의 리스크다.

문제는 이런 사유로 공실이 생기면 곧바로 채워질 수 있느냐다. 바로 채워지기 위해서는 상권이 좋거나 입지가 좋아 누구든 입주를 희망하는 건물이거나, 차별화된 내·외관을 지니고 성능도 좋은 건물이어야 할 것이다.

여기에 소개하는 건물은 아파트 대단지 정문 바로 앞에 위치한 건물이다. 9호선 선유도역세권의 1,200세대 아파트 단지 정문 앞에 있는 1986년에 준공된 지하 1층이 딸린 4층짜리 건물이다. 준공업지로서 대지면적 231㎡(70평), 연면적 562㎡(170평)다. 준공업지역 허용 용적률은 400%지만, 이 건물의 용적률은 194%에 불과하므로 리모델링하면서 증축하거나 기존 건물을 허물고 신축하면 8층 정도 올릴 수 있다. 2017년에 매가 26억 5,000만 원에 나왔다. 보증금 1.2억 원에 월세 860만 원으로 임대수익률 4%로 우량한 물건이었다. 가만히 따져보자. 허용치의 절반에 불과한 연면적을 가진 건물인데도 임대수익률이 4%나 된다는 것은 용적률을 다 채운다면 7%는 되지 않을까? 이런 점이 숨겨진 가치다. 웬만한 건물의 지하실은 습해서 임대가 어려운데도 이 건물의 지하층은 호프집으로 임대될 정도로 지하실 상태가 좋았다. 1층은 상가, 2층부터는 학원과 사무실로 임대되어 있었다.

필자는 이 매물이 안정성 측면에서 더없이 좋은 매물임을 인식하고 투자자에게 소개했다. 아쉽게도 그 투자자는 건물 투자의 초보자로서 입지의 중요성에 대해 아무리 설명해줘도 제대로 인식하지 못하는 분이었다. 이분은 그 매물을 보더니 너무 후졌다며 매수를 포기했다. 다음 사진에서 보듯 이 건물의 외관은 컬러 강판으로 마감되었고, 준공된 지

30년이 지나 강판 표면이 변색해 보기에 흉했다. 그다음 주에 내재 가치를 알아본 다른 투자자가 냉큼 채갔다.

필자는 2008년부터 빌딩 중개를 해오면서 1,000명이 넘는 빌딩 투자자들을 상대해오다 보니 빌딩 투자자들의 행태를 잘 안다. 부동산 투자는 첫째도 입지, 둘째도 입지, 셋째도 입지라고 한다. 그만큼 위치적 강점이 중요하다는 뜻이다. 그렇지만 실제 투자에 나서면 이런 금과옥조(金科玉條)는 까맣게 잊고 겉모습만 보고 매입을 포기하는 경우가 너무도 많다. 겉모습이야 리모델링이나 신축으로 얼마든지 바꿀 수 있는, 어찌 보면 사소한 것이다. 입지가 압도적으로 중요한데, 실전에서 십중팔구는 이렇게 외관만 보고 헛발질한다.

컬러 강판 외관이 변색한 모습

지하철 역세권 대단지 아파트 정문 앞 입지
(출처 : 네이버 지도)

리모델링 목적으로 투자 시 연와조 건물은 피하라

연와조란, 벽돌로 쌓아 올린 건물로서 모든 벽체가 하중을 지탱하는 벽식 구조를 말한다. 일명 '내력벽'이라 불리기도 하고 '조적조'로도 통한다.

내력벽, 즉 하중을 감내하는 벽이라는 의미로 국내 대부분 아파트가 거의 이런 구조로서, 기둥과 보가 없는 것이 특징이다. 연와조는 모든 벽체가 하중을 담당하므로 이런 벽들은 함부로 철거하면 안 된다. 철거하려면 반드시 사전에 구조안전진단에 따른 구조 보강을 실행한 후에 할 수 있다.

1970~1980년대에 지어진 다가구주택이나 상가주택 중에는 건물 전체가 연와조인 경우가 있다. 주로 3층 이하의 규모로, 철근콘크리트보다 공사비가 저렴해 이를 아끼려고 벽돌을 쌓아서 지은 것이다. 그런데 리모델링 붐을 타고 이런 건물을 매입해 리모델링을 고려할 수 있다. 하지만 건물 전체가 연와조인 경우 리모델링보다는 재건축으로 방향을 전환하는 게 낫다. 리모델링을 하려면 대수선 허가를 받아야 하는데, 이를 위해서는 내진설계를 가미해야 하므로 구조 보강비용이 만만치 않다. 지진에 견디려면 건물이 좌우로 흔들리는 것을 견뎌야 하는데, 연와조 건물에는 기둥이 없고 벽체만 있으므로 좌우 흔들림에 취약하다. 이를 보완하려면 기둥과 보를 신설해줘야 한다. 또한, 과거에 지어진 건물의 슬래브 두께를 재보면 100~120㎜ 정도로 얇은 사례가 많다. 이렇게 얇으면 증축 시 하중을 이겨내기가 어려워 슬래브도 두껍게 보강해줘야 하는 등 배보다 배꼽이 커질 수 있다. 제대로 된 리모델링을 하기 위해서는 이런 벽체를 터 통창도 만들고 커튼월을 설치하는 등 외관을 멋지게 개선해야 의미가 있는데, 그러려면 구조 보강공사를 철저히 해야 한다. 이는 상당한 비용이 수반된다는 뜻이다.

연와조 건물은 벽체를 철거하는 과정에서 안전사고가 발생할 우려도 있다. 이런 리스크를 감수하면서까지 리모델링을 하려면 해당 건물의 건폐율과 용적률이 현행법 대비 상당히 초과해 리모델링으로 커다란 수혜를 얻을 수 있는 물건이어야 하는데, 그렇지 않다면 건물 전체가 연와조인 매물은 피하는 게 좋다. 일부 투자자는 건물의 위치와 가격이 좋아 덥석 계약부터 하고 리모델링을 의뢰하는데, 이 경우 리모델링비는 신축비에 버금갈 수 있어 기대한 만큼 수지가 맞지 않을 수 있다.

다만 건물 전체가 연와조가 아니고 일부 층만 연와조인 경우는 괜찮다. 가령 지하층부터 2층까지는 철근콘크리트조이고 3~4층은 주택으로서 연와조인 경우가 있는데, 이런 건물은 하부구조가 튼튼하므로 3~4층만 기둥과 보를 세워 보강한 후에 리모델링을 할 수 있다. 그런데도 구조 보강비용은 충분히 감안해야 한다.

건물 전체의 구조가 연와조인지, 아니면 철근콘크리트조인지, 또는 철근콘크리트조와 연와조가 부분적으로 혼합된 건물인지 파악하는 것은 간단하다. '정부24' 포털에 접속해 건축물대장을 떼어보면 금세 알 수 있다. 다음 건물의 일부는 철근콘크리트조이고, 나머지는 연와조인 사례다. 층별로 어떤 구조인지 표기되어 있어 파악하기 쉽다.

| 건축물대장 예시 |

■건축물대장의 기재 및 관리 등에 관한 규칙 [별지 제2호서식]

건축물현황(을)

(4쪽 중 제3쪽)

고유번호	1156011300-1-	민원24접수번호	20230411 - 4580882?	명칭		호수/가구수/세대수	0호/1가구/0세대
대지위치	서울특별시 영등포구 당산동3가	지번		도로명주소			서울특별시 영등포구

건 축 물 현 황					건 축 물 현 황				
구분	층별	구조	용도	면적(㎡)	구분	층별	구조	용도	면적(㎡)
주1	2층	철근콘크리트조	사무실	98.56					
주1	3층	연와조	주택	98.56					
주1	4층	연와조	주택	98.56					
		- 이하여백 -							

(출처 : 정부24)

상권 분석과 입지 분석에 따른
층별 MD 계획 수립하기

상권 분석

필자가 오랫동안 빌딩 중개와 빌딩 투자 컨설팅을 수행해오면서 느낀 바는, 빌딩 투자자들은 대체로 자신이 매입하는 빌딩에 대해 층별 임대 계획(MD, Merchandise Display)을 세워 그에 맞춰 임차인들을 서서히 교체하겠다는 생각을 하는 분들이 적었다. 태반은 그저 공실이 없고 임대수익률이 높으면 매입해 현상을 유지하는 데 초점을 둔다. 간혹 공실이 발생하면 급하게 부동산 공인중개사 사무소를 찾아가 신속하게 공실을 메우는 데 열중한다. 공실 기간이 길어지면 하루하루 초조해하며 지낸다. 이래서는 해당 건물의 입지에 최적화해 안정적인 층별 임대를 구성하는 것이 어렵다.

층별 MD 계획이란, 대상 부동산의 상권과 입지를 분석해 그 입지에 최적화시켜 건물의 층별 임대업종 구성을 계획하는 것이다. 많은 투자자는 상권과 입지 분석을 무시하고 무조건 다주택자 중과를 피하기 위해 건물 일부를 차지하는 주거시설 모두를 무조건 근린생활시설로 용도를 변경하려는 경우가 많다. 이런 경우, 해당 상권이 미약해 상가임대에 실패할 가능성이 크므로 공실 장기화로 인해 골치를 썩기 십상이다.

그렇다면 상권과 입지의 범주는 무엇인가. 필자가 볼 때 상권은 대상 건물을 기준으로 반경 500m 이내의 상권 발달 상황을 말한다. 꼬마빌딩 투자에서 상권의 크기는 그리 크지 않다. 그 건물에 입주한 상가나 사무실로 고객이 찾아오는 반경은 넓게 잡으면 1㎞ 정도 되겠지만, 소문난 명소가 아닌 경우 대략 500m 이내라고 판단된다. 입지는 상권보다 좀 더 범위를 좁힌 개념이다. 반경 300m 정도로 조금 더 보수적으로 본다. 이렇게 범위를 좁게 설정하고 이 범위 안에 형성된 상권을 조사하는 것이다.

상권 분석이란 대상 부동산이 속한 지역의 전반적인 상권 특성을 파악하는 것으로서, 그 지역의 특성이 대상 부동산의 이용 상태나 가격 형성 요인에 영향을 미치는 다양한 요인들을 관찰하고 수집하며 분석하고 판단하는 작업이다. 지역은 경제적·사회적·문화적 요인 등 다양한 요인에 의해 끊임없이 변동하므로, 상권 분석은 복잡하고 변동적인 지역 특성을 이해하는 데 필수적이다.

상권 분석을 통해 해당 상권의 표준적 이용 상태, 장애 요인, 토지 시세 등을 파악해 대상 부동산이 해당 상권에서 경쟁력을 유지할 수 있는지를 판단할 수 있다. 요약하면, 상권 분석은 대상 부동산의 가치를 평가하고 최유효이용을 판단하기 위해, 그 부동산이 속한 상권의 다양한 특성과 변화 양상을 체계적으로 파악하는 과정이라고 할 수 있다.

상권이라고 해서 반드시 상권 발달 상태만을 말하는 것은 아니고, 반경 안에 존재하는 건축물의 용도 분포를 함께 살피는 것이다. 즉, 해당 부동산의 입지가 주거시설이 우세한 곳이라면 건물 전체를 주거시설로 계획하고, 동네 상권 정도인 경우라면 1층은 근린생활시설로, 2층부터는 주거시설로 구성한다. 먹자 상권이나 지하철 역세권처럼 상권 발달이 양호한 곳이라면 1~2층은 근린생활시설, 3~4층은 사무실 또는 근린생활시설, 5층부터는 주거시설 등으로 구성하는 것이 현실적이다. 역세권 대로변이면 전체를 근린생활시설과 사무실로 구성할 수 있다. 이때 건물에 접한 도로의 너비와 대지의 크기, 주차시설 등을 종합적으로 고려해야 함은 물론이다. 대로변이라면 대지가 최소 100평 이상은 되어야 하고 주차시설도 충분해야 할 것이다. 대지가 50평도 안 되고 주차장도 1~2대에 불과한데, 전체를 근린생활시설이나 사무실로 층별 임대를 계획한다면, 그 건물은 방문객의 주차를 소화할 수 없어 임대가 어렵게 될 수도 있다.

입지 분석

입지 분석이란, 대상 부동산의 개별 요인을 분석해서 해당 상권에서 어떤 가치를 가지는지, 최유효이용을 하려면 어떤 접근이 필요한지를 분석하는 일이다. 즉, 대상 부동산의 물리적 상태인 준공연도, 필지 모양, 접도 여부, 접근성, 주차 대수, 승강기 유무, 리모델링 필요성 등을 종합적으로 검토해 해당 상권에서 최유효이용을 구현할 수 있도록 건물의 성능 개선 및 층별 임대 구성을 고려하는 일이다.

층별 MD 구성의 핵심은 투자자의 욕심에 기반을 두지 말고, 냉정하게 파악한 입지 분석에 맞춰 보수적으로 임대계획을 수립해야 공실 문제를 피할 수 있다. 이 점을 고려해서 건물 투자에 나서야 한다. 넉넉지 않은 자본에 맞춰 투자하다 보니 땅값이 저렴한 변두리의 주거시설이 우세한 전용주거지역이나 1종 일반주거지역에 투자하면 주거시설이 아니고는 임대에 성공하기 어렵다.

서울시 강남구는 부동산 투자자의 최종 목적지라고 해도 과언이 아니다. 생활편의시설이 완벽하고 만인의 선호가 몰리니 투자하고 기다리면 가격이 올라간다고 믿는다. 하지만 강남구에도 상대적으로 덜 오르는 지역이 있다. 바로, 도시공원 주변이다. 이런 지역의 용도지역은 대개 1종 일반주거지역이다. 도산공원 주변이나 역삼동 국기원 주변이 그렇다. 사실 이런 지역은 주거시설이 우세하다. 도심 속에서 공원과 함께 안락한 주거를 누리기에 적합하다. 그런데도 무조건 강남에 투자하고픈 투자자 중에는 상권 분석과 입지 분석에 대한 이해 없이 이상향을 좇아 투자하는 예도 있다. 내심으로는 임대수익 겸 자본이득을 원하면서 공원 주변이 이상향처럼 느껴져서 이런 곳에 투자한다. 주거시설은 원하지 않는다고 건물 전체를 근린생활시설이나 사무실로 꾸미면 장기간 공실 문제로 고통받을 수 있다.

투자의 목적이 임대수익 및 자본이득의 획득이라면 2종 일반주거지역, 3종 일반주거지역, 준주거지역, 준공업지역, 일반상업지역 등으로 가야 한다. 임대수익이나 자본이득에 초점을 두지 않고 조용하고 쾌적한 주거시설을 원한다면, 전용주거지역이나 1종 일반주거지역으로 가면 된다.

매입 전
실사 프로세스

매물 답사를 통한 상태 점검

실사 프로세스(Due Diligence)란, 건물을 매입하기 전에 그 자산의 법적·물리적·재무적 상태를 전반적으로 조사·검증하는 절차다. 빌딩 투자자는 온라인 광고나 부동산 공인중개사 사무소를 통해 빌딩 매물을 소개받으면 먼저 매물 답사를 하게 된다. 답사할 때는 대상 건물의 상태 점검에 그치지 말고, 지하철역이나 버스정류장부터 대상 건물까지 걸으면서 동선을 따라 형성된 지역 상권을 몸으로 느껴보는 것이 중요하다.

대상 건물에 도착하면 도로에 접한 상황을 점검하고 건물의 외관 상태와 주차시설, 로비, 화장실, 승강기 여부 등을 파악한 후에 옥상으로 올라가 옥상에서 펼쳐지는 전망을 살핀다. 옥상은 대상 건물의 사용자가 근무 중에 머리를 식히고자 찾을 수 있는 공간이므로 전망이 좋다면 플러스 요인이다. 이어서 옥상의 방수 상태를 살핀다.

건물에서 내려올 때는 승강기를 이용하지 않고 계단을 통해 내려가면서 살펴보는 것이 좋다. 벽면에 갈라진 틈이 있는지, 창문은 잘 닫히는지, 계단 상태는 양호한지를 점검한다. 층마다 내부를 살피기는 쉽지 않다. 임차인들은 대상 건물이 매물로 나왔다는 것을 알면 임대료를 체납

하는 등 건물주에게 불리한 상황이 발생할 수 있으므로, 투자자는 매물의 내부를 답사할 때 적당히 둘러대면서 순식간에 둘러봐야 한다. 상세하게 내부를 점검할 기회는 추후 매수 의사가 결정된 시점에 건물주와 동행하면서 실행하면 된다. 매물 답사 시 점검할 항목은 다음과 같다.

| 매물 답사 체크리스트 |

순서	점검사항	점검 내용
1	접근성	지하철역이나 버스정류장부터 대상 건물까지 도보로 소요시간을 점검한다. 역부터 동선을 따라 측정한 거리가 500m 이내는 역세권으로 평가한다.
2	상권 형성	대상 건물 주변의 상권 형성을 동선 따라 걸으면서 점검하다 보면 상쾌한 느낌 또는 뭔가 으스스한 느낌 등을 몸소 체험한다.
3	도로 상황	대상 건물에 접한 도로의 폭, 도로 수 등을 점검(폭 4m 미만에 접할 시 대지의 일정 부분이 도로에 제척될 수 있음)한다.
4	주차시설	중소형빌딩의 주차시설은 충분치 않은 경우가 많고, 건축물대장에 표기가 누락된 것도 많으므로, 주차 대수를 직접 확인해야 한다.
5	로비	로비는 건물 내부의 얼굴이므로 현 상태가 좋지 않다면 매입 후 새롭게 단장한다는 각오로 살펴본다.
6	화장실	재래식인지 개수한 상태인지, 냄새가 나는지 등을 체크한다. 화장실이 청결하지 않으면 임차인들이 일찍 떠난다.
7	승강기 여부	4~5층 건물인데도 승강기가 없는 경우가 흔하므로 매입 후 설치하는 방안을 강구해야 하고, 있더라도 상태에 따라 교체를 고려한다.
8	옥상	옥상에서 바라본 전망과 바닥의 방수 상태를 점검한다.
9	계단실	계단실 창문 작동 여부, 벽면의 갈라진 틈 여부, 계단 바닥의 탈락 여부 등을 점검한다.
10	건물 내부	모든 층의 내부를 점검하는 것은 매수 의사 확정 후 건물주와 대동하면서 체크한다.

부동산 공적장부(公的帳簿) 검토

공적장부는 줄여서 공부(公簿)라고 한다. 투자자는 공인중개사에게만 의존하지 말고 스스로 공부를 떼어 점검할 줄 알아야 한다. 필자가 강조하는 '공부 3인방'은 토지이용계획확인원, 건축물대장, 등기사항전부증명서(구 등기부등본)다.

1) 토지이용계획확인원

토지이용계획확인서는 '토지이음' 포털에 가입하면 무료로 발급받을 수 있다. 대상 부동산의 지번을 입력하면 곧바로 나온다. 이 확인서를 통해서 많은 정보를 얻을 수 있다.

대상 부동산의 용도지역이 무엇인지와 토지 형상을 파악할 수 있고, 도로에 접한 상황도 알 수 있다. 83페이지의 확인서에는 건물 전면에만 도로가 있고 좌우 필지와는 서로 붙어 있는데, 실제로는 좌측에 도로가 있는 예도 있다. 이런 경우, 매물의 토지에서 도로에 내준 땅이 있다는 것을 알아야 한다.

개별공시지가를 통해 토지가격을 대략 추측할 수 있으며, 지구단위계획구역에 속해 있는지, 경관지구에 속해 있는지, 재개발추진지역 또는 재촉지구에 속해 있어 단독 개발이 불가능한 곳인지, 반경 200m 이내에 초중고교가 있어 상대보호구역인지, 반경 50m 이내로서 유흥업소 유치가 불가능한 절대보호구역인지 등을 파악할 수 있다.

(출처 : 토지이음)

토지이용계획확인원의 강남구 ○○동 237-7번지 지적도에서 보는 것처럼 필지 형상을 파악할 수 있고, 전면이 적당한 넓이의 도로에 접해 있다는 것을 알 수 있다. 그러나 필지 좌측에는 237-3번지와 필지가 붙어 있지만, 현실에는 3m 폭의 현황도로가 있어 대지면적에서 일정 부분이 도로에 제척되었다.

즉, 비록 토지등기부등본상에는 대지면적에 정상적으로 기재되어 있지만, 실제로는 현황도로를 내면서 대상 필지의 건축 가능 면적이 일정 부분 제외되었다는 것이다. 따라서 추후 투자자가 구축 건물을 허물고 신축을 할 때 대지면적은 도로에 빠져나간 면적을 제하고 남은 건축 가능 면적을 기준으로 건축해야 한다.

2) 건축물대장

건축물대장은 특정 건축물에 대한 법적·공적 기록을 담고 있는 공적 장부로서 건물에 대한 '족보'라고 보면 된다. 우리나라에서는 '건축법' 제38조에 따라 건축물대장이 작성되며, 각 지자체(시·군·구청)에서 관리한다. 빌딩 투자자는 '정부24' 포털에 회원가입 후 검토하고자 하는 모든 건축물에 대한 건축물대장을 무료로 발급받을 수 있다.

건축물대장에는 건축물의 소재지, 건축물 명칭, 대지면적, 건축면적, 연면적, 건폐율, 용적률, 구조, 지붕 형태, 층수(지하·지상), 주차 대수, 사용 승인일 및 변경 이력, 주 용도 및 부속 용도, 소유자 정보 등이 나온다.

| 건축물대장 예시 |

문서확인번호 : 1748-9208-9667-▓▓▓

진본 2025/06/03 12:21:39 KST

일반건축물대장(갑)

(2쪽 중 제1쪽)

■ 건축물대장의 기재 및 관리 등에 관한 규칙 [별지 제1호서식]

건물ID	212004112000▓▓	고유번호	1135010500-1-▓▓▓▓	명칭	▓▓빌딩	호수/가구수/세대수	0호/1가구/0세대
대지위치	서울특별시 노원구 상계동		지번	▓▓▓	도로명주소	서울특별시 노원구 상계로 ▓▓(상계동)	

※대지면적	376.46㎡	연면적	996.64㎡	※지역	일반주거지역 외 1	※지구		※구역	지구단위계획구역
건축면적	186.18㎡	용적률 산정용 연면적	793.66㎡	주구조	철근콘크리트조, 경량철골조	주용도	근린생활시설, 주택	층수	지하: 1층, 지상: 5층
※건폐율	49.46%	※용적률	210.82%	높이	14.8m	지붕	평스라브, 경사지붕	부속건축물	동 ㎡
※조경면적	㎡	※공개 공지·공간 면적	㎡	※건축선 후퇴면적	㎡	※건축선 후퇴거리			m

건축물 현황					소유자 현황			
구분	층별	구조	용도	면적(㎡)	성명(명칭) 주민(법인)등록번호 (부동산등기용등록번호)	주소	소유권 지분	변동일 변동원인
주	지층	철근콘크리트조	제2종근린생활시설(노래연습장)	202.98	주식회사 ▓▓▓홀딩스 110111-7******	경기도 용인시 기흥구 죽현로 ▓▓, 809호(보정동, ▓▓▓▓)	1/1	2025.3.11. 등기명의인표시변경
주	1층	철근콘크리트조	제2종근린생활시설(일반음식점)	186.18				
주	2층	철근콘크리트조	근린생활시설(태권도장)	186.18	- 이하여백 -			
주	3층	철근콘크리트조	제2종근린생활시설(당구장)	186.18				

이 등(초)본은 건축물대장의 원본내용과 틀림없음을 증명합니다.

발급일 : 2025년 06월 03일

담당자 : 부동산정보과
전 화 : 02-2116-3613

노원구청장

표시 항목은 총괄표제부가 있는 경우에는 적지 않을 수 있습니다.   297㎜ X 210㎜[백상지(80g/㎡)]
◆ 본 증명서는 인터넷으로 발급되었으며, 정부24(gov.kr)의 인터넷발급문서진위확인 메뉴를 통해 위·변조 여부를 확인할 수 있습니다.(발급일로부터 90일까지) 또한 문서하단의 바코드로도

(출처 : 정부24)

정부가 전자 방식으로 건축물대장을 관리하기 시작한 시점은 1990년대 초부터다. 그때부터 국내에는 인터넷이 도입되었고, 컴퓨터

를 이용해 설계도면을 작성했다. 문제는 그 이전에 건축된 건물들에 대한 건축물대장이다. 건축물대장 작성과 관리의 책임은 지자체에 있지만, 내용 입력은 건축사가 하는 경우가 많았다. 따라서 전산 작업 이전의 건물에 대한 건축물대장을 입력한 건축사가 입력사항을 누락한 경우가 빈번하다. 어떤 건축물대장을 떼어보면 건폐율이나 용적률이 누락되었고, 승강기가 있는데도 공란으로 된 사례가 있다. 주차 대수도 현실에는 4대가 있는데, 대장에는 공란으로 된 것도 있다. 심지어 대지면적이 누락된 예도 있다. 이런 오류 가능성을 대비해서 투자자는 사전에 토지이용계획확인원이나 등기부등본을 통해 점검해야 하고, 주차 대수나 승강기 여부 등 건물의 물리적 현황에 대해서는 건축물대장뿐만 아니라 답사를 통해 직접 확인해야 한다.

🟢➔ 건축물대장의 오류 원인

건축물대장의 주요 사항이 누락된 배경을 살펴본다. 1990년 이전에도 설계를 담당한 건축사는 분명히 건폐율, 용적률, 주차 대수 등을 산정할 역량과 의무가 있었지만, 다음과 같은 제도적·행정적 원인으로 입력사항 오류가 발생하게 되었다.

① 당시 건축행정의 한계

1990년 이전에는 건축물대장 작성이 수작업(수기) 방식이거나 간략한 전산 입력으로 이루어졌다. 대장의 작성 책임은 지자체 공무원(건축직)에게 있었고, 건축사가 직접 작성한 항목은 보조적인 수준이었다. 따라서, 허가도면에는 건폐율 등이 표기되어 있어도, 대장 작성 시 생략되는 경우가 많았다.

② 법령상 의무의 불명확성

1980년대까지는 건축물대장에 건폐율, 용적률, 주차 대수 등의 기재 항목 자체가 명확히 법제화되지 않았거나, 기재해도 공적인 의미가 적었다는 문제가 있었다. '건축법 시행령'이나 '건축물대장 작성 지침'에서 입력 항목이 표준화된 것은, 전산화가 본격화된 1990년대 중후반부터다.

③ 정보 연계 체계 미비

과거에는 건축허가 정보, 대지 정보(지적), 주차장 정보, 승강기 설치 정보 등이 부처별로 분산되어 있어, 건축물대장 하나에 통합 입력이 어려웠던 상황이었다. 오늘날처럼 '허가 정보 → DB 자동 연동 → 건축물대장 자동 생성' 체계가 없었다.

④ 전산화 이전의 문제

많은 지자체는 1990년대 중반에야 건축물대장을 전산화하기 시작했으며, 그 이전 자료는 대부분 수기로 작성된 장부였다. 전산화 과정에서 입력자가 항목을 생략하거나 오류를 낸 사례도 다수 있었다.

⑤ 건축사의 간접 책임

건축사가 작성한 허가도면상에는 건폐율·용적률 등 주요 수치가 명확히 제시되어야 했으며, 이를 기초로 대장이 작성되어야 했다. 다만 당시에는 허가 후에 건축사 역할이 끝나고, 대장 입력은 지자체 내부의 사무 처리로 넘어가면서 누락이 발생하는 사례도 있었다. 건축사의 설계 도서상 미비 사항 존재 또는 행정기관의 검토 부실로 인한 건축사의 간접 책임이 분명히 존재한다.

정리하자면, 1990년 이전의 누락·오류는 단지 건축사의 역량 문제라기보다는, 제도 미비, 행정 체계의 미숙, 문서 전달·보존 방식의 문제가 복합적으로 작용한 결과다.

➡ 건축물대장 오류 정정 절차

1990년 이전에 준공된 건축물대장의 경우, 당시의 행정 및 기술적 제약으로 인해 주요 정보가 누락되었거나 부정확한 경우, 이를 정정하거나 보완하려면 다음과 같은 절차를 밟아야 한다.

① 현행 법령 확인

건축물대장 정정에 관한 근거는 건축법 제38조(건축물대장)와 건축물대장의 기재 및 관리 등에 관한 규칙 제21조에 근거한다.

② 정정 사유 및 자료 확보

정정하려면 먼저 '정정의 필요성'을 객관적으로 입증할 자료를 확보해야 한다. 특히 설계도서, 건축허가서, 준공도면, 지적도·토지이용계획확인서 등이 필요하고, 주차 대수는 준공 당시의 설계도면이나 주차계획서 등이 있어야 한다. 승강기가 설치되어 있음에도 건축물대장에 누락되어 있다면 설계도면, 유지 관리 기록, 현장조사 결과 등을 통해 정정할 수 있다. 과거 건축 인허가 자료는 관할 시·군·구청 건축과에서 열람 및 발급 요청이 가능하다.

③ 정정 신청 절차

건축물대장 기재사항 정정 신청서를 작성해 관할 지자체 건축과에 입증 자료(설계도면, 허가서 등), 현황 사진 또는 실측도(현장조사 병행 시), 이해

관계인의 동의서(필요시) 등을 제출하면 된다. 이를 접수한 지자체는 관할 공무원이 제출 자료를 확인하고, 필요시 현장을 실사해 정정 여부를 판단해서 정정을 수행한다.

전산화가 완벽히 구축된 2008년부터 정부는 '세움터' 시스템을 도입해 건축사가 건축 인허가를 신청하면 그 정보가 자동으로 연계되어 건축물대장이 생성되므로, 과거처럼 주요 사항이 누락되는 일은 구조적으로 발생하지 않는다. 이로 인해 행정 효율성과 정확성이 크게 개선되었다.

➲ 세움터 시스템 개요

- 정식 명칭 : 건축행정시스템 [세움터] (https://www.eais.go.kr)
- 도입 시기 : 2008년 시범 운영 → 전국 확대
- 운영 주체 : 국토교통부(지자체 연계)

3) 등기사항전부증명서(등기부등본)

등기사항전부증명서는 과거 '등기부등본'을 말한다. 이는 특정 부동산의 법적 권리관계를 공식적으로 증명하는 공적장부다. 이 문서에는 부동산(토지나 건물)의 소유자가 누구인지, 언제, 어떤 방식으로 소유권이 이전되었는지(매매, 상속, 증여 등), 근저당권이나 전세권, 가압류, 가처분, 소유권이전청구권가등기, 경매 등기 등 권리 제한이 있는지를 파악할 수 있다.

이 문서는 3개의 '구분란'으로 구성되었다. 먼저 표제부에는 대상 부동산의 기본 정보인 대지면적, 건물 구조, 주소, 용도 등이 기재되어 있다. 이어 갑구에는 소유자의 이름, 주소, 소유권 취득 일자 및 원인(매매, 상속 등)과 가압류, 가처분 등 소유권 관련 제한 사항이 있고, 을구(소유권 이외의 권리)에는 저당권, 근저당권, 전세권 등 채권자(은행 등), 채권 금액,

등기사항전부증명서(말소사항 포함)
- 토지 -

고유번호 1162-1996-

[토지] 서울특별시 송파구 석촌동

【 표 제 부 】 (토지의 표시)

표시번호	접 수	소 재 지 번	지 목	면 적	등기원인 및 기타사항
1 (전 1)	1998년9월1일	서울특별시 송파구 석촌동	대	415.8㎡	
					부동산등기법 제177조의 6 제1항의 규정에 의하여 1999년 04월 29일 전산이기

【 갑 　 구 】 (소유권에 관한 사항)

순위번호	등 기 목 적	접 수	등 기 원 인	권리자 및 기타사항
1 (전 4)	소유권이전	1998년11월25일 제77515호	1998년10월24일 매매	소유자 　 410805-******* 서울 서초구 방배동
				부동산등기법 제177조의 6 제1항의 규정에 의하여 1999년 04월 29일 전산이기
2	소유권이전	2011년12월22일 제79900호	2011년6월24일 협의분할에 의한 상속	공유자 지분 3분의 1 710214-******* 서울특별시 서초구 방배로32길 (방배동.) 지분 3분의 1 720206-******* 서울특별시 서초구 방배로34길 (방배동) 지분 3분의 1 780121-******* 서울특별시 서초구 사평대로6길 (방배동)
3	공유자전원지분전부 이전	2014년2월28일 제14528호	2014년2월24일 국세물납	소유자 국 관리청 기획재정부

(출처 : 인터넷등기소)

설정일자 등이 기재되어 있다.

　이 문서는 대상 부동산의 소유권과 담보권 등 법률상 권리관계의 유일한 증명 자료로 통하는데, 인터넷등기소(http://www.iros.go.kr)에 회원 가입해 지번을 입력해 열람하거나 발급받을 수 있고, 또는 등기소를 방문해서 발급받을 수도 있다.

→ 등기의 공신력 문제

우리나라는 부동산 등기의 공신력을 인정하지 않는다. 다음과 같은 역사적 배경과 제도적 문제가 있기 때문이다.

① 등기제도의 역사적 배경과 신뢰성 문제

우리나라는 광복, 농지개혁, 6·25전쟁 등 격동의 현대사를 겪으면서 부동산의 소유권 관계와 등기 기록이 대량으로 소실되거나 왜곡된 사례가 많았다. 일제는 1912년부터 조선부동산등기령을 제정해 일본식 등기제도를 강제 도입했는데, 그 당시 등기는 조선인의 권리를 인정하기 위한 제도라기보다는 식민 통치를 위한 수단이었다. 당시 많은 조선인은 제도 자체를 이해하지 못했거나, 실제 권리와 등기 내용이 불일치하는 경우가 많았다. 이 과정에서 문서가 없거나 서면 계약이 없는 토지들은 무주지(無主地)로 간주해 일제 소유로 편입되거나, 일본인 혹은 친일 세력의 명의로 등록되었다. 이는 이후 등기 불신의 원인이 되었다. 또한, 6·25전쟁 중에는 등기부 자체가 소실되는 등 기록의 신뢰성이 크게 훼손되었다. 이 때문에 등기부에 기재된 내용이 실제 권리관계와 다를 가능성이 있었고, 국회는 등기 자체가 정확하지 않다는 이유로 등기의 공신력을 인정하지 않기로 했다.

② 형식적 심사주의 채택

우리나라의 부동산 등기 제도는 '형식적 심사주의'를 채택하고 있다. 즉, 등기관은 등기 신청 서류가 형식적으로 요건을 갖췄는지만 심사할 뿐, 실질적인 권리관계(진짜 소유자가 누구인지 등)는 심사하지 않는다. 이로 인해 위조 서류나 허위 신고에 근거한 등기도 가능하며, 등기부의 내용과 실제 권리관계가 불일치할 수도 있다. 따라서 등기부를 믿고 거래한

선의의 제삼자라도, 실제 권리관계가 다르면 보호받지 못하는 문제가 상존한다.

③ 진정한 권리자 보호의 필요성

만약 등기의 공신력을 인정한다면, 등기부상 소유자를 믿고 거래한 선의의 제삼자를 보호할 수 있지만, 그 과정에서 실질적 권리자(진짜 소유자)가 오히려 피해를 볼 수 있다. 예를 들어, 사기나 위조로 잘못 등기된 경우, 진정한 권리자가 권리를 되찾기 어렵게 되어 부당한 피해가 발생할 수 있다. 우리나라는 실질적 권리자 보호를 우선시하는 태도에서 등기의 공신력을 인정하지 않고 있다.

④ 제도적 보완 미흡

등기의 공신력을 인정하려면 등기관에게 실질적 심사권을 부여하고, 본인 확인 절차 등 등기절차의 신뢰성을 대폭 강화해야 한다. 그러나 현재 등기제도는 이를 뒷받침할 만큼의 인적·제도적 장치가 충분히 마련되어 있지 않아, 공신력 인정이 어렵다는 현실적 한계도 있다.

공신력 도입을 실행하려면 비용과 편익 문제가 크다. 즉, 등기 실질심사제 도입, 등기관 전문화, 정보 시스템 통합, 블록체인 적용 등은 막대한 재정과 시간 및 인력 투자가 필요하고 중앙정부, 지자체, 국토교통부, 법원행정처 등 다수 기관 간 조율과 협력 시스템 개편도 필수다. 거래 안전성 강화는 국민에게 도움이 되지만, 정책 우선순위상 눈에 띄는 단기 성과가 아니므로 정치적 인센티브가 낮아 실행이 계속 미루어지는 측면도 있다. 또한, 우리 민법은 물권변동에 있어 '계약 + 등기'의 실질주의 원칙을 따른다. 이는 개인의 사적 자치를 중시하는 구조이며, 실체적 권리관계가 항상 우선한다는 원칙으로서 공신력은 형식주의에 기

반한 사고이므로, 공신력 제도 도입 시 민법 체계와의 충돌을 야기한다
는 점 때문에 제도적 저항 또는 소극성이 존재한다.

⑤ 결론

우리나라는 등기부등본의 '공시력'과 '추정력'은 인정하지만, '공신
력'은 인정하지 않는다. 이는 앞에서 이야기한 것과 같은 역사적 기록의
불완전성, 형식적 심사주의, 진정한 권리자 보호주의, 제도적 미비 등
복합적인 이유 때문이다. 우리나라에서는 연간 1,000만 건이 넘는 등기
사건이 처리되고 있지만, 등기의 공신력이 인정되지 않아 매수인이 소
송을 통해 소유권을 잃는 사례가 분명 존재한다. 위조 서류, 허위 등기,
상속 결격, 국가의 실수 등 다양한 원인으로 등기부만 믿고 부동산을 매
수한 선의의 매수인이 소송에서 패소해 소유권을 상실하는 사례가 꾸
준히 발생하고 있다. 이런 문제로 소유권을 잃는 비율은 전체 거래와 비
교하면 매우 낮은 것으로 추정되지만, 부동산 거래 시 투자자는 등기부
만을 맹신하지 말고, 실질적 권리관계 확인 등 각별한 주의가 필요하다.

임대차 현황 검토

상권 분석과 입지 분석 및 답사를 통해 제반 사항을 검토한 결과, 매
수할 만한 매물이라고 판단된다면, 매매계약 체결 전에 공인중개사를
통해 대상 건물 전체의 임대차 내역을 받아서 임대료와 임차인 구성의
적정성을 검토해야 한다. 비록 공실은 없더라도 현재 층별 임대업종 구
성이 상권과 입지에 잘 어울리는지, 임대료 수준은 적절한지 검토해야
한다. 이를 위해서는 주변 경쟁 건물의 층별 임대 시세를 파악해야 한
다. 이때 승강기 구비 여부, 역세권 여부, 구축인지 신축인지 등을 상호
대조해 대상 건물에 맞도록 보정해서 적용해야 한다. 또한, 매도인이 대

상 건물에 거주하는 경우, 장기간 임대료를 인상하지 않았을 수 있을 뿐만 아니라, 불경기에는 임차인의 처지를 배려해 임대료를 낮춘 예도 있으므로, 이런 점을 참작해 임대 내역을 검토해야 한다.

우선, 매도호가의 적정성 검토를 위해 현 상태의 임대료를 기초로 임대수익률을 산출해보자. 가령 호가가 100억 원이고 보증금 2억 원에 월세가 2,000만 원이라고 한다면 임대수익률 산출식은 다음과 같다.

임대수익률 : 2,000만 원(월세) × 12/98억 원 × 100 = 2.45%

임대수익률을 구하기 위해서는 월세를 연세로 만들어야 하므로 월세에 12개월을 곱해준 후에 매도호가 100억 원에서 보증금 2억 원을 제한 98억 원으로 나눈 후에 100을 곱해주면 된다. 따라서 이 매물의 임대수익률은 2.45%다. 임대수익률은 몇 %가 적정한지 정해진 답이 없다. 시대적 상황과 지역에 따라 해당 지역에 존재하는 매물의 적정 임대수익률이 달라진다. 가령, 2025년을 기준으로 서울시 강남구와 서초구의 매물인 경우, 임대수익률이 2~2.5%라면 양호하다고 평가된다. 건물의 가치는 임대수익률뿐만 아니라 토지가격 인상률도 포함해서 평가해야 하므로 단순히 임대수익률이 대출이자율보다 낮다고 해서 안 좋은 매물이라는 편견을 버려야 한다. 서울의 경우, 해마다 공시지가는 평균 5% 정도 인상되었다는 점을 기억해야 한다.

만일 건물주가 장기간 임대료를 인상하지 않아 시세 대비 저렴하게 임대하는 경우, 투자자는 매입 후 시세 수준으로 인상을 상정해 시세를 기준으로 임대수익률을 산출해볼 수 있다. 또한, 입지 분석 결과에 맞춰 임차인을 교체하는 경우를 상정해 층별 임차인 구성을 다시 하고, 이에 맞춘 임대수익률을 산출할 수도 있다. 건물의 준공연도가 30년을 초과한 경우에는 매입 후 리모델링을 실행해 신축 건물에 준한 임대료를 대입해 임대수익률을 산출해볼 수도 있다.

임대료는 건물 가치에 직결되는 매우 중요한 요소다. 임대료는 건물주가 대상 건물에 대해 임차인 구성을 어떻게 하느냐에 따라 큰 차이가 난다. 재래식 화장실을 현대식으로 수선만 해도 약간의 임대료 인상을 기대할 수 있고, 햇볕이 들지 않는 지하실 출입구에 선큰(sunken)을 설치해 채광과 환기를 개선해도 공실로 오랫동안 방치되었던 지하실의 임대료를 획기적으로 인상할 수도 있다. 외벽에 페인트칠해서 깔끔한 이미지를 입혀도 임대료가 달라질 수 있다. 더구나 리모델링을 통해 기존에 없던 승강기를 설치하는 등 건물의 내·외관과 성능 개선을 통해 기존 임대료 대비 2배 이상의 임대수익을 얻을 수도 있으므로 임대차 내역 검토는 매우 중요하다.

담보대출과 금리 리스크 대응

임대차 내역 검토까지 마치고 해결책이 마련되었다면, 매수 여부를 결정할 것이다. 매수를 결심했다면 건물 매매계약 체결 전에 주거래 은행을 통해 담보로 대출 가능한 금액을 타진해야 한다. 이때 건물에 대한 물건명세서를 은행직원에게 전달하는 게 좋다. 은행은 담보대출 의뢰를 받으면 감정평가기관에 탁상감정을 의뢰한다. 아파트의 경우 국민은행 시세가 곧 탁상감정가격일 정도로 시세의 신뢰성이 높지만, 꼬마빌딩의 경우 토지 모양도 천차만별이고, 건물 크기와 외벽 마감재도 모두 다르다. 꼬마빌딩은 아파트나 오피스텔처럼 규격화할 수 없는 부동산이므로 감정평가사가 탁상감정을 통해 가격을 산출할 수밖에 없다.

건물의 탁상감정가격은 대개 시세의 80~95%로 보면 된다. 건물가격은 토지가격에 건물가격을 더해 평가하기도 하지만, 임대수익률도 고려해 평가한다. 아무리 입지가 좋고 건물 상태가 양호해도 임대수익률이 낮다면 탁상감정가격은 낮게 나온다. 감정평가사는 가격을 산정할 때 보수적으로 임하기 때문에 매도호가 대비 탁상감정가격이 낮게 나오는 게 일반적이다.

금융권이 대출 가능금액을 정할 때는 산출된 탁상감정가격에서 LTV 60%를 적용하는 것이 일반적이다. 투기지역이나 투기과열지역인 경우는 이보다 낮다. 여기에 차주의 모든 대출금과 이자를 고려해서 평가하는 DSR 규제도 더해진다. 만일 대상 건물이 1층이나 2층에 주택이 있는 경우라면, 방마다 일정 금액을 탁상감정가격에서 공제하므로 대출 가능금액은 더욱 낮아진다. 이러한 현황과 매수인의 신용 등을 종합적으로 고려해서 대출 가능금액이 정해지므로 반드시 매매계약 체결 전에 이 금액을 알아봐야 한다.

금리는 국내 경기뿐만 아니라 세계 경제 흐름과 연동되어 움직인다. 비록 건물을 구입하는 시점에는 저금리 시대라고 하더라도 수년 후에 고금리 시대가 도래할 수 있다는 점을 고려해서 매매가격의 50% 이상을 대출받아 매입하는 것은 지양할 필요가 있다. 2019~2021년 우리나라 대출이자율은 2%대였다. 당시 국내 부동산 경기는 활황이었고 이 시기에 30~40대는 영혼까지 끌어모아 가능한 한 최대로 대출을 받아 아파트 투자를 감행했다. 그러나 2022년 러시아-우크라이나 전쟁이 발발하자 금리가 급격히 인상되어 대출이자율이 5~6%대에 이르자 금리 부담으로 엄청난 고통을 감수했다. 빌딩 투자 시 대출액은 아파트보다 큰 만큼 이자 부담에 대한 리스크도 크므로 투자자가 감수할 만한 한도 내에서 레버리지를 활용하는 것이 좋다.

매매계약서에 꼭 필요한
특약 달기

모든 부동산 거래 시 매매계약서에는 특약을 기재할 수 있는 빈칸이 있다. 대부분의 공인중개사들이 사용하는 한국공인중개사협회의 매매계약서 양식을 예로 들면, 상단에는 부동산의 표시가 있고, 매매가격 계약금 중도금 잔금의 액수와 지급 일자를 합의한 바에 따라 기재한다. 그 밑에는 마치 보험계약서상의 약관처럼 깨알 같은 글씨로 거래에 대한 일반적 규정을 인쇄해놓았다. 맨 하단에는 매도인과 매수인 및 공인중개사의 인적사항이 기재된다. 특약은 인적사항 바로 위에 빈칸으로 나와 있다. 여기에 공인중개사가 매매와 관련해서 중요한 사항을 기재하는데, 투자자는 여기에 들어갈 특약에 대해 잘 알고 있으면 추후 송사(訟事)에 휘말리거나 불측의 손해를 방지할 수 있을 것이다. 혹여 공인중개사가 기재한 특약에 부실한 내용이 있으면 즉시 보완하도록 요구할 수도 있을 것이다.

특약은 거래 당사자 간의 특별한 합의를 말한다. 법률은 특약이 없는 일반적 경우를 규율하는 법규를 설정하는데, 특약이 있을 때는 법 규정에 갈음해 특약이 우선하는 경우가 많다. 즉, 특약은 일반 거래 관행에 우선해서 적용하는 특별법적 지위를 갖기 때문에 거래에서 중요한 사항은 특약에 기재하는 것이 매우 중요하다.

다만, 민법 제105조에는 '당사자 사이에 어떤 특약이 있더라도 그것은 임의규정에 관한 사항일 경우에 한해서 효력이 있으며, 강행규정일 경우에는 그 특약은 효력이 없음'을 규정하고 있다. 임의규정이란 거래 당사자가 법령 중의 선량한 풍속 기타 사회질서와 관계없는 규정과 다른 의사를 표시한 때는 그 의사를 존중한다는 것이다. 강행규정이란, 거래 당사자의 의사와 상관없이 강제적으로 적용되는 규정으로, 선량한 풍속 기타 사회질서에 위반한 내용으로 하는 법률행위나 경제적 약자를 보호하기 위한 사회 정책 관련 법 등에 반하는 경우, 무효로 한다는 규정이다. 따라서 상식에 부합하거나, 거래 당사자 일방에게만 유리하고 상대방에게 불리한 내용이 아닌 이상, 상대방과 합의한 내용을 특약에 기재하는 것은 일반 법령에 우선해서 존중되므로 건물 매매계약을 체결할 때, 다음의 특약 내용을 숙지하고 기재하면 된다.

특약은 일반 거래에 관한 것과 리모델링 목적의 거래, 신축 목적의 거래로 나누었다. 리모델링이나 신축을 위한 거래에 대해서는 해당 거래에서 꼭 필요한 특약만 추출해 기재했으며, 일반 거래의 표준적 특약 대부분은 리모델링이나 신축 목적의 거래에도 동일하게 적용된다.

일반 거래의 표준적 특약

- 현 시설물 상태의 매매계약이며, 매수인은 매매 대상 부동산을 현장 점검하고 계약했다.
- 매수인과 매도인은 공인중개사 입회하에 등기사항전부증명서, 건축물대장, 토지이용계획확인원 등 공부 서류에 관한 설명을 듣고 인지한 상태에서 매매계약을 체결했다.
- 본 부동산에 설정된 근저당 채권최고액 금 ○○○원은 잔금일에

매도인이 상환하고 말소하기로 하며, 매도인은 잔금일까지 본 건 부동산에 일체의 근저당이나 가등기, 가압류, 가처분 및 제한물권 설정이나 각종 채무를 부담하는 행위 등 일체의 권리변동을 금지하기로 한다.

- 잔금 시까지의 각종 공과금은 일할 계산해 매도인이 부담한다.
- 매도인은 잔금일에 국세 및 지방세 완납증명서를 매수인에게 교부하기로 한다.
- 매수인은 본 건 부동산의 임대차 내용이 임대보증금 금 ○○○원, 월세 금 ○○○원, 관리비 금 ○○원임을 확인하고 임대차계약을 현행대로 승계하기로 하며, 임대료는 잔금일에 일할 계산해 정산한다.
- 임대보증금은 잔금에서 정산하기로 하고, 매도인은 임대차계약서 사본은 매매계약 시 교부하고 잔금일에는 원본을 교부하기로 한다.
- 본 계약은 부가가치세법상 포괄양수도계약이다. 만일 여하의 사유로 포괄양수도가 불가능한 경우 본 건 부동산의 건물분 부가세를 별도로 정해 잔금일에 매수인이 매도인에게 지급하고, 매도인은 매수인에게 세금계산서를 발행해주기로 한다.
- 매도인은 잔금일 이전까지 본 건 부동산 전체의 임차인을 명도하기로 한다(매도인이 임차인 명도를 책임지는 조건인 경우).
- 매매대금 지급계좌 : ○○은행, 김○○, ○○○-○○○○-○○○○○○○○○(매매대금 지급에 대한 내역을 증빙해야 하므로 매매계약서에는 반드시 등기부상 명의인의 계좌를 기재해야 함)
- 본 특약에 기재되지 않은 사항은 민법상 계약에 관한 규정과 부동산 매매에 관한 일반 관례에 따른다.

이 특약은 건물 매매계약서상의 표준적 특약이다. 그런데 건물주가 된 이후에 맺는 임대차계약 체결 시 반드시 넣어야 할 특약 하나를 소개한다. 근린생활시설이나 사무실의 임대차계약 시 특약에 '임차인의 주민등록신고를 금한다'라는 문장을 넣도록 한다. 근린생활시설이나 사무실을 얻은 임차인 중에는 우편물을 사업장으로 받기 위해 임대인의 허락 없이 무심코 주민등록 전입신고를 할 수 있으니 주의해야 한다. 국세청은 세금부과 시 실질과세원칙에 근거하므로 건축물대장상 근린생활시설로 되어 있고, 임대차도 주택임대차가 아닌 상가임대차계약으로 되어 있어도, 실질적으로 부분적으로라도 주택으로 사용한 경우, 그 부분을 주택으로 간주해서 과세할 수 있다. 과세는 대개 거래가 끝난 지 몇 년 후에 이루어지므로 양도세 중과세뿐만 아니라 미신고, 지연이자까지 포함해서 과세되므로 수천만 원짜리 세금이 수억 원이 된다. 세금 폭탄 맞은 후에 임차인과 싸워봐야 그에게 세금 부담을 강제하기는 현실적으로 어렵다.

이런 세금 폭탄을 피하기 위해서는 사전에 특약으로 막고, 수시로 주민등록을 체크하라. 특히 건물을 매각하는 경우에는 사전에 반드시 주민등록을 떼어 혹시라도 임차인이 무단으로 전입신고를 했는지 여부를 점검하고, 등록된 경우 이를 말소시킨 후에 매각을 진행해야 한다.

리모델링 목적의 특약

- 매도인은 잔금일에 본 건축물의 설계도면을 매수인에게 교부하기로 한다. 만일 설계도면 분실 시 매도인은 건축물현황도를 지자체에서 발급받아 매수인에게 교부하기로 한다(매수인은 매매계약 체결 후 건축사 및 시공사와 리모델링 범위 설정 및 견적에 필요함).
- 매수인은 본 건물이 준공 후 ○○년 이상 경과된 노후 건축물임을

인지하고, 잔금 후 발견되거나 매도인이 고지하지 않은 일체의 건물 하자에 대해 매도인에게 이의를 제기하지 않기로 한다(건물 시장에서는 준공 후 30년 이상인 낡은 건물에 대해서는 건물 가치를 '0'으로 평가하는 경우가 많으며, 이때 잔금 후 매수인의 건물 하자 관련 이의제기 방지 차원).

- 매수인이 잔금 전에 본 건에 대해 대수선 또는 신축 관련 인허가 신청 시 매도인은 인감증명서 발행 등 필요 업무에 적극적으로 협조하기로 한다(설계도면이 완성되면 건축사가 리모델링용 인허가를 지자체에 신청함. 이때는 대개 잔금 전이어서 매수인에게 명의가 이전되지 않았기 때문에 부득이 매도인 명의로 인허가를 진행해야 함. 이때 매도인의 인감 1통 필요함. 잔금 후 명의가 매수인에게 이전되면 인허가 명의도 매도인에서 매수인으로 변경함).

신축 목적의 특약

- 매수인이 잔금 전에 본 건에 대해 신축 관련 인허가 신청 시 매도인은 인감증명서 발행 등 필요 업무에 적극적으로 협조하기로 한다(설계도면이 완성되면 건축사가 신축용 인허가를 지자체에 신청함. 이때는 대개 잔금 전이어서 매수인에게 명의가 이전되지 않았기 때문에 부득이 매도인 명의로 인허가를 진행해야 함. 이때 매도인의 인감 1통 필요함. 잔금 후 명의가 매수인에게 이전되면 인허가 명의도 매도인에서 매수인으로 변경함).

- 매매계약 후 매도인은 잔금일 이전까지 주택을 멸실해 양도하기로 한다(이 특약을 달면 매도인이 1세대 1주택인 경우 매매계약 후 잔금일 이전까지 주택을 멸실한 경우에는 예외적으로 매매계약일 현재를 기준으로 양도 시점이 인정되어 매도인은 장기보유특별공제를 받고, 매수인의 양도 시점은 원칙대로 잔금일 기준이 적용되어 집을 사는 것이 아니라 나대지를 사게 되어 다주택자가 안 된다. 소득세법시행령 제154조 제1항).

건축물현황도의 중요성과 확보 방법

　'건축물현황도'란, 수평으로 건물을 잘랐을 때 단면을 표시하는 도면과 건물 배치도를 비롯해 건물의 층별 평면도·종단면·횡단면 등으로 구성된다. 이는 해당 부동산을 관할하는 지자체가 보관하고 있다. 모든 건축물은 건축사가 작성한 설계도면으로 건축허가를 받는다. 관할 지자체는 설계도면을 전자 형태로 보관하면서 인허가를 관장하고 건축물을 관리한다. 그런데 지자체가 전자 형태로 설계도면을 관리하기 시작한 시점은 1990년경이다. 우리나라는 전자정부를 기치로 모든 지자체 업무가 전자 형태로 진행되기 시작한 시점이다. 이 시점부터 건축사들은 컴퓨터를 이용해 설계도면을 작성했고, 전자 형태로 지자체에 인허가를 신청했다.

　문제는 컴퓨터를 이용한 설계도면 작성이 일반화하지 않았던 1990년 이전에는 건축사가 수기로 도면을 작성해 도서 형태로 보관했다는 데 있다. 전자 형태로 관리하기 위해 지자체는 1990년대 이전에 수기로 작성된 설계도면을 스캔해 보관하고 있다. 따라서 건축물현황도를 떼어보면 수기로 작성된 설계도면도 있고, 컴퓨터로 작성된 것도 있다.

건축물현황도는 특히 리모델링을 할 때 매우 중요하다. 층별 배치도와 기둥, 보, 계단실의 위치와 규격, 도로와의 관계, 이웃한 필지와 이격거리, 주차장 위치, 창문 위치와 규격, 상하수도관 위치, 정화조 위치와 크기 등 리모델링 시 공간 재배치와 구조 보강의 필요성 등 제반 사항 파악과 공사비 견적을 위해 절대적으로 필요하다.

건물 매도인이 혹여 준공도서를 보유하고 있다면, 잔금 지급 후 그 도서를 건네받아 사용하면 되겠지만, 준공된 지 30년 이상 된 건물의 경우 준공도서가 제대로 보관되지 않은 경우가 흔하다. 이때는 건물주가 지자체에 가서 건축물현황도를 신청하면 지자체가 떼어준다. 그런데 어떤 경우에는 지자체에도 건축물현황도가 없을 수 있다. 지자체가 전자 형태로 스캔하고자 했을 때 지자체나 건물주가 준공도서를 분실한 경우에는 어쩔 수 없이 스캔하지 못했기에 확보할 수가 없다. 이 경우, 리모델링을 위해서는 건축사로 하여금 건물을 답사해 실측을 기반으로 건축물현황도를 다시 작성하도록 해야 한다. 물론 이 경우, 작성비용이 발생한다.

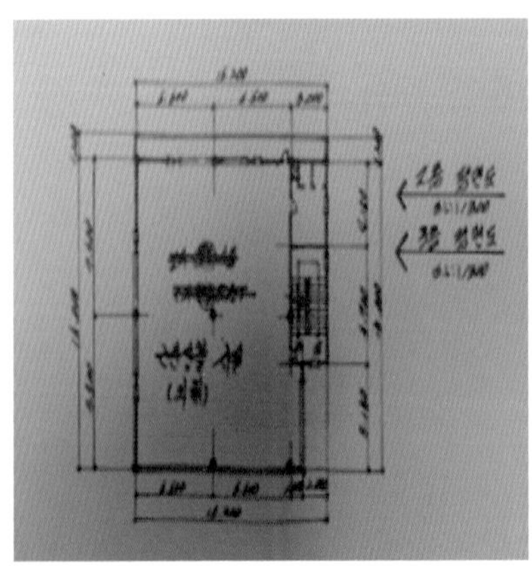

수기로 작성된 건축물현황도

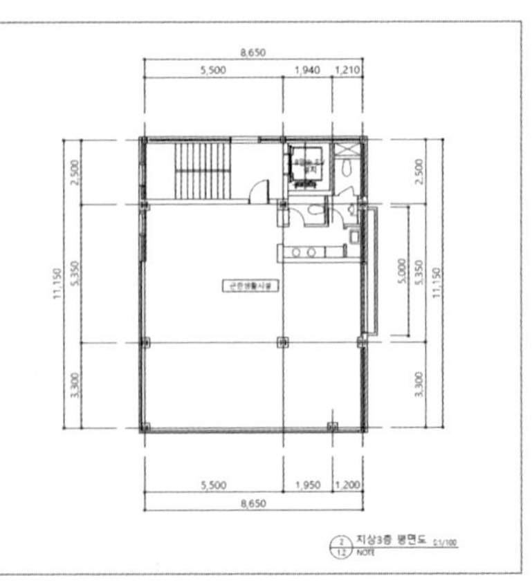

컴퓨터로 작성된 건축물현황도

세금
검토사항

건물 매매 시 매수인이나 매도인은 계약 체결 전에 세무사와 상담을 통해 자신이 부담할 세금에 대비해두는 게 좋다. 매수인은 취득세와 건물분 부가가치세에 대한 이해와 자금 준비가 필요하다. 법인 투자자는 법인 설립연도의 5년 초과 여부, 법인 소재지의 과밀억제권 여부, 주택 구입 시 취득세 중과세에 대해 알아두는 게 좋다. 매도인은 양도세와 관련해 장기보유특별공제에 대한 이해가 필요하다.

부가가치세

부가가치세란, 재화 또는 용역이 거래되는 과정에서 거래 단계마다 창출된 부가가치에 대해 매기는 간접세로서 10%의 단일세율이 기본이다. 이 세금은 최종 소비자가 부담하고, 사업자는 이를 징수해 국가에 납부하는 국세다.

아파트나 주거용 오피스텔을 거래할 때는 건물분 부가세가 면세되지만, 주거시설이 아닌 비주거용 건물에 투자할 때는 건물 가치의 10%에 달하는 부가가치세가 부과된다는 것을 알아야 한다. 건물분 부가가치세는 원칙적으로 매도인이 매수인에게 받아 국세청에 납부해야 한다. 과거에는 매수인이 잔금을 치르고 본인 앞으로 등기부상 명의이전을 마친 후 세무서를 방문해 매입한 건물에 대해 일반과세자로 사업자등록을 하면 이미 지급한 부가가치세를 환급받을 수 있었다. 즉, 건물을 매입해 임대수익용(일반과세자)으로 보유하는 경우, 기납부한 부가세를 환급받는다. 국세청으로서는 부가세를 받아두었다가 한 달쯤 후에 되돌려주는 번거로움을 덜고자 '포괄양수도' 제도를 도입해 거래 당사자에게 편의를 제공하고 있다. 즉, 매매계약서상에 '본 매매계약은 포괄양수도 조건 계약이다'라는 특약을 달면 부가세를 면제받는 제도다.

포괄양수도란 사업의 일부 또는 전부를 일괄해 양도하는 것으로, 영업용 자산, 권리, 인력, 거래처 등이 함께 이전되는 형태를 말한다. 이 경우, '부가가치세법 시행령' 제23조에 따라 건물분 부가세 과세 대상이 비과세로 처리된다.

그러나 매도인과 매수인의 사업자 유형이 다른 경우, 포괄양수도가 성립되지 않으므로 주의해야 한다. 먼저, 매도인이 일반과세자이고 매수인도 일반과세자인 경우, 포괄양수도가 인정되어 부가세가 비과세 처리된다. 둘째, 매도인이 일반과세자인데 매수인이 간이과세자인 경우, 포괄양수도가 성립하지 않으므로 매수인은 부가세를 내야 한다. 또한, 매수인이 간이과세자로 사업자등록을 하는 경우 기납부한 부가세를 환급받지 못한다. 따라서 가장 좋은 방법은 매도인과 매수인의 사업자 유형을 '일반과세자'로 통일시키는 것이다. 가령, 매도인이 간이과세자인 경우 잔금 전까지 매도인이 세무서를 방문해 간이과세자를 일반과세자로 변경하면 된다.

취득세

건축물을 취득할 때 부담하는 취득세는 개인이나 법인에 달리 적용

될 수 있어 주의해야 한다. 이 책에서는 빌딩 투자를 다루므로 비주택을 기준으로 취득세에 관해 기술한다. 취득하는 건축물이 비주택인 경우 취득세는 농어촌특별세와 지방교육세를 포함해 4.6%다.

법인 취득자는 설립 연한 5년 경과 여부와 법인 소재지에 따라 중과세가 적용될 수 있어 주의해야 한다. 가령, 설립된 지 5년 미만의 과밀억제권 소재 법인이 과밀억제권 소재 건물을 매입하면 '지방세법'에 따라 취득세가 3배 중과되므로 4.6%가 아닌 13.8%를 내야 한다.

또한, 법인이 매입하는 건물 일부에 주택이 끼어 있는 상가주택인 경우, 전국 어디를 불문하고, 주택 부분에 대한 취득세는 지방세법 제11조 제1항 제8호에 따라 취득세율 12%로 중과된다. 모든 취득세에는 지방세가 추가되는데, 법인이 취득하는 주택의 규모가 85㎡ 이하라면 지방교육세를 포함해 13.2%가 부과되며, 85㎡ 초과라면 지방교육세와 더불어 농어촌특별세가 추가되어 13.4%가 부과된다. 국가는 법인의 주택 투자에 대해 사실상 투기로 간주해 중과세 정책을 펴고 있다.

양도소득세(개인, 법인)

양도소득세란 자산을 양도해 얻은 소득에 대해 매기는 세금으로서 개인의 경우 소득 구간에 따라 6~45%가 부과되고, 법인의 경우 양도소득세 대신 법인세로 과세하며 소득 구간에 따라 10~25%가 적용된다.

개인의 경우 부동산 보유 기간 및 거주 기간에 따라 양도소득을 계산할 때 장기보유에 따른 일정 비율을 공제해줘서 양도소득세 부담을 줄여주는 제도인 '장기보유특별공제'가 있다. 이 제도는 개인이 일정 기간 이상 부동산을 보유한 경우, 양도차익에서 일정 금액을 공제해주기에 과세표준이 줄어들고, 그만큼 세금이 감소한다. 이 제도는 비주택인 경우와 1세대 1주택인 경우에 적용되며, 법인은 장기보유특별공제 혜택이 없다.

① 비주택 장기보유특별공제

보유 기간이 최소 3년 이상이어야 이 혜택이 적용되며, 최대 15년 보유 시 30%까지 공제받는다.

② 1세대 1주택 장기보유특별공제

2021년 세법 개정에 따라 2021년 1월 1일 양도분부터 12억 원을 초과하는 주택에 적용되는 이 제도는 보유 기간과 거주 기간을 각각 반영해 최대 80%까지 공제 혜택을 제공한다. 즉, 보유하는 동안 해마다 4%씩 10년간 40%를 공제해주고, 거주 기간 역시 해마다 4%씩 10년간 40%를 공제해준다. 다만, 보유 요건은 최소 3년이며 거주 요건은 최소 2년이다. 따라서 이 혜택을 누리려면 거주 요건과 보유 요건을 최대한 충족해야 한다.

부동산 거래 시 발생하는 세금은 거래 당사자의 신용과 처한 상황에 따라 적용되는 세율이 달라지므로, 구체적인 세금 부담에 관해서는 세무사와 상담하기를 바란다.

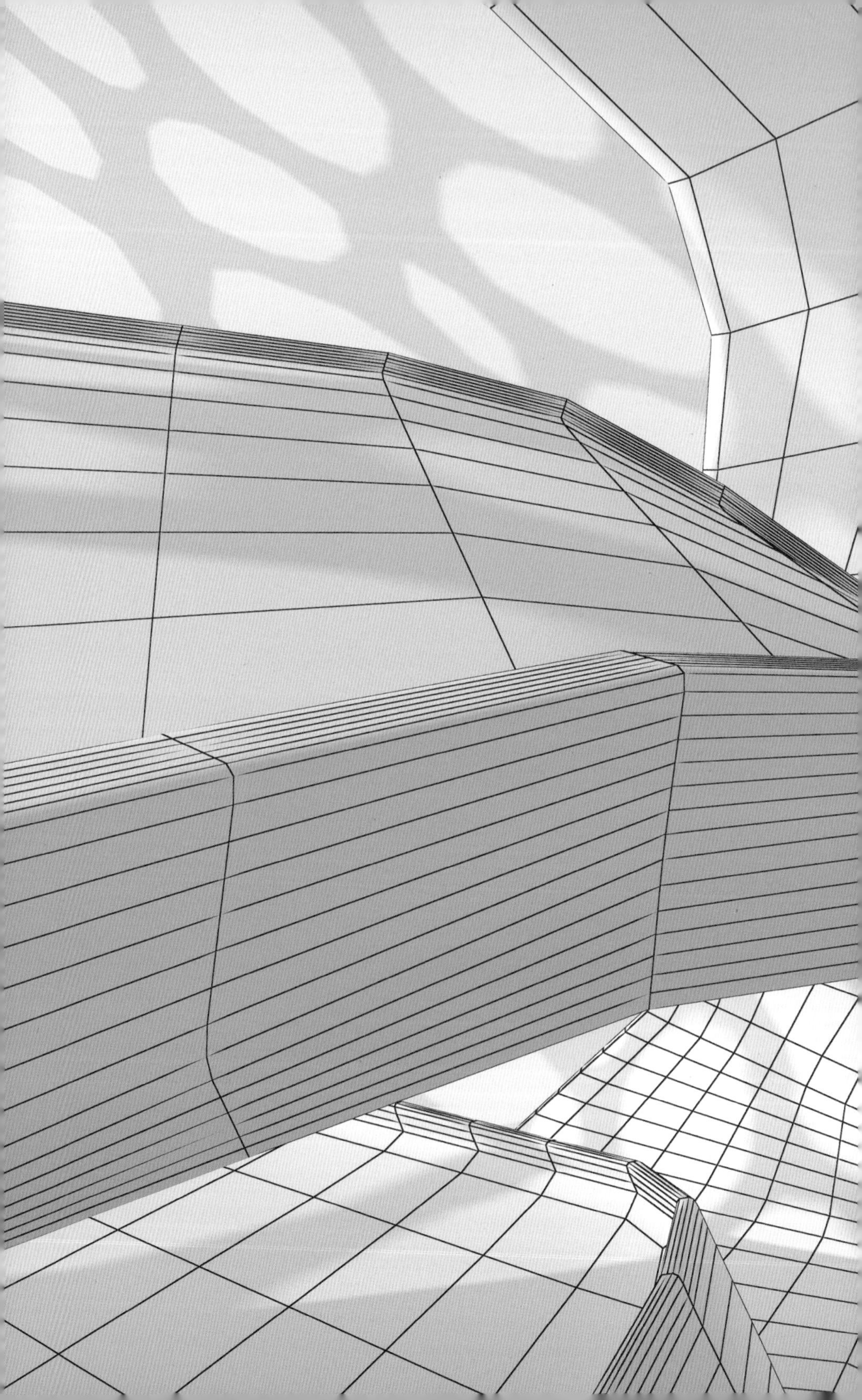

Part 3

꼬마빌딩 투자 전략

꼬마빌딩은 일반인이나 법인 투자자에게 자산 가치 상승 및 안정적 임대수익을 동시에 추구할 수 있는 매력적인 투자 대상이다. 그러나 한정된 자본과 다양한 시장 변수 속에서 성공적인 투자를 실현하려면 명확한 투자 전략이 필요하다. 이 파트에서는 꼬마빌딩 투자에서 핵심이 되는 전략을 임대수익, 자본이득, 레버리지 활용, 투자 기간별 전략 등으로 구분해 살펴본다.

임대수익
극대화 전략

임대수익은 꼬마빌딩 투자의 기초 수익원으로, 안정적 현금흐름을 통해 금융비용과 운영비를 상쇄하고, 순현금흐름(Net Cash Flow)을 확보할 수 있다. 임대수익을 극대화하기 위한 주요 전략은 다음과 같다.

먼저, 철저한 입지 분석을 통한 층별 임대차(MD) 계획을 세우고, 중장기적으로 계획에 맞춰 임차인을 구성한다. MD(Merchandise Display) 구성은 임대차 포트폴리오의 다변화가 유리하므로, 사옥 용도나 병원 용도는 제외하고, 건물 전체를 단일 임차인에 의존하는 방식을 지양한다. 또한, MD 구성에 맞춰 층별 임차인 유치로 공실 위험을 분산시키는 것이 안전하다.

둘째, 적절한 용도변경이나 리모델링을 하는 것이다. 공실이 자주 발생하는 공간에 대한 상권 분석을 시행해 해당 층에 맞춤형으로 임차업종을 선택하거나, 용도를 변경하고 인테리어를 시행해 공실을 방지할 수 있다. 또한, 노후화된 건물 전체를 리모델링해 자산 가치를 획기적으로 제고시킨다. 부분적으로 건물 내·외관을 개선하는 인테리어와 같은 단순 리모델링보다는, 건물의 구조적 성능 개선과 현대적인 외관 개선을 통해 임대료 상승과 건물 가치 상승을 꾀하는 방식이다. 용적률에 여유가 있는 경우 리모델링 시 증축을 병행할 수 있고, 승강기가 없는 경우 이를 설치할 수 있으며, 건물이 웅장하게 보이도록 최상층에 패러핏을 설치할 수도 있다. 옥상에 정원을 설치해 임차인을 위한 휴게공간으로 제공하면, 거주 만족도가 높아 장기 임차로 귀결되어 공실을 방지할수 있다.

셋째, 운영 관리의 전문화다. 건물주가 거주를 겸하면서 자체 관리를하는 소규모 건물이 아닌 경우, 빌딩 관리 전문업체에 위탁 관리(Property Management)를 통한 공실의 최소화, 임대료의 체계화, 관리비의 최적화등 운영 효율성을 제고할 수 있다.

자본이득
실현 전략

　자본이득(Capital Gain)은 자산 가치의 상승을 통해 실현되는 수익으로, 특히 중장기보유 전략에서 중요한 수익원이다. 자본이득을 추구하는 투자자는 다음 전략을 고려할 수 있다.

　먼저, 저평가된 매물을 발굴하는 것이다. 꼬마빌딩의 가치를 100이라고 할 때, 토지가격이 차지하는 비중이 70% 이상일 정도로 토지가격은 절대적이다. 따라서 자본이득을 추구할 때 토지가격을 가장 중시해야 한다. 한편, 빌딩 시장에 나온 매물의 절반은 시세보다 높아 실익이 적은 편이고, 45%는 시세에 맞춰 출시되는 편이다. 따라서 시세보다 저렴하게 출시된 매물은 5% 선에 불과할 정도로 귀하다. 이런 매물은 건물주가 상속을 받았거나 증여받은 후 처분하는 매물인 경우가 흔하고, 자금 상황이 궁박한 경우에도 발생한다. 이런 매물을 찾기 위해 투자자는 온·오프라인을 통한 매물 탐색과 공인중개사의 환심을 사도록 노력해야 한다.

　둘째, 개발 호재를 보유한 지역의 매물을 탐색한다. 역세권으로서 종상향 가능성이 있거나, 준공업지역의 상업지역 전환 가능성, 주거지역의 복합개발 가능성 등을 사전에 조사해 부동산 가치 상승을 노릴 수 있다.

셋째, 입지가치의 미래 성장성을 분석한다. 즉, 교통망 확충 가능성, 대규모 개발사업, 상권 형성 가능성 등 외부 요인의 상승 여력을 고려해 장기보유 전략을 세울 수 있다.

넷째, 출구(Exit) 전략을 수립한다. 자산 가치가 극대화되는 시점에 매각을 통해 자본이득을 실현할 수 있도록 사전에 투자 기간을 단기·중기·장기로 나누어 계획한다.

레버리지
활용 전략

자기자본이 제한적인 꼬마빌딩 투자자에게 레버리지((Leverage, 부채 활용)는 필수적인 자금 조달 전략이다. 그러나 과도한 레버리지는 리스크 요인이 되므로 신중한 계획이 필요하다.

먼저, 레버리지를 활용하기 위해서는 매매계약 체결 전에 금융기관과 대출 가능금액을 알아봐야 한다. LTV(담보인정비율)와 DSR(총부채원리금상환비율) 등을 고려해 대출 조건을 유리하게 조정해야 하고, 부족분은 신용대출이나 타 담보물 제공으로 메울 수도 있다. 이자율 변동성에 대비해 고정금리 또는 금리 헤지 상품을 병행해 금리 리스크를 관리한다.

둘째, 현금흐름 기반의 상환 계획을 수립한다. 임대수익으로 이자 및 원금 상환이 가능한 구조인지 분석하고, 유동성 위기 가능성을 사전에 점검한다.

셋째, 일정 수준의 부채를 활용함으로써 자기자본수익률(ROE, Return On Equity)을 극대화하는 전략을 설계할 수 있다.

투자 기간별
전략

꼬마빌딩이나 중소형빌딩 투자는 투자자의 자금 사정, 시장 전망, 리스크 허용도 등에 따라 보유 기간이 달라질 수 있으며, 이에 따른 전략적 접근이 요구된다.

단기 전략(1~3년)

- 급매물 매입 후 전매 : 쉽지는 않지만 꾸준한 노력과 운이 따르면 시세보다 저렴한 물건을 매입한 후 단기간 내에 전매해 차익을 실현할 수 있다.
- 리모델링 후 전매(Flip) : 빠른 수익 실현을 위해 중간 수준의 리모델링으로 성능 개선과 미관 개선 후 단기간 내에 매각한다.
- 시장 타이밍 매입·매각 : 경기순환 및 금리 흐름에 따른 단기 투자를 시행한다.
- 세금 등 취득 관련 유의 : 양도소득세 중과, 취득세 중과 여부를 고려한다.

중기 전략(3~7년)

- 운영 효율화 후 가치 상승 실현 : 입지에 맞춘 MD 계획을 실현해 임대수익 향상, 공실률 감소, 관리비 절감 등을 통해 안정된 자산으로 전환한다.
- 임대차 갱신 및 재조정 전략 : 임대료 조정 시기를 적극적으로 활용한다.
- 중간 규모 리모델링 병행 : 토탈 리모델링보다는 외관 개선과 보통 수준의 성능 개선을 실시한다.

장기 전략(7년 이상)

- 자산 증식 및 상속·증여 목적 : 세대 간 자산 이전 전략으로 활용한다.
- 리모델링 또는 재건축 기대 : 장기적인 개발 계획을 수립해 가성비가 높은 토탈 리모델링이나 구축 건물을 허물고 재건축하는 계획을 수립한다.
- 유명 상권보다는 안정 상권 : 세속적 인기에 영합해 유명 상권에 투자하는 것은 장기 투자에는 적합하지 않다. 이대 상권이나 가로수길처럼 유명 상권은 한때 흥했지만, 상권이 기울면 공실 증가로 자산 가치가 급락했다. 장기보유 목적이라면 경기에 민감하게 반응하지 않는 역세권 상권이나 아파트 대단지 앞 근린 상권 같은 안정 상권에 투자하는 것이 안전하다.
- 노후 대비 안정 수익 창출 : 안정적 임대수익 확보 및 장기보유를 선택한다.

꼬마빌딩 투자에서 성공적인 수익 실현을 위해서는 단순히 '좋은 물건'을 매입하는 것 이상으로, 치밀한 전략이 요구된다. 임대수익과 자본 이득을 균형 있게 추구하면서도, 레버리지의 활용과 투자 기간에 따른 실행계획을 수립해야 한다. 아울러 경기 흐름에 맞춰 리스크를 사전에 차단하고, 입지 분석을 통해 수익성과 안정성을 동시에 확보하는 전략적 접근이 바람직하다. 투자자의 목적과 상황에 맞는 맞춤형 전략의 수립이 장기적인 자산 형성의 관건이 될 것이다.

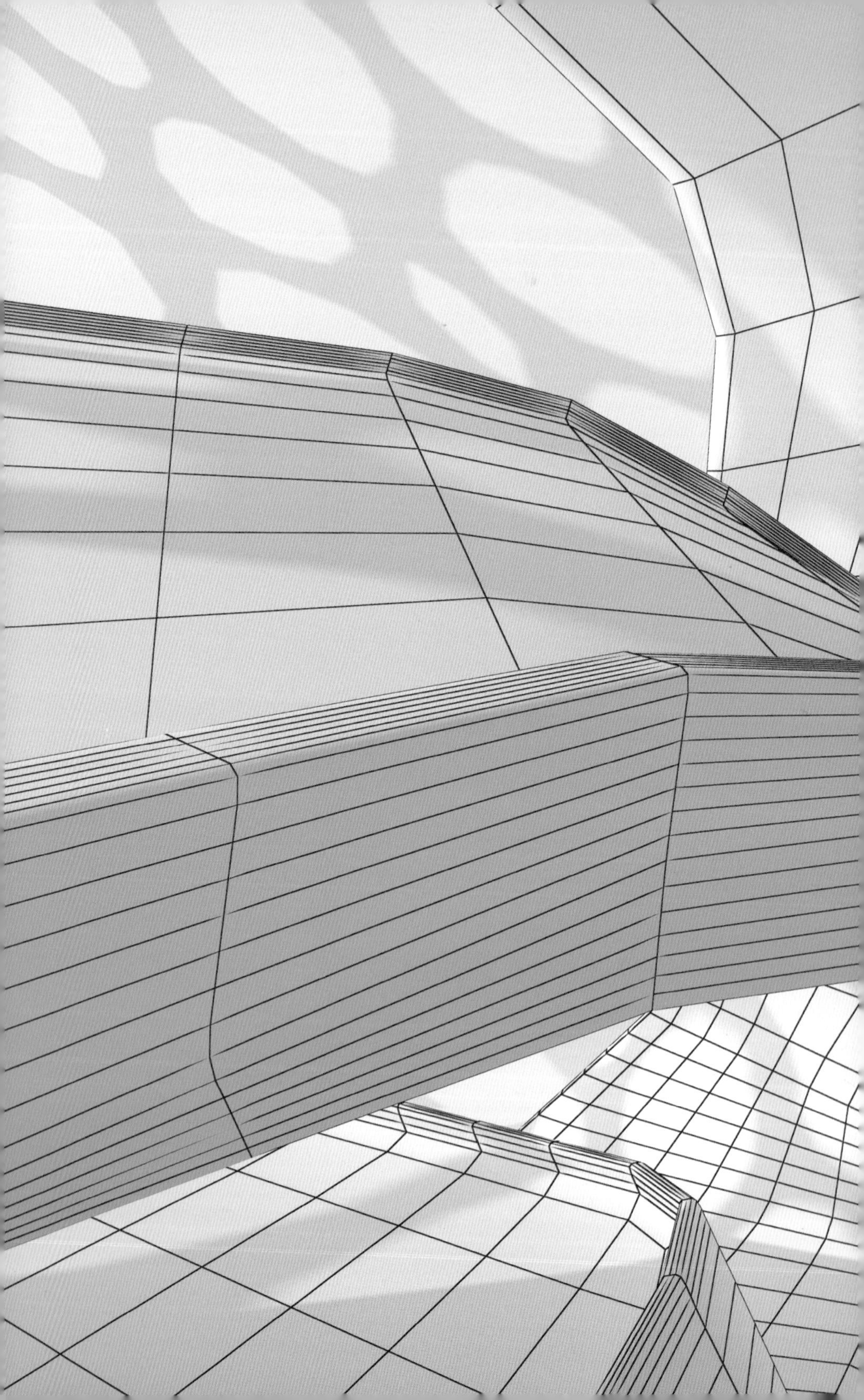

Part 4
빌딩의 가치를 올리는 꿀팁

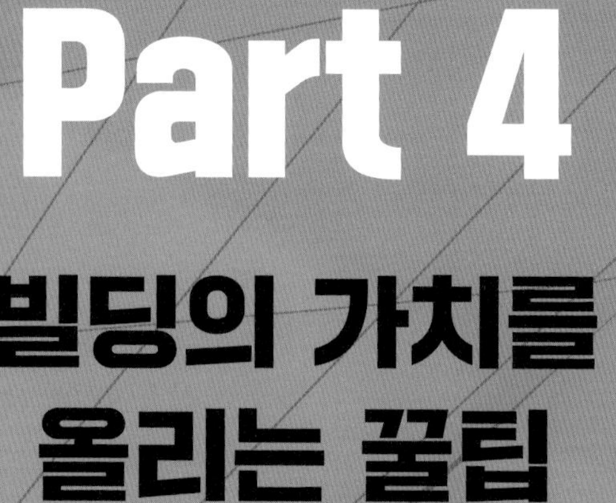

날로 심화하는 빌딩 시장에서 승리할 뿐만 아니라 빌딩의 가치를 올리기 위해서는 신경 쓸 일이 많다. 살길은 차별화에 있다. 빌딩 외관 개발과 승강기 설치, 패러핏과 옥상정원 설치, 내관 가꾸기와 유지·관리에 힘써야 한다.

차별화가
살길이다

　요즘 아파트 시장에는 '얼죽신'이라는 신조어가 확산 중이다. '얼어 죽어도 신축 아파트'라는 뜻이다. 똘똘한 신축 아파트 한 채가 대세이듯, 꼬마빌딩 시장에서는 차별화가 대세가 되어야 한다. 건물 구입 후 공실만 채우고 유지하면 되는 게 아니다. 1980~1990년대에 지어진 그저 그런 수준의 외관과 성능을 유지하는 것만으로는 공실 걱정을 달고 살아야 한다.

　우리 주변에 존재하는 건물을 자세히 살펴보면 30년이 넘는 동안 옥상 방수도 안 하고, 화장실에서 악취가 나도 방치하고, 계단실 천장에 거미줄이 있어도 치우지 않고, 외관 청소도 평생 안 하는 건물주들이 의외로 많다. 본인 샤워는 자주 하면서 건물 샤워는 안 시킨다. 건물도 때 빼고 광내야 하는데 도통 안 한다. 아니 정확히 말하면, 그렇게 해야 하는지조차 모르는 건물주들이 많다. 아파트에만 살다 보니 외벽 청소는 관리실이 알아서 하는 일이라는 인식이 있어서인지 건물 외벽 청소를 자신이 해야 한다는 것을 모를 수 있다. 하지만 이래서는 날로 경쟁이 심화하는 임대 시장에서 살아남기 어렵다. 혹여 건물을 팔 때도 건물 가치를 인정받지 못한다. 정상가에 못 팔고 할인해야 겨우 팔린다.

이런 꼬마빌딩이 넘치고 공실도 많다 보니 호사가들은 꼬마빌딩이 끝났다고 호들갑이다. 모든 꼬마빌딩이 다 그렇다는 듯 일반화하려고 한다. 하지만 우리는 일반화의 오류에 빠지지 말자. 남들은 공실로 가는 빌딩푸어의 운명을 살아야 할 수도 있겠지만, 당신은 예외가 되면 된다. 그 예외는 바로 차별화다. 건물을 리모델링하든, 재건축하든 차별화해야 갓물주로 롱런한다.

전문가의 시각으로 볼 때 빌딩의 가치를 결정짓는 요소는 입지, 외관, 성능, 접근성, 임대수익, 주차시설, 인프라 등으로 압축된다. 즉, 빌딩의 가치를 올리기 위해서는 이런 요소들을 보유하거나, 미흡하다면 개선해야 한다. 이러한 요소 중에 건물의 위치나 접근성, 인프라는 건물주의 노력으로 개선할 수 있는 영역이 아니다. 건물주가 독자적으로 연구하고 노력하거나 전문가의 도움을 받아 개선할 수 있는 요소는 건물의 외관과 성능의 개선 및 주차시설과 승강기 등을 비롯한 편의시설이다. 이렇게 업그레이드해서 우량 임차인을 유치함으로써 임대수익을 높여 궁극적으로 건물 가치를 높이는 것이다.

그렇다면 어떻게 차별화를 한단 말인가. 구체적인 방법은 이어지는 글을 참고하면 되겠지만, 결론부터 말하면 외관과 내관을 차별화해야 한다. 사람이든, 건물이든 예뻐야 대우받는다. 사람은 성형으로 외모를 꾸밀 수 있지만, 건물은 리모델링으로 멋지고 현대적인 디자인으로 꾸밀 수 있다. 기존 건물의 외관이 벽돌이든 화강석이든 타일이든 상관없이 개방감이 좋은 커튼월로 꾸밀 수 있고, 알록달록한 컬러 벽돌로 마감할 수 있으며, 메탈 패널이나 대리석 등으로 교체할 수 있다.

외관뿐만 아니라 건물 내부 성능의 차별화도 꾀해야 한다. 이용의 편의성 제고를 위해 없던 승강기를 설치할 수도 있고, 멋진 로비와 쾌적한 화장실, 사무자동화 설비, 뜨거운 여름날 햇빛을 반사하는 로이(Low-E)

유리를 장착한 창으로 교체하고, 지하실도 24시간 쾌적하도록 환기설비를 갖춰 높은 임대료를 얻을 수 있다.

그뿐인가. 옥상에 왕관과 같은 근사한 조형물을 설치해 웅장한 모습을 연출할 수 있고, 멋진 옥상정원을 설치해 임차인들을 위한 휴게공간으로 제공해 그들이 당신의 건물에서 오래도록 머무르게 할 수 있다. 당신이 그 건물에 거주한다면 옥상 한편에 텃밭을 가꾸고, 수영장과 해먹을 설치하고, 잔디밭과 바비큐 그릴과 파티룸을 갖출 수도 있다.

빌딩 외관 개발의
주안점

　빌딩의 외관은 인간의 얼굴만큼, 아니 그 이상으로 중요하다. 인간의 됨됨이는 얼굴만으로 판단하지 않고, 일정 기간 교류하면서 소통과 유대를 통해 인품을 판단할 것이다. 그러나 인간처럼 외모 이면에 숨겨진 인품과 같은 덕목이 없는 빌딩의 가치에서 내세울 거라고는 외관과 시설물인데, 그중 외관이 차지하는 비중이 7할은 된다. 건물 임차를 원하는 고객이 대상물을 선택할 때 임대료나 시설물도 따져보겠지만, 외관이 마음에 들면 다소 무리해서라도 입주하려는 마음이 동한다. 입주한 빌딩의 이미지는 고객이 방문할 때나 사원을 뽑을 때 입주사의 첫인상에 큰 영향을 미치기 때문이다. 이런 이유로 빌딩 임차인들은 이왕이면 멋지고 트렌디한 빌딩을 찾는다. 따라서 건물을 신축하거나 리모델링하려는 투자자나 건물주는 트렌드에 맞추되, 과감하고 획기적인 외관 디자인을 개발해 빌딩에 입히는 것이 중요하다.

　그렇다면 과연 멋진 외관 이미지를 어떻게 구현해야 할까? 먼저 투자자의 노력이 필요하다. 서울시 구석구석과 신도시의 꼬마빌딩 밀집지역을 돌아보면서 마음에 드는 건물을 발견하면 사진을 찍어두자. 틈틈이 온라인을 검색해 국내외의 멋진 빌딩 이미지를 캡처해두자. 이렇게 축적된 이미지 중에서 가장 마음에 드는 몇 점을 추려낸 후에 전면과 측면, 이면을 혼합하고 조화롭게 하는 방식으로 이미지를 구현한다. 즉 전면은 A에서 따고, 측면은 B에서 따고, 이면은 C에서 따와서 서로 조합하고 색상을 매치해 이상을 구현하는 것이다.

사실 이렇게 말하는 것은 쉽지만 실천하기는 어렵다. 미적 감각이 있는 투자자는 이와 같은 방식으로 자신이 마음속에 그리는 이상을 구현할 수도 있겠지만, 그렇게 하려면 컴퓨터그래픽이나 AI 툴을 다룰 줄 알아야 하므로 쉽지 않다. 그러다 보니 '누가 내 마음속에 들어가서 내가 원하는 것을 헤아려서 대신 구현해줬으면' 하는 투자자들이 많을 것이다. 이럴 때는 전문가를 찾으면 된다. 빌딩 외관에 깊이 있는 전문성을 갖추고 방대한 빌딩 이미지 데이터베이스를 보유한 전문가는 트렌드에 맞춰 투자자가 원하는 빌딩 이미지를 구현하는 데 능할 것이다. 법적 문제는 변호사, 세무 문제는 세무사를 찾듯 빌딩 외관 문제는 빌딩 전문가를 찾으면 된다.

빌딩 외관은 임차인의 마음을 빼앗는 것도 중요하지만, 건물 가치에 직결되고 공실을 방지하며 건물주의 만족감을 상승시키는 요인이므로, 다소 비용이 들더라도 투자라 여기고 돈을 들여 정성껏 만들되, 디자인 창출에 약간의 제한이 있는 리모델링과 달리, 신축에서는 예술적이고 혁신적인 이미지를 구현하도록 과감한 디자인에 도전하는 것도 의미가 있을 것이다.

다음은 필자가 보유한 수천여 점의 빌딩 이미지 중 리모델링으로 구현 가능한 외관, 국내에서 발견한 신축에 적합한 외관, 그리고 마지막으로 해외의 멋진 빌딩 이미지들을 소개한다.

커튼월 + 메탈 패널 + 패러핏

중세풍의 컬러 벽돌

커튼월 마감 중형빌딩

커튼월 마감 꼬마빌딩

박스 + 커튼월 + 루버 조합의 첨단 이미지

세로 기둥 + 4각 조형물 중후한 현대적 감성

예술적 조형미로 회사 정체성 표현

커튼월 + 세로 기둥 현대적 근생빌딩

박스 + 입체적 유리 트윈 타워

기타 형상 전면 부착 회사 정체성 부각

일본풍 커튼월 단순한 절제미

중후한 컬러 + 삼각형 디자인으로 예술미

　한 가지 유의할 점은, 예술미를 지나치게 강조해 동대문디자인프라자(DDP)처럼 곡선이 너무 많은 외관을 만드는 것은 지양해야 한다. 요즘 AI를 이용해 빌딩 이미지를 만들어 자랑스럽게 SNS에 선보이는 분들이 있는데, 이런 이미지는 가상공간에나 존재하고 감상으로 그칠 이미지일 뿐 현실에서 구현하기가 매우 어렵다. 공사비와 공사 기간을 2배쯤 할애한다면 구현할 수 있을 것이다. 디자인도 좋지만, 수익성 측면에서 가성비도 고려해야 한다.

　4차 산업혁명 시대에 사는 현대 건물주는 자신의 빌딩을 지을 때나 리모델링할 때 남이 보유한 건물의 외관과 차별화해야만 살아남을 수 있다. 차별화하되 현실에서 구현할 수 있고 대중이 한마음으로 좋아할 만한 수준으로 설정하는 게 좋다. 보편적 선호를 얻으려면 전문가의 도움을 얻어 빌딩 외관을 멋지게 구현하면 건물주와 임차인 모두 자부심과 만족감을 가질 수 있고, 한번 입주하면 떠나지 않음으로써 공실 방지에 특효약이 되며, 매각 시 좋은 가격으로 쉽게 팔릴 수 있다.

승강기를 설치하는
4가지 방식

　건물의 기능과 편의성 측면에서 엘리베이터가 매우 중요함에도 국내에서 1980~1990년대에 건축된 4~5층 건물에는 엘리베이터가 없는 경우가 허다하다. 심지어 서울시 강남 3구만 하더라도 지상 4~5층 건물인데도 승강기가 없는 경우가 많다. 문명의 발달로 생활의 편의를 중시하는 현대인에게 4~5층을 걸어서 오르내리게 방치한다는 것은 공실을 자초하는 일이다. 4~5층짜리 상가주택 건물주가 맨 위층에 거주하는 경우가 많은데, 연로한 건물주가 계단을 내려오다가 넘어져 부상을 당하면, 더 큰 부상에 대한 두려움으로 건물을 팔아 치우기도 한다.

　편의를 추구하는 시대적 요구에 부응하고 건물의 활용도 제고를 위해 리모델링 시 승강기를 설치하는 경우가 많은데, 설치 방법은 다음 4가지로 요약된다. 첫째, 가장 손쉬운 방법으로 계단실에서 몇 계단 올라가면, 중간에 있는 화장실을 들어내고 그곳에 설치한다. 둘째, 계단실 전체를 철거하고 계단실과 승강기 및 화장실을 새로 설치한다. 셋째, 건물 내부의 전용 공간 일부를 할애해 설치한다. 마지막으로 건물 외벽에 승강기를 설치할 만한 여유 공간이 있는 경우, 그곳에 승강기가 오르내리는 관로를 덧붙이는 방식으로 설치하기도 한다.

  승강기 설치비용은 다음 자료의 ③번과 ④번의 경우, 약 1억 6,000만 원 남짓하고, ①번의 경우에는 없어진 화장실을 내부에 다시 설치해야 하므로 3,000만 원 정도 추가된다. ②번의 경우 계단실 철거비용과 승강기 및 계단실 재설치비용이 추가되므로 대략 1억 원 이상 추가된다. 경우에 따라서는 구조 보강이 수반될 수 있는데, 이 경우 추가비용이 발생할 수 있다.

① 계단실 중간의 화장실 철거하고 설치하기

② 계단실 전체 철거 후 다시 설치하기

③ 건물 내부 전용 공간 일부에 설치하기

④ 건물 외벽에 덧대어 설치하기

패러핏은
화룡점정

　패러핏(parapet)의 사전적 정의는 건물 옥상의 난간이나 추락 방지를 위해 설치한 낮은 장벽을 뜻하는 말인데, 현대에는 건물을 더 높게 보이면서 아름답게 보이도록 옥상에 장식하는 모든 장식용 구조물을 통칭한다.

　빌딩 투자에 관심을 가지고 거리를 거닐다 보면, 4층 건물인데 5층처럼 보이도록 가벽이 설치된 건물을 발견할 수 있을 것이다. 아무 생각 없이 다니면 보이지 않다가도, 관심 있게 살펴보면 패러핏이 의외로 많다는 것을 알 수 있다. 패러핏 모양도 각양각색이다. 마치 왕관처럼 철제 구조물로 장식하기도 하고, 회사 로고를 부착할 수 있도록 패러핏에 간판 걸이를 넣기도 한다. 가벽을 설치한 정도에 그치지 않고 실제로 건물이 있는 것처럼 가벽에 유리창을 부착한 사례도 있다. 또한, 패러핏 높이를 한 층 높이보다 훨씬 더 높게 올려 건물이 웅장하게 보이는 효과를 노린 예도 많다.

　이렇게 패러핏을 설치하는 이유는 건물이 더욱 멋있게 보이도록 해서 매도할 때 신속하고 비싸게 팔릴 수 있고, 임차인을 구할 때 유리하기 때문이다. 건물의 상층부를 단장해 전체적으로 예쁘게 보이도록 꾸미면 건물 가치가 제고된다. 다음 사진에서 건물 최상층을 살펴보라.

층고 높은 패러핏

조각 작품 같은 패러핏

심미적인 옥상가든 콘셉트

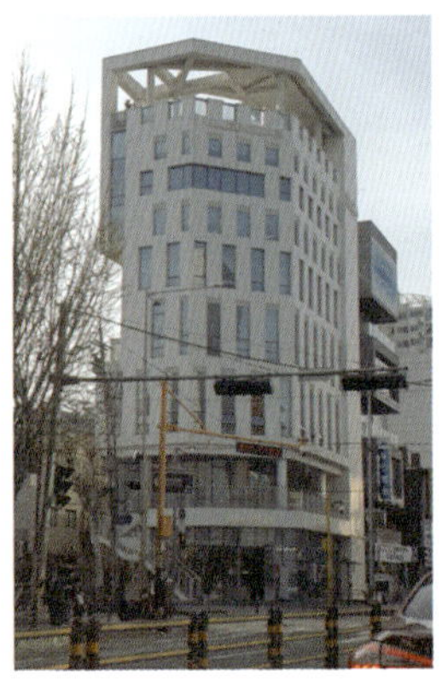

파라솔 느낌 패러핏

모자 챙 같은 장식

고딕 스타일 패러핏

거주 만족도를 높이는
옥상정원

빌딩의 가치 제고 차원에서 옥상을 예쁘게 꾸며 임차인들에게 휴게공간으로 제공하면 거주 만족도가 높아져 그들을 장기간 머물게 하고 임대료 인상도 쉬워진다. 혹여 건물을 매도하는 경우, 투자자가 건물을 답사할 때 작은 천국처럼 꾸며진 옥상정원을 보면 사고 싶은 마음이 동한다. 따라서 좋은 가격에 신속하게 팔릴 수 있다. 또한, 건물주가 거주하는 경우, 도심 속에서 전원생활을 누릴 수 있도록 옥상을 정원과 텃밭으로 꾸밀 수 있다.

임차인들을 위한 휴게공간으로 파라솔, 탁자, 벤치를 설치하고 화단을 조성한 옥상정원

건물주의 럭셔리한 전원생활을 위한 텃밭, 미니 풀장, 해먹, 바비큐 그릴을 설치한 모습

내관의
차별화

건물의 외관뿐만 아니라 내부 성능의 차별화도 꾀해야 한다. 내관 차별화 전략은 단순히 '예쁘게 꾸미는 것'이 아니라, 공간의 정체성과 사용가치를 극대화해 임차인이나 방문객이 '이 건물은 다르다'라고 느끼게 만드는 작업이다.

내관의 차별화는 먼저 공간의 재배치다. 사무용 건물이면 내부 공간 일부를 협업이 용이한 개방형 공간을 꾸밀 수 있다. 건물의 내부 이미지가 달린 로비에 감성적인 고급 아트월을 설치해 격조를 높일 수 있다. 내부 구조를 부각시키는 '레이어드 라이팅' 조명을 설치할 수 있다. 공용 공간에 실내 공기청정기를 설치해 입주자 만족도를 높일 수 있다. 중요한 것은 세입자나 방문객이 건물에 들어섰을 때 로비와 엘리베이터, 계단과 복도에서 기분 좋은 첫인상을 받도록 꾸미고, 작은 디테일을 개선해 지속적인 만족을 제공하면, 공실 방지와 건물 가치 상승으로 연결될 수 있을 것이다.

공실 퇴치의 특효약,
화장실 현대화

우리나라는 화장실 선진국이다. 세계에서 일본과 우위를 다툰다고 한다. 이는 전 세계를 여행해본 여행가나 유튜버, 외신이 이구동성으로 칭송하는 바다. 필자가 대학을 다니던 시절인 1980년대만 해도 화장실은 지옥이었다. 쭈그려 앉아 일을 봐야 하는 데다, 코앞에는 악취가 진동하는 휴지통이 덮개도 없이 마주 보고 있었다. 호텔이나 대형 오피스빌딩이 아니면 거의 다 이런 지경이었다. 그런 환경에서 하루에 서너 번씩 화장실을 다녀올 때마다 찝찝한 마음을 한참 동안 달래야 했다.

경제 주권이 풍전등화이던 IMF 시기에 온 국민이 동참한 금 모으기 운동을 통해 단결력을 과시한 우리는 2002년 월드컵 등 국제 행사들을 앞두고 후진적인 화장실 문화를 개선하고자, 1999년 말에 시민운동가 표혜령 대표가 화장실문화시민연대를 출범시켜 불을 지폈다. '아름다운 사람은 머무른 자리도 아름답습니다', 이 슬로건이 전국적으로 폭발적인 반응을 얻으며 전국의 지자체와 시민들이 개선 운동에 적극적으로 가세한 결과, 지금은 세계를 휩쓰는 한류 종주국에 걸맞은 화장실 강국이 되었다.

요즘은 어지간한 건물에 들어가도 현대식 화장실이 설치되어 있고,

가정에는 비데가 보편화되었다. 공용 화장실은 또 어떤가. 고속도로 휴게소나 지하철역 화장실은 서양의 웬만한 호텔급이다. 관리가 잘되어 있어 냄새도 안 난다. 외국인 관광객들이 가장 놀라는 것은 이렇게 훌륭한 화장실 사용료가 무료라는 것이다. 신기한 마음에 화장실 안과 밖에서 기념사진도 찍고 난리다.

세상이 이럴진대, 1980~1990년대 준공된 서울의 건물 중에는 처음 설치된 상태 그대로를 문화재처럼 고이 보존하고 있는 예도 있다. 아래 사진들은 필자가 빌딩 중개용으로 접수한 매물들을 답사하면서 촬영한 재래식 화장실 중 일부다.

| 재래식 화장실 모습 |

이런 화장실을 방치한 채 임차인들이 자기 건물에 오래오래 머물러 있기를 바라는 건물주는 도대체 무슨 생각을 하고 있는지 그의 머릿속으로 들어가서 확인해보고 싶다. 자신은 비데를 사용하면서 임차인들은 개발도상국에나 있을 법한 비위생적인 화장실을 사용하기를 강요한다. 그러면서 공실 없이 임대가 잘되기를 바라는 심보다. 이래서는 임차인들이 임대료 싼 맛에 들어왔다가 얼마 못 가서 떠나길 반복하는 건물이 될 수밖에 없다.

월급쟁이로 경력을 쌓은 후 큰마음 먹고 독립해 중소기업을 창업하는 사람은 고정비용을 아끼려고 임대료가 저렴한 건물에 둥지를 틀 수 있다. 사업이 잘되면 사원 충원이 필요해 모집 광고를 낸다. 이를 보고 찾아온 구직자들은 인터뷰에 앞서 화장실에 들어가서 옷매무새를 고친다. 이때 앞에서와 같은 화장실이라면 어떨까. 인터뷰고 뭐고 고민할 것도 없이 발길을 돌릴 것이다. 이런 화장실을 이용할 정도의 기업은 보나 마나 잘되긴 글렀다고 생각할 것이다. 아무리 모집 광고를 내도 온다고 한

| 개선된 화장실 모습 |

지원자들이 정작 인터뷰에 나타나지 않는 일이 잦아지자, CEO는 그제야 깨닫는다. 화장실이 좋은 건물로 이사 가야 한다고. 이것은 실화다.

건물 외면의 이미지를 결정하는 요소는 외관이다. 디자인이 멋진 건물은 대중의 이목을 끌고, 임차고객의 호감을 높여 양질의 임차인을 유치함으로써 임대수입이 늘고 건물 가치도 올라간다. 반면, 건물 내면의 이미지는 화장실이 결정한다. 화장실이 쾌적하고 시설이 좋으면 호감이 급상승한다. 매일 서너 번씩 드나드는 공간이 상쾌한 공간이면 근무할 맛이 난다. 화장실을 개선하는 비용은 크지 않다. 층당 500~600만 원을 들이면 현대식으로 개선할 수 있다. 임차인들을 이사시킨 후 공사하는 것도 아니다. 주말이나 야간을 이용하거나 층별 순서대로 공사하면 그만이다. 대수선은 큰마음 먹고 큰 비용을 들여 임차인들 거의 모두를 퇴거시키고 실행해야 하는 수고로운 미션이지만, 화장실 개선은 건물주가 마음먹고 조금만 신경 쓰면 쉽게 성취할 수 있고, 공실 걱정도 사라지게 하는 묘약이다.

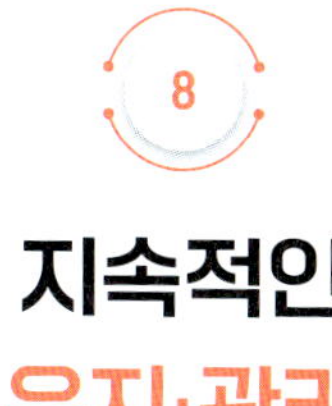

지속적인
유지·관리

내·외관을 멋지게 꾸몄다면, 이제부터는 유지·관리에 신경 써야 한다. 하루에도 수차례 사용해야 하는 화장실은 냄새가 나지 않고 쾌적하게 유지해야 한다. 건물 외벽이 벽돌이면 3년마다 발수제를 도포해 누수 가능성을 원천 차단해야 하고, 다른 외장재로 마감된 경우라도 5년마다 한 번씩 외벽 청소를 해줘야 한다. 피부미인은 실제 나이보다 10년 이상 동안으로 보이는 것처럼, 건물도 동안 피부처럼 관리해줘야 오래도록 빛이 난다. 비용이 저렴한 우레탄 옥상 방수는 10년마다 해줘

옥상에 복합시트 접착 + 방수제 도포

옥상정원 조성을 위한 데크 설치

빌딩 한쪽에 간판 걸이 설치

야 누수가 없다. 방수 성능의 차별화와 내구성을 원한다면 좀 더 비용을
들여 옥상 바닥에 복합 방수 시트를 부착하는 것도 좋은 방법이다. 창틀
의 실리콘이 갈라지거나 들뜨면 실리콘을 제거하고 새것으로 교체해야
한다. 외벽에 간판 걸이를 설치해 임차인들이 아무 곳에나 무분별하게
간판을 설치하지 못하도록 내부규정을 두고 관리해야 한다.

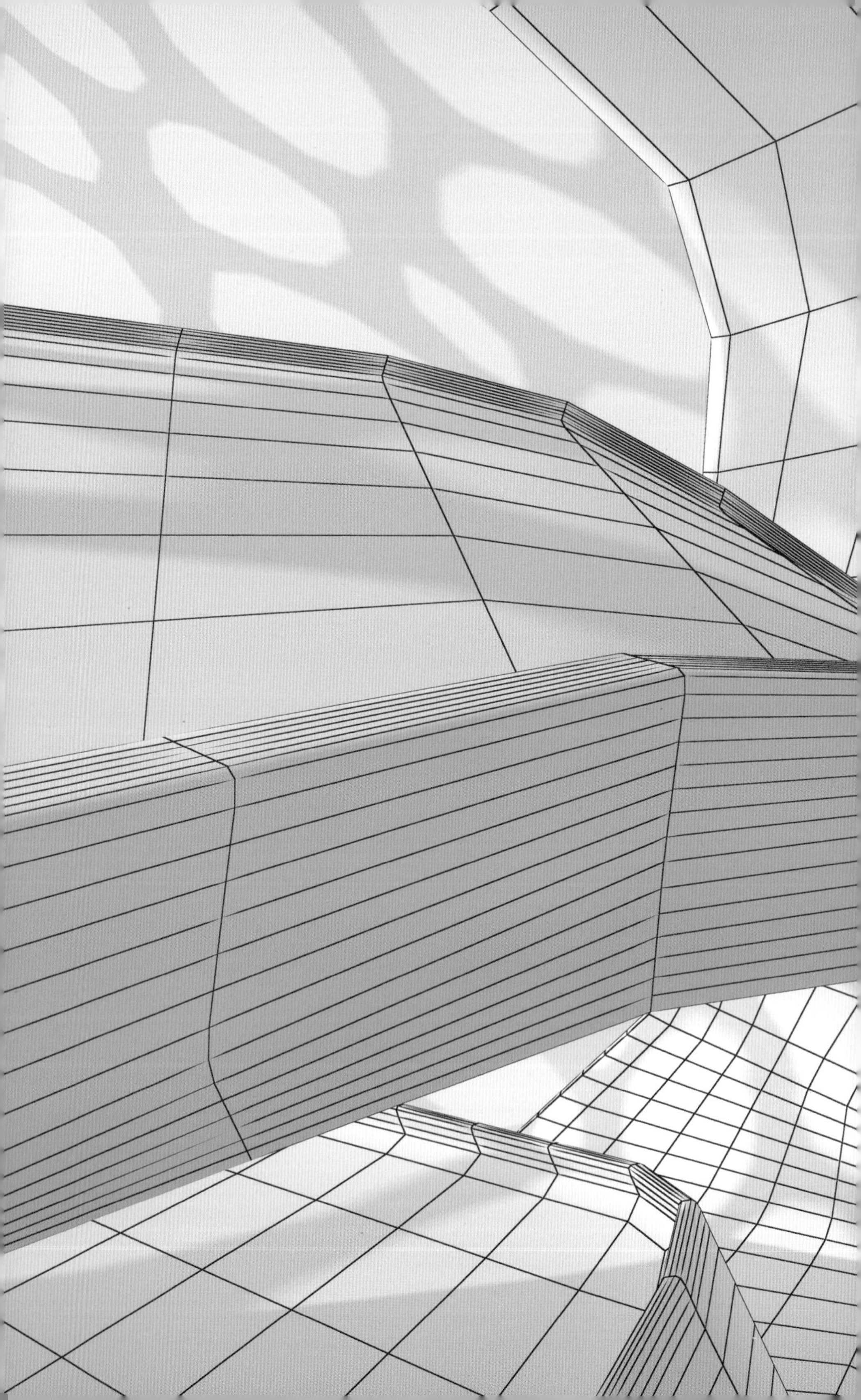

Part 5

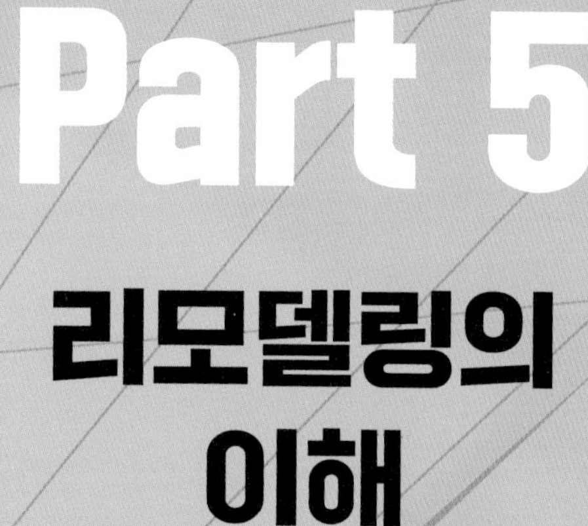

리모델링의 이해

리모델링을 시행하기에 앞서 리모델링의 개념을 파악하고, 국내 노후 건축물의 현황과 리모델링의 필요성을 이해한다. 꼬마빌딩 리모델링의 11가지 특성을 공부하고, 아파트 리모델링과 차이점을 비교한다. 빌딩 시장에 나온 매물 중 수지가 맞는 물건을 고르는 노하우를 익힌다.

1

리모델링의
개념

우리나라에서는 도시정비사업에서 재건축의 대안으로 리모델링(re-modeling)을 도입하기 위한 준비 차원에서 2000년 5월 한국리모델링협회가 창립되었다. 이 협회는 연구발표회와 세미나 개최 등 리모델링 관련 활동을 활발히 전개했다. 이러한 영향으로 국내에서 리모델링이 법적 개념으로 최초 등장한 시점은 이듬해인 2001년 9월, 건축법 시행령이 개정되면서부터다. 이를 계기로 건축법에서 '리모델링'이라는 용어가 사용되었으며, 2003년 5월 주택법 개정을 통해 주택법에도 리모델링 제도가 도입되었다.

건축법 제2조 제10항에서는 '리모델링은 건축물의 노후화를 억제하거나 기능 향상 등을 위하여 대수선하거나 건축물의 일부를 증축 또는 개축하는 행위'로 정의하고 있는데, 중소형빌딩을 비롯한 건축물 리모델링의 인허가 실무에서는 아직도 '리모델링' 용어 대신 '대수선' 용어가 통용되고 있다. 지자체에 리모델링 인허가를 신청하기 위해서는 건축행정시스템 '세움터'에 접속해야 하는데, 이때 '건축·대수선·용도변경' 카테고리로 접속해야 한다.

일반적으로 리모델링이란, 대수선급 리모델링 공사뿐만 아니라 인테리어공사 정도에 그치는 간단한 공사도 리모델링으로 통용되고 있는 것이 현실이기도 하지만, 대수선에 대해서는 건축법 시행령 제3조의 2에 대수선의 범위가 명확히 규정되어 있다.

리모델링과 관련된 용어로 현실에서 함께 사용되는 '용도변경'은 대수선과 다른 개념이다. 용도변경이란, 모든 건축물이 준공될 때 건축물의 구조나 이용 목적 및 형태별로 묶어 28개 용도군으로 분류되어 건축물대장에 등재된 상태에서, 사후적으로 용도를 변경하는 것을 말한다. 건축물의 용도를 변경하는 과정에서 일부는 대수선급의 공사가 수행되기도 하지만, 대개는 인테리어 교체 수준으로 이루어지는 것이 일반적이다. 또한, 실질적인 공사 없이 건축물대장상으로만 건축물의 용도를 변경하기도 하므로 용도변경은 리모델링과는 질적으로 다르다.

해외에서는 리모델링(Remodeling)에 대한 의미로 설비 기능 향상을 위한 성능 개선 활동을 리노베이션(Renovation)이라고 하는데, 이는 우리나라 리모델링과 유사한 개념으로 이해할 수 있다. 일본은 우리나라의 리모델링에 해당하는 용어로 리폼(Reform)과 리뉴얼(Renewal)이라는 용어를 주로 사용한다. 이처럼 나라마다 사용하는 용어는 상이하지만, '노후화된 기존 건물의 성능을 개선하는 활동'을 지칭하는 것으로 우리나라의 리모델링과 유사한 용어로 이해할 수 있다.

리모델링의 개념에 대해서는 건축법과 주택법에서 각각 정의하고 있다. 앞서 말했듯이 건축법 제2조 제10항에서는 '건축물의 노후화를 억제하거나 기능 향상 등을 위하여 대수선하거나 건축물의 일부를 증축 또는 개축하는 행위'로 정의하고 있으며, 주택법 제2조 제25항에서는 '건축물의 노후화 억제 또는 기능 향상 등을 위해 대수선하거나 증축에 해당하는 행위'로 본다.

리모델링에 대한 법규와 기관별 정의를 종합하면, 리모델링이란 건물의 노후화 억제 또는 기능 회복을 위해 대수선하거나 개축 또는 증축하는 행위로서, 기존 건물의 골조를 재활용해 건물 내·외부를 신자재로 다시 마감하는 건축행위라고 할 수 있다.

노후 건축물현황과
리모델링의 필요성

노후 건축물현황

필자가 부동산학 박사학위 논문 작성을 위해 조사한 바에 따르면, 서울특별시에서 2023년 12월 말 기준 연면적 10,000㎡ 미만의 중소형빌딩 재고가 687,236동이며, 그중 준공연수 20년 이상이 600,141동으로 전체의 87.32%이고, 30년 초과로 범위를 좁혀도 477,124동으로, 전체의 69.42%를 차지하고 있다. 즉, 현존하는 꼬마빌딩을 포함한 중소형빌딩의 약 70%가 준공된 지 30년이 지나 노후화가 심각해 건축물의 성능 회복과 미관 개선을 위한 리모델링을 적극적으로 추진해야 할 상황이다. 이러한 노후 건축물 재고(stock)의 축적은 앞으로도 지속할 전망이므로 향후 리모델링을 보다 활성화하기 위한 정부 차원의 포괄적 제도 개선 및 지역 단위의 맞춤형 정책 도입이 필요한 시점이다.

6·25전쟁 이후 인구의 급격한 증가와 1970~1990년대 고도 성장기에 걸쳐 서울지역을 비롯해 전국에 주거시설뿐만 아니라 중소형빌딩 등 건축물의 공급이 급증했다. 이들 중 상당수의 건축 연한이 30년을 초과함에 따라 도시재생사업에서 재건축과 함께 리모델링 도입의 필요성이 부각되었다. 이를 인식한 정부가 2001년 건축법 시행령을 개정하

면서 '리모델링'이 최초로 법령에 등장함에 따라 중소형빌딩을 비롯한 모든 건축물의 리모델링이 시작될 수 있었지만, 초기에는 건물 내·외부의 인테리어를 교체하는 수준인 약식 리모델링 방식부터 시작되었다. 정부는 2009년 건축법 개정으로 리모델링 적용 시점을 준공 20년에서 15년으로 완화했고, 리모델링 산업의 기술 발달에 따라 2010년부터는 건축물의 주요 구조체를 변경하는 대수선 및 증축을 겸한 리모델링이 본격화했다.

낡은 건물 리모델링의 필요성

첫째, 신축비용 대비 약 절반의 투입으로 신축에 준한 효과를 볼 수 있어 가성비가 뛰어나다. 이렇게 공사하면 일반인의 눈에는 신축한 건물인지, 리모델링한 건물인지 구분이 어려울 정도로 기술이 발달했다.

둘째, 설비 교체의 필요성 때문이다. 전기선, 가스관, 상하수도관, 난방 배관, 환기통, 승강기, 통신설비 등은 신축 후 30년이 지나면 대대적 수선이나 교체가 필요하다.

셋째, 쾌적한 생활을 위한 환경적 욕구 때문이다. 아파트도 30년이 지나면 재건축이나 리모델링으로 새로운 공간에서 쾌적한 생활을 영위하고픈 욕구가 있듯 중소형빌딩도 마찬가지다. 건물의 기능을 회복시키고 내·외관을 단장하려는 욕구가 점증하고 있다.

넷째, 리모델링은 사회적·환경적·경제적으로 이바지한다. 최소의 비용을 들여 건물의 미관과 성능을 개선하는 것은 건축자재를 절감하고, 폐기물 발생을 방지하며, 주변 환경을 개선하고, 입주자들의 만족도를 높여준다. 또한, 리모델링을 시행한 투자자에게는 건물 가치 제고에 따른 경제적 이익을 안겨주므로 1석 3조의 효과를 거둔다.

꼬마빌딩 리모델링의
11가지 특성

나지 상태에서 설계도서와 시방서에 따라 무에서 유를 창조하는 신축공사와 달리, 구축 건물의 골조를 남겨 재활용하는 꼬마빌딩 리모델링은 신축공사 대비 차별되는 다음과 같은 11가지 특성이 있다.

축조 시점의 기득권 인정

낡은 건물을 리모델링하는 경우 정부는 기존 건물이 축조될 당시 법규에서의 기득권을 인정해주기 때문에 현재의 법규를 적용하는 것보다 면적이나 주차 대수 등에서 유리한 조건을 확보할 수 있다. 과거의 용적률만 하더라도 1999년 이전에는 일반주거지역의 경우 용적률을 200~400%를 인정해줬으나, 현재는 150~250%까지만 인정해주고 있다. 즉, 과거에 300%를 인정받은 2종 일반주거지역에 지어진 건물을 허물고 재건축하려면 용적률이 200%가 상한선이지만, 리모델링에서는 기득권을 인정받아 300%를 유지할 수 있어서 재건축과 비교해 초과용적률을 활용할 수 있어 임대수익이 증가하므로 수익성 측면에서 유리하다.

난해한 철거공사

리모델링이 신축과 다른 두드러진 특성은, 신축에서는 구축 건물을 포크레인 등 기계장비를 이용해 전면적으로 철거하는 반면, 리모델링에서는 골조를 남긴 채 잔여 부착물을 주의 깊게 철거한 후 신자재로 다시 마감한다는 점이다. 이로 인해 철거공사는 상대적으로 난해한 편이다. 그러나 기존 건물의 골조를 재활용할 수 있어 신축에서 필요한 기초공사와 골조 형성공사가 생략되므로, 건축비를 절반 가까이 절감할 수 있다.

조사·진단의 애로

리모델링은 구조안전진단 등 현장조사는 철거공사가 시행되기 전에 비파괴 검사에 의한 방식으로 이루어진다. 이때는 건물의 규모를 실측하는 것 외에, 마감재에 가려진 내부 상태까지 모두 파악하는 것은 어렵다. 더구나 기존 건물에 대한 건축 및 구조도면이 확보되지 못한 경우, 설계 및 견적 단계에서 예상치 못한 문제점이 철거 후 시공 단계에서 발생해, 공사 중간에 잦은 설계 변경 및 공사비 증액으로 인해 건물주와 분쟁이 초래되기도 한다.

승강기(E/V) 신설

2000년 이전에 축조된 지상 4~5층 건물에는 승강기가 없는 경우가 흔해 리모델링 시 건물 활용도 제고 차원에서 승강기를 설치하는 경우가 많다. 이때 건물의 코어 부분을 철거하고 승강기 관로를 신설하거나, 건물 내부의 화장실이나 전용 공간 일부를 할애해 그곳에 승강기 관로를 설치할 수도 있고, 건물 외벽에 승강기를 설치할 만한 여유 공간이 있는 경우, 그곳에 승강기가 오르내리는 관로를 덧붙이는 방식으로 설치하기도 한다.

구조 보강공사

철거 후 드러난 골조 상태가 부실하거나, 승강기 설치에 따른 코어를 재설치하거나, 증축을 겸한 대수선의 경우, 내진설계와 함께 철판이나 경량철골 등을 이용해 수행하는 구조 보강이 필수적으로 수반된다.

비교적 경미한 민원 문제

리모델링공사는 소음과 분진이 많이 발생하는 신축공사에서의 기초를 파는 토목공사와 건물의 골조 형성을 위한 거푸집공사와 철근콘크리트공사 등이 생략되거나 최소화되기 때문에 비교적 민원이 적은 특징이 있다.

증축공사

구축 건물의 용적률에 여유가 있는 경우, 일조권 사선제한과 주차장법에 저촉되지 않는 범위 내에서 증축할 수 있다. 신축공사에서는 애초부터 계획된 용적률과 설계도면에 맞춰 건축하므로 리모델링처럼 증축을 별도로 수행하지는 않는다.

외관 디자인 변경

리모델링 시 건물 외관을 신축에 준해서 변경할 수 있다. 건축자재와 시공 기술의 발달에 따라 기존 건물의 외벽이 붉은 벽돌, 드라이비트나 타일, 석재, 메탈 등 그 어떤 자재로 마감되었든 상관없이 건물주가 원하는 대로 커튼월, 메탈 패널, 대리석 등 고급 외장재를 사용해 현대적인 외관으로 변경할 수 있다.

전기·통신·설비시설 교체

전기·통신·설비시설의 수명은 대체로 15~30년으로 알려져 있다. 즉, 30년 정도 경과한 중소형빌딩은 골조가 튼튼하더라도 인체의 소화기관이나 신경기관으로 기능한다고 볼 수 있는 전기·통신·설비시설은 기능의 열화로 교체해야 한다. 이런 낡은 건물을 리모델링할 때 모든 설비를 전면적으로 교체함으로써 신축 건물과 같은 기능을 발휘할 수 있다.

공사비 절감

일반적으로 토목공사와 골조공사에 소요되는 신축비용은 대략 전체 공사비의 45% 정도다. 러시아-우크라이나 전쟁 발발 이후 원자잿값과 인건비 상승에 따른 건축비용 인상을 참작해도 골조 완성까지의 비용은 신축비의 50% 선에 불과하다. 따라서 리모델링은 신축비용의 절반 정도에 해당하는 비용으로 신축에 준한 효과를 얻을 수 있어 가성비가 좋다.

재실 리모델링

마지막으로, 신축 시에는 기존 건물의 모든 임차인을 퇴거시키고 전면 철거를 위해 명도비용 지출이 과다하지만, 리모델링에서는 권리금이 많아 명도비용이 큰 1층 임차인을 유지한 채 공사 진행이 가능해 명도비용을 획기적으로 줄일 수 있으며, 중형급빌딩의 경우 전 층의 임차인을 유지한 채 야간과 주말 시간을 이용해 공사를 진행할 수 있는 융통성을 지닌다.

꼬마빌딩 리모델링과
아파트 리모델링의 차이점

투자 대상으로 아파트는 한두 채에 투자하지만, 꼬마빌딩은 한 동 전체에 투자하는 것으로서 건물의 규모나 가격에서 차이가 있을 뿐만 아니라 리모델링을 실행할 때는 양자 간 건물 구조와 주민 동의율, 공사난이도 등 여러 측면에서 차이점이 많다. 투자자 중에는 이 차이점을 잘 모르고, 그저 리모델링을 하는 것이니 비슷한 것 아니냐고 생각할 수 있을 것이다. 이에 양자 간 주요 차이점을 살펴본다.

| 꼬마빌딩 vs 아파트 리모델링 공사의 주요 차이점 |

구분	꼬마빌딩	아파트
철거 작업	철거계획 심의 후 구축 건물의 골조만 남기고 건물 내·외부의 부착물 및 내력벽 철거를 자유롭게 진행 가능	아파트는 벽체가 하중을 담당하므로 철거 난도가 높다. 평면 개선, 세대수 증가를 위한 내력벽 철거에 불안감 존재
안전 진단	철거공사가 시행되기 전에 비파괴 검사로 안전진단 및 현장조사가 이루어져 진단절차가 간소하며, 2차 안전진단은 없음.	1차 안전진단 결과, B등급은 수직증축 가능, C등급은 수평/별동 증축만 가능. 단, B등급임에도 1층 필로티화 및 최상층 1층 증축 시 2차 안전진단 의무 부과

구조 보강	구조체의 열화 시 철판·경량철골재를 이용해 구조를 보강. 이때 내진 보강도 병행. 슬래브는 탄소섬유나 철판을 이용해 보강	지내력 검사 후 기초파일 보강 시행, 주차장 증설공사 시 암반·지하수 용출 가능성→공사비 증가, 공기 지연 가능성 상존
증축 공사	기존 건축물의 용적률에 여유가 있는 경우 리모델링 시 증축 병행 가능. 단, 일조권과 주차장법 규제를 만족시키는 범위 내에서 증축 가능	사업성 관련 수직증축이 필수적인데, 이에 대한 주민의 불안감이 상존하고, 기술적으로 상당한 고난도 공사로서 안전성이 충분히 검증되지 않은 상태로 리스크가 큰 상황
주차장 증설	증축 시 수반되는 공사로서 지상의 유휴공지에 주차구획을 지정하거나, 1층을 필로티 처리 후 주차 공간 마련 가능, 유휴공지에 기계식 주차시설 설치 등으로 증설 가능	1층을 필로티화하거나 동과 동 사이 공간의 지하를 굴착해 증설하는 방식이 보편적. 이때 지하층까지 승강기를 연결하는 공사의 난도가 높고 공사비가 많이 듦.
승강기 신설	승강기 없는 경우 설치 방법은 ① 계단실 공간 할애, ② 실내 공간 일부 할애, ③ 건물 외벽에 덧대는 방식으로 설치 가능	승강기를 신설하기보다는 기존 승강기 위치를 유지하면서 새것으로 교체하는 방식으로 처리하는 것이 일반적
공사 비용	신축공사비의 약 50% 선으로 가능해 비용 효율성 우수. 엘리베이터 설치공사비는 별도	신축공사비의 약 80~90% 선. 단, 지하굴착공사에서 암반이나 지하수 용출 시 공사비가 신축공사와 같거나 높을 수 있음.
리모델링 추진동기	경제적·사회적 욕구 충족을 위해 건물주가 자의적으로 판단	용적률에 여분이 없어 일반분양이 불가하거나 주차장 문제가 절박한 경우 추진. 초과이익환수제 비적용, 추진 절차 간소
제도적 인센티브	축조 시점의 법규를 인정(초과 용적률, 초과 건폐율, 주차시설 부재 등)받는 것 외에는 제도적 인센티브 사실상 부재	법령 개정 통해 증축 범위 40% 허용, 세대수 증가 15% 가능. 정부의 활성화 의지가 강해 지속적 증가 예상

　주요 차이점을 요약하면, 아파트 리모델링은 정부의 의지가 반영되어 제도적 인센티브가 상당 부분 존재하고, 대체로 공사의 난도가 높으며, 사업 추진 단계마다 다수의 조합원을 상대로 동의를 얻는 애로가 크고, 착공 후 3년여 기간 동안 지난한 프로세스가 이어진다는 점이다. 반면, 대부분이 한 명 또는 소수의 소유자로 구성되어 있고, 정부의 지원 정책에서 소외되어 있으며, 중·저난도 기술력으로 가능하고, 4~6개월의 단기공사로 가능한 중소형빌딩 리모델링은 아파트 리모델링과 비교해 공사를 진행하기가 상대적으로 용이하다.

공종
꼬마빌딩
아파트
철거 작업
RC구조 특성상 주요 구조부 철거 가능
벽체 제외한 부착물과 천장·바닥 철거
구조 보강
기둥, 보 등 열화 시 H빔과 철판 보강
고층 위주인 아파트의 내진 보강
증축 공사
기존 건물 위에 H빔으로 골조 형성
수직증축을 대비한 기초보강 문제 상존
주차장 증설
지상 공지를 활용한 주차장 증설
동 간 공지를 굴착해 주차장 증설

리모델링에 적합한
물건 고르기

건물값은 공짜이되 토지가격이 시세에 준하거나 약간 저렴할 것

건물 재테크에서 토지가격은 절대적인 비중을 차지한다. 아무리 좋은 입지를 보유한 건물이라도 가격이 시세 이상이거나, 시세라고 하더라도 유명 상권처럼 과포장된 지역은 조심해야 한다. 그런 지역에 시세로 나온 건물을 매입해 리모델링하거나 신축한 후에 임대 시세에 맞춰 임대 완료 후 총투입비용 대비 임대수익률을 따져보면 적자인 경우가 많다. 요즘 핫플인 성수동 역세권지역에서 준공업지 100평짜리 땅에 30년 지난 연면적 200평인 4층짜리 건물을 토지 시세 2억 원에 맞춰 200억 원에 구입했다고 치자. 취득세와 중개비 등 10억 원을 합치면 취득비가 210억 원쯤 될 것이다. 이 사례에 대한 수지 분석을 해보자.

먼저 연면적 200평 규모의 대수선에 승강기를 설치하고 1층 증축 (50평)을 포함한 리모델링을 수행할 경우, 공사비는 약 15억 원이 소요될 것이다. 리모델링 공사비를 더하면 총투입비가 225억 원이다. 서울지역의 신축급 건물의 임대수익률은 성수동의 경우, 2025년 기준 2.2%는 되어야 거래가 가능하다. 이는 이 건물을 임대할 경우 보증금 7억 원에 월세 4,000만 원 수준은 되어야 한다는 의미다. 월세 4,000만 원을 받으려면 연면적 250평 기준 평당 16만 원이다. 생각해보자. 강남구의 핫플레이스인 삼성동 이면 지역의 신축급 꼬마빌딩도 이만큼 받기는 버겁다. 성수동의 경우 연면적 평당 12만 원 정도가 최상이라고 본다. 연면적 평당 12만 원에 맞춰 임대한다면, 임대료는 보증금 5억 원에 월세 3,000만 원쯤 될 것이다. 이를 수익률 2.2%에 놓고 건물 가치를 산출하면 168억 원이다(3,000 × 12/0.022(2.2%) + 보증금 5억 원). 따라서 총투입비 225억 원을 들여 리모델링한 결과, 시세대로 채웠을 때의 건물 가치는 168억 원에 불과하다. 총투입비 225억 원 대비 57억 원의 적자다. 2.2% 대신 2%에 놓고 역산해봐도 185억 원 수준으로, 이 경우에도 40억 원 내외의 적자가 발생한다. 반대로 땅값이 평당 1억 원이었다면 어떨까? 이 경우, 취득비는 105억 원이고, 여기에 리모델링 공사비 15억 원을 더한 총투입비는 120억 원이다. 리모델링 후 건물 가치가 168억 원이므로, 48억 원의 이익이 발생해 성공적인 투자라고 평가할 수 있다.

건물 투자를 할 때 유행이나 겉모습에 이끌려 투자하는 것은 지양해야 한다. 이렇게 간단히 따져봐도 쉽게 수지 분석을 할 수 있는데, "연예인 누구누구가 투자했다더라" 하는 말에 솔깃해서 일명 '묻지 마 투자'를 결행하면 실패한다. 이처럼 건물 투자에 있어 땅값이 차지하는 비중은 막대하므로 거품이 끼어 있지 않아야 하고, 땅값이 정상 수준이어야 한다. 그래야 그 지역에 형성된 임대료를 대입해 수지 분석을 시행하면 투자 타당성을 검토할 수 있다.

3층 이상인 건물

아무리 상권이 흥하는 곳이라도 건물 층수가 1층이나 2층이라면, 그것은 리모델링으로는 답이 잘 안 나온다. 오직 신축으로 승부해야 한다. 왜냐하면, 2층짜리 건물은 증축을 해봐야 주차장 설치 공간의 미비로 증축면적이 최대 19평 정도에 불과하다. 증축해봐야 3층이니 여기에 승강기를 설치하기도 애매하다. 또한, 연면적 합계가 적어서 임대수입 증대에 한계가 뚜렷하다. 따라서 리모델링 용도로 투자할 때는 최소 3층은 되어야 한다. 3층 건물에 옥탑방이 있거나 지하층이 딸려 있다면 좋고, 4층이면 더 좋고, 5층이면 더더욱 좋다. 즉, 기존 공간이 넓어야 신축급으로 리모델링했을 때 임대수익이 많아지고 그로 인해 건물 가치가 상승하므로 여러 고민 할 것 없이 3층이 안 되는 건물은 리모델링 대상으로는 배제하는 게 좋다.

용적률과 건폐율이 현행법 대비 초과한 건물

시장에 나온 매물의 건축물대장을 떼어보면 종종 용적률이 현행법 대비 초과된 건물이 있다. 가령 서울시 2종 일반주거지역인데 준공 40년쯤 된 낡은 건물이 나왔다고 치자. 그런데 현행법상 2종 일반주거지역의 허용 용적률은 200%지만, 이 매물의 용적률은 270%였다면 어떨까? 이 물건은 용적률이 70%나 초과해 대박이다. 지금 신축하면 200%가 상한선인데, 이미 270%로 지어졌다면 70%나 이득을 보고 있으므로 엄청난 강점을 지닌 것이다. 1970년대부터 1990년대 초까지 지어진 건물 중에는 용적률이 지금보다 100% 정도 더 허용된 적이 있었다.

다음은 서울시 마포구 공덕동 이면의 2종 일반주거지역에서 용적률과 건폐율 측면에서 혜택을 본 꼬마빌딩 리모델링 사례다. 이 건물은 용도지역이 2종 일반주거지역으로서 대지면적이 138㎡(42평)의 작은 4층짜리 상가건물이다. 필자가 이 건물을 답사했을 때 들었던 첫 느낌은 '대지가 42평에 불과한데 건물 규모가 왜 이리 클까' 하는 의구심이었다. 건축물대장을 확인해보니 건폐율이 74.3%로 층당 약 103㎡(31평)씩 올라갔고,

연면적은 약 413㎡(125평)로 용적률이 무려 297.2%로 97.2%나 초과했다. 반면 현행 건축법을 적용해 신축하면 건폐율 59.8% 적용 시 층당 약 82㎡(25평)에 불과할 뿐만 아니라 연면적이 용적률 최대치인 200% 적용시 약 277㎡(84평)에 그친다. 따라서 리모델링하면 현재의 건물 규모를 그대로 인정받아 연면적을 유지할 수 있지만, 신축하면 연면적이 대폭 줄어들게 된다. 연면적 감소 폭이 무려 135㎡(41평)에 달해 임대수입 손실이 막대하다.

수익형 건물의 가치는 임대수입의 크기로 결정된다. 임대공간이 커야 임대수입이 증가하고 건물 가치도 비례해서 높아진다. 멋지게 리모델링된 413㎡짜리 건물이 창출하는 임대수입과, 신축되었지만 277㎡에 불과한 건물에서 발생하는 임대료의 차이는 엄청나다. 이처럼 시중에 나온 매물 중에서 가끔 이런 귀한 매물이 나오니 땅값이 적정하다면 즉시 낚아채야 한다.

| 리모델링 전 | 리모델링 후 |

주차장 증설 가능성 체크

건물 투자자가 현장답사에 나설 때는 건물 옥상에 올라가 주변 경관을 살펴보고, 옥상 방수 상태를 점검한 뒤, 계단실을 내려오면서 구석구석을 확인할 것이다. 이때 건물에만 집중하지 말고 1층의 공지도 눈여겨 살펴야 한다. 주차장을 증설할 만한 공간이 있는지 점검할 필요가 있다. 왜냐하면, 과거 건물주들은 자기자본 한도 내에서 건축한 경우가 많아 주어진 용적률을 모두 채우지 않은 사례가 적지 않기 때문이다. 건축물대장을 확인해 허용 용적률 대비 여유가 있다면 리모델링하면서 증축해서 건물 가치를 최대치로 끌어올릴 수 있다. 증축하면 그에 상응하는 만큼 주차시설도 증설해야 한다. 가령 근린생활시설로 증축하는 경우 40평당 주차 1대씩 증설해야 한다. 용적률에 여지가 있고 주차 대수 1대를 증설할 공간이 있다면 40평 증축은 가능하다. 물론 증축 시에는 앞에서 전한 필수지식 중 하나인 일조권 사선제한 저촉 여부를 따져봐야 한다. 일조권에 문제가 없다면 주차장 1대를 마련하기 위해서 가로 5m, 세로 2.5m의 공간이 필요하다. 차 한 대를 댈 수 있는 최소 면적이다. 이런 공지가 있는지 임장 시 주의 깊게 살피기 바란다.

역세권 여부

소개받은 매물이 지하철역부터 거리를 재보니 1km가 넘는다면 곤란하다. 도보로 15분 거리이니 이런 건물은 공실 문제가 클 수 있다. 물론 시내버스나 마을버스를 이용해 지하철역에 닿을 수는 있겠지만, 가급적이면 도보로 지하철역까지 5분 거리 이내라면 최상이고, 아무리 양보해도 10분 거리 이내어야 할 것이다. 10분 거리는 약 700m 정도다. 800m라면 빠른 걸음으로 10분 이내에 갈 수 있다. 따라서 빌딩 투자 시 최대 거리는 800m 이내로 한정하는 것이 좋다.

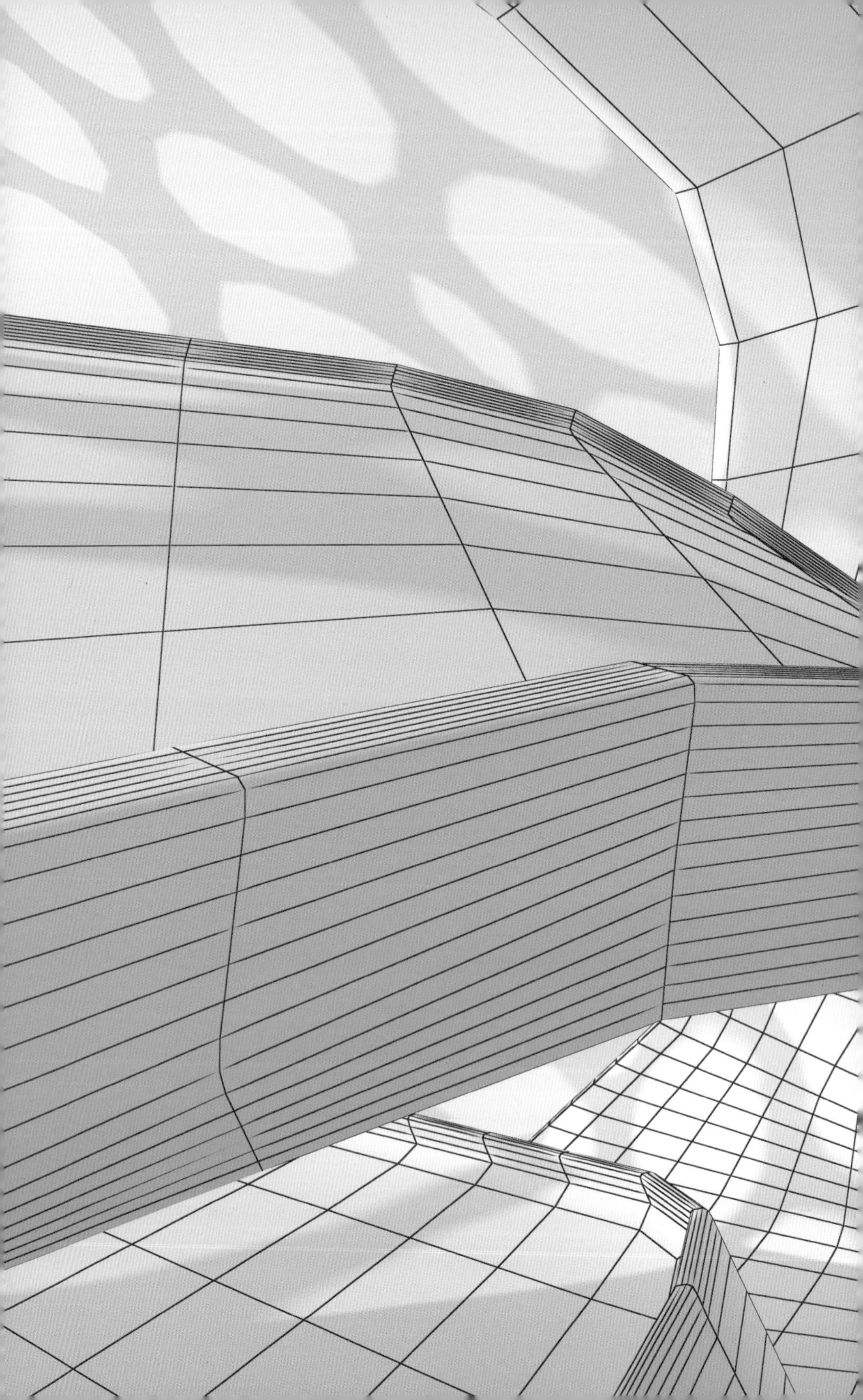

Part 6

리모델링 관련 법규 및 인허가 절차

• • •

본격 리모델링에 앞서 리모델링 관련 법규와 인허가 절차를 검토한다. 국내 리모델링 제도의 기원과 연혁을 살피고, 리모델링 절차와 용도변경에 대해 공부한다. 리모델링 시 적용되는 공법을 익히고, 평소 우리에게 생소하지만 리모델링 시 중요한 소방시설 설치 및 관리에 관한 법률과 장애인·노인·임산부 등의 편의증진 보장에 관한 법률의 적용에 대해서도 알아본다.

리모델링 제도의
변천과 동기

리모델링 제도의 변천

우리나라에서 리모델링이 제도권의 관심사로 주목받은 시점은 2000년대다. 도시재생사업의 한 가지 대안인 리모델링의 필요성을 절감하기 이전에는 국민과 정부의 주요 관심사는 재개발·재건축이었다. 준공 후 30년이 지난 아파트 단지들은 실현만 되면 경제적 이득이 보장된 재건축을 위해 추진위원회가 구성되고, 조합설립을 위한 움직임이 신속하게 진행되었다. 낙후된 단독주택이나 다가구주택, 다세대주택이 밀집된 주거지역에서는 재개발 추진이 진행되었고, 정부도 정비사업을 위해 법적·제도적으로 지원했다.

그러나 재개발·재건축만으로는 효율적인 정비사업에 한계가 존재한다는 인식이 팽배하면서 구미 선진국에서 일찍이 적용하고 있던 리모델링이 정비사업의 한 가지 대안으로 부상했다. 마침 1990년대 초에 건설된 1기 신도시의 노후화가 진행되면서 기존의 전면 철거 일변도의 정비사업에 대한 자성이 일었다. 철근콘크리트조 건물의 내용연수가 정부도 65년으로 공인하고 있는 상황에서 골조 상태가 양호한 아파트를 전면 철거함에 따라 발생하는 건축폐기물의 과다 배출로 인한 환경오염 문제와 자원 낭비를 더 이상 방치할 수 없었다. 노태우 정부의 주택 200만 호 공약으로 전국에 걸쳐 건립된 공동주택들이 2010년에 들어서면서 건물 연령 20년에 도달하자 재건축과는 별도로 기존 골조를 재활용할 수 있는 리모델링을 대안으로 설정하고, 이를 활성화하기 위해 법·제도 정비를 서둘렀다. 아래 표는 국내 리모델링 제도의 변천을 나타낸 것이다.

| 국내 리모델링 제도의 변천 |

개정일(시행일)	개정 법령	주요 내용
2001. 09. 15 (2001. 09. 15)	건축법 시행령 제6조	• 법적 개념으로 리모델링 용어 최초 정의 • 건축심의 시 건축기준 적용 및 완화 여부 규정 • 증축 범위의 규정
2008. 10. 29 (2008. 10. 29)	건축법 시행령 제6조	• 공동주택의 증축 리모델링의 적용 완화 기간을 주택법과 일치(기존 20년에서 15년으로 완화)
2009. 06. 30 (2009. 07. 01)	건축법 시행령 제6조	• 공동주택 이외의 건축물도 적용 완화 기간을 15년으로 통일
2010. 08. 05 (2010. 08. 05)	건축법 시행규칙 제2조의4	• 증축 규모 확대 – 기존 연면적의 10% → 30% 상향 • 일반 건축물 증축 범위에 거실 추가
2017. 12. 26 (2018. 06. 27)	건축법 제2조	• 기존 건축물의 노후화 방지와 기능 개선 차원에서 이루어지는 일부 개축 행위도 현행법상 리모델링의 범위에 포함

(출처 : 건축법·시행령·시행규칙에서 재구성)

이런 기조에서 정부는 이 표에서 보는 바와 같이 2001년 9월에 건축법시행령을 개정해 '리모델링'이 최초로 법적 개념으로 등장했다. 2008년에는 공동주택에 대한 증축을 겸한 리모델링의 적용 시점을 기존의 20년에서 15년으로 완화했고, 2009년에는 공동주택 이외의 건축물도 적용의 완화 기간을 공동주택과 같은 15년으로 맞췄다. 또한, 2017년 12월에는 일부 개축 행위도 리모델링의 범위에 포함되었다.

리모델링 동기

건축물의 노후화가 진행됨에 따라 물리적 성능 회복의 필요성, 재실자들의 사무자동화(OA) 향상과 같은 사회적 욕구 및 건물 가치 제고를 원하는 건물주의 경제적 욕구 충족 등을 위해 다음과 같은 6가지 리모델링 동기를 들 수 있다.

① 건축물 본체의 노후화나 기능 저하

② 법령 개정에 따른 대응 : 건축물 준공 당시의 제반 법령들은 추후 환경 변화에 따라 개정되므로 이에 대응한 동기 발생

③ 용도 및 소유자 변경 : 건물의 입지나 주변 여건의 변화에 따라 건물 용도를 변경하거나 경제 상황 등의 변화로 소유권 변경, 세입자 변경 등으로 인한 동기부여

④ 유지·관리의 효율화, 환경문제에 대응 및 공간의 효율성 추구

⑤ 건물의 이미지 제고 : 건물의 내·외관을 시대적 트렌드에 맞춰 이미지 제고 추구

⑥ 통신수단의 혁신적 발달에 맞춘 사무자동화(OA) 추구

리모델링의
12가지 절차

물건 분석

물건 분석을 위해서는 먼저 공적장부를 떼어 점검해야 한다. 토지이용계획확인원을 떼어 대상 건물이 위치한 토지의 용도지역이 2종 일반주거지역인지, 3종 일반주거지역인지, 지구단위계획구역이나 경관지구에 속한 것은 아닌지 확인해야 한다. 건축물대장을 떼어 용적률을 점검해 여유가 있으면 리모델링하면서 증축을 고려할 수 있다.

리모델링으로 임대수입을 높이기 위해서는 대상 건물의 상권 및 입지 분석을 시행해 입지에 최적화된 층별 맞춤형으로 임대계획을 수립해야 한다.

수지 분석

수지 분석은 리모델링 프로젝트의 사업성이 유의미한 것인지를 판단하는 것으로, 리모델링에 투입되는 모든 비용과 완공 후 추정되는 건물 가치를 비교해 사업성을 검토하는 것이다.

임차인 명도계획

원활한 리모델링공사를 위해서는 모든 임차인을 퇴거시켜야 하므로, 임차인들의 잔여 임대차 기간과 명도비용을 산정하고 구체적인 명도계획을 수립해야 한다.

외관 디자인 설정

건물이나 사람이나 외모의 중요성은 마찬가지다. 건물 가치에 이렇게 중대한 영향을 미치는 외관 이미지를 구하는 방법은 앞서 설명했다.

배 속의 태아가 어떤 모습인지 궁금하지만, 아기는 태어나기 전에는 그 모습을 미리 보거나 변경할 수 없다. 그러나 내 건물이 리모델링된 후의 모습은 전문가의 조력을 받아 공사하기 전에 당신의 마음에 들도록 창조해 미리 볼 수가 있다. 외관 디자인 설정의 포인트는 입지에 최적화된 층별 임대계획(MD)을 수립한 후에, 그에 어울리는 건물 이미지를 설정하는 것이다. 상가건물로 리모델링하는 데 주거시설 이미지를 입히면 안 되고, 반대로 주거시설에 상가건물의 이미지를 입히는 것도 맞지 않는다. 즉, 입지와 건물 용도에 어울리는 옷을 코디한다는 심정으

멋 부린 꼬마빌딩

무난한 통상가 건물

멋진 외관의 사옥

예술적 외관의 상업용 건물

로 건물 외관 이미지를 설정해야 한다.

건물주 스스로 외관 이미지를 설정하는 것은 사실 어려운 일이다. 이런 경우 손쉬운 방법은 전문가에 의뢰하는 것이다. 유명한 건축사에게 이미지를 의뢰하고 설계를 의뢰하는 경우, 설계비 외에 수천만 원이 추가된다는 점도 기억해야 한다. 또한, 시공사에 공사를 맡기면 시공사와 협업하는 건축사를 통해 이미지를 도출할 수도 있다. 시공사나 건축사는 이를 위해 상당한 시간과 노력을 기울여야 하는 작업이므로, 3D 조감도 작업비만 해도 최소 수백만 원이 드는 일이라는 것을 알아야 한다. 이 경우, 시공사와 건축사의 역량에 따라 외관 디자인의 품질은 천차만별이다.

공사 범위 설정

건물 외관 이미지를 설정했으면 내·외관 자재를 결정해야 한다. 외관 공사비는 전체 공사비의 약 25% 정도 소요되므로 어떤 자재를 사용하느냐에 따라 공사비가 달라진다. 잘 보이는 전면은 좋은 자재를 사용하고, 가려진 부위는 단열 성능은 좋지만, 가격이 저렴한 자재를 사용하는 것도 가성비를 높이는 방법이다. 가장 비싼 자재에는 커튼월이나 메탈 패널, 대리석 등이 있으며, 다음으로는 벽돌이 있다. 가장 저렴한 자재는 스타코나 드라이비트 정도로 보면 된다.

건물을 한 층 더 높게 보이도록 하려면 패러핏을 설치할 수 있고, 4층 이상 건물인 경우 가급적 승강기를 설치하면 좋다. 다만, 상권력이 미약한 지역이나 지방도시의 변두리에 위치한 건물에는 비용을 고려해 승강기 설치 여부를 결정하면 될 것이다.

내부공사는 우선 모든 설비시설과 전기선, 통신선을 교체해야 건물을 30~50년 더 사용할 수 있을 것이다. 로비가 있다면 고급스럽게 꾸미고, 바닥과 천장 마감은 유행에 따른 무난한 재료를 선택하면 된다. 계단실은 중요하므로 벽면은 타일이나 페인트로 깔끔하게 마감하고, 핸드레일(손잡이)은 반드시 교체하는 것이 좋다. 계단 바닥은 상태에 따라 기존 바닥이 양호한 경우 그대로 유지할 수 있고, 불량하다면 석재나 타일 등으로 교체해야 한다. 화장실의 현대화는 매우 중요하므로 여기에 돈을 아끼지 말자. 옥상 방수를 철저히 하고 옥상에 정원을 조성해 입주자를 위한 휴게공간으로 제공하는 것도 공실 방지 차원으로 권할 만하다.

도급계약 체결

건물주가 리모델링 전문 건설사를 수배하고 그들과 처음 상담할 때, 건물주는 공사 범위에 대해 건설사에 전달하고 그에 따른 가견적을 의뢰한다. 가견적 산출 작업이 진행되는 동안 건설사는 고객이 타사로 발길을 돌린다면 헛수고만 할 수 있다는 생각에 가급적 공사비 산출에만 집중하고, 수백만 원 비용이 드는 3D 이미지 도출 작업에는 전력을 다하지 않을 수 있다. 따라서 건설사의 시공 이력을 파악하고 상담을 통해 신뢰가 쌓였다면, 건물주는 좌고우면(左顧右眄)하지 말고 건설사와 도급계약을 체결하고 후속 작업을 진행시키는 것이 좋다. 그래야 본격적인 일이 진행된다.

도급계약이 체결되면 건설사는 건축사와 함께 설계 작업과 건물 이미지 도출 작업에 착수한다. 건물주와 시공사는 수시로 만남을 통해 설계도면에 대한 협의와 수정을 거쳐 그에 따른 공사비를 재조정한다. 건물 이미지도 건물주의 마음에 들 때까지 다양한 버전으로 이미지를 도출해서 제시할 것이다.

인허가 진행

리모델링을 하려면 건설사와 별도로 건축사와도 계약을 체결해야 한다. 대개 건설사의 안내에 따라 협업 건축사와 계약을 체결할 수도 있고, 건축주가 선택한 건축사와 계약할 수도 있다. 계약 체결 후 건축사는 먼저 설계도면을 작성해 인허가를 득한다. 그 후 철거계획서를 작성해 지자체에 심의를 구한다. 광주광역시 건물철거 사고 이후 철거심의가 부쩍 강화되어 까다롭다. 철거계획서 제출 후에 철거심의 기간이 한 달 내지 여차하면 2개월이 소요되므로 리모델링공사 기간이 2021년 이전보다 2~3개월이 늘어났다.

착공

철거계획이 심의를 통과하면 본격적인 철거공사에 돌입한다. 먼저 건물 내부와 외부의 부착물들을 제거한다. 설계도면에 따라 벽이나 기둥, 계단실 등을 철거할 수 있고, 승강기 설치를 위해 슬래브를 도려내는 작업을 수행한다. 사전에 진행한 구조안전진단에 따른 구조 보강과 보수 작업을 시행한다. 사전 답사에서는 발견되지 않았지만, 철거 후 드러난 구조부에 부실 상태가 심각한 경우, 그에 따른 추가 보강 작업이 수반될 수 있고, 이 경우 추가공사비가 발생한다. 건설사의 견적은 건물을 뜯어보기 전에 산출한 것이므로 기본적인 상태를 상정해 산출했기 때문에, 구조물이 열화한 상태가 철거 후 드러나고, 그에 따른 설계 변경과 추가공사가 필요하다면, 불가피하게 공사비 증액이 발생할 수 있다는 점을 이해하고 협조하는 자세가 필요하다.

외장공사

건물 외관 작업을 위해서는 건물 외벽에 각 파이프를 부착하는 하지 작업을 거쳐 석재나 패널을 부착할 수 있으며, 커튼월의 경우 벽체를 걷어내고 프레임을 설치한 후 유리를 끼우고 실리콘으로 마감한다. 창호공사의 경우, 기존의 단열이 불량한 유리를 이중유리나 삼중유리로 교체한다. 옥상에 패러핏을 설치할 수 있고, 입주민을 위한 휴게공간 차원으로 옥상에 정원을 꾸미면 좋다. 또한, 옥상에 건물주를 위한 텃밭과 정원을 설치할 수도 있다. 1층의 바닥을 정비해서 포장하고, 주차구획을 그리거나 재설정할 수 있다.

내장공사

건물 내부공사인 내장공사에는 설비시설과 전기통신시설의 교체, 칸막이 공사, 바닥과 천장공사, 도배공사, 바닥난방공사, 화장실 개선공사 등이 있다. 승강기를 새로 설치하는 경우 이 공사도 포함된다. 경우에 따라서는 계단실을 철거한 후 다른 곳으로 이전할 수도 있다. 가령, 계단실이 건물 중앙에 있어 층당 좌우로 임대부가 나뉘어 있는 경우, 계단실을 좌측이나 우측 끝으로 옮길 수도 있다. 이 경우, 구조 보강공사를 거쳐 조심스럽게 진행된다.

완공

공사가 완료되면 건축사는 지자체에 사용승인을 신청한다. 설계도면에 따라 공사가 정상적으로 진행된 경우 사용승인을 받는다. 그러면 건축주는 시공사에 잔금을 치르고, 건축물대장에는 리모델링 내용이 등재될 것이다.

건물주는 완공이 임박하면 임대를 위한 마케팅에 신경을 써야 한다. 임대안내서를 작성해 주변의 부동산 공인중개사 사무소를 돌며 임대를 의뢰하거나, 특정 중개사나 중개법인에 전속중개를 의뢰할 수 있을 것이다. 만일 매각을 목적으로 리모델링한 경우, 그에 따른 매각 마케팅을 진행해야 한다. 보유를 목적으로 하는 경우, 건물 관리에 대해 건물주가 직접 할 것인지, 전문업체에 위탁할 것인지, 관리인을 채용해서 수행할 것인지 사전에 준비해야 할 것이다.

용도
변경

건축물의 시설군

중소형빌딩을 포함한 모든 건축물에 대해 보유 기간 동안 또는 거래 시 건축물의 용도를 변경하는 일이 발생할 수 있다. 정부의 다주택자에 대한 중과세 정책이나 주택에 대한 대출 억제 정책 등 주택 보유를 억

| 건축물의 시설군 |

시설군	용도 분류
1. 자동차 관련 시설	자동차 관련 시설
2. 산업 시설군	운수시설, 창고시설, 공장, 위험물 저장 및 처리시설, 분뇨 및 쓰레기 처리시설, 묘지 관련 시설, 장례식장
3. 전기통신 시설군	방송시설, 발전시설
4. 문화집회 시설군	문화 및 집회시설, 종교시설, 위락시설, 관광휴게시설
5. 영업 시설군	판매 시설, 운동 시설, 숙박시설, 고시원
6. 교육 및 복지 시설군	의료시설, 교육연구시설, 노유자시설, 수련시설
7. 근린생활 시설군	제1종근린생활시설, 제2종근린생활시설
8. 주거업무 시설군	단독주택, 공동주택, 업무시설
9. 그밖의 시설군	동물 및 식물 관련 시설

(출처 : '건축법' 제19조 제4항 및 '건축법 시행령' 제14조 제5항에서 재구성)

제하는 정책이 나올 때마다, 건물 시장에서는 매수인의 요청으로 주택 부분을 근린생활시설로 용도를 변경하는 일이 잦다.

건축물의 용도는 '건축법' 제19조 제4항 및 '건축법 시행령' 제14조 제5항에서 앞의 자료와 같이 9가지 시설군(群)과 세부 28가지 용도로 분류하고 있다.

용도변경 시 고려사항

중소형빌딩 시장에서 투자자가 알아야 할 용도변경의 대부분은 앞의 자료의 8번 '주거업무시설군'에서 7번 '근린생활시설군'으로 용도를 변경하는 것으로서, 이는 허가사항이다. 참고로 1번부터 3번까지의 시설은 규모 면에서 중소형빌딩과 거의 무관하므로 생략한다. 4번부터 7번까지의 시설군은 위로 올라가는 용도변경 시에는 허가사항이고, 아래로 내려가는 용도변경 시에는 신고사항이다. 허가사항이든 신고사항이든 건축물 내부 공간을 변경하는 경우에는 건축사에 의뢰해 도면을 작성해서 신고 또는 허가를 받은 후 공사를 통해 용도를 변경하고 완공 후 지자체의 승인을 득하면 된다. 다만 4번부터 7번까지의 용도변경은 주거시설이 포함되지 않았기에 거래 시 아무런 제약이 없다. 단순히 건축사 비용만 부담하고 공사를 수행하면 된다.

허가사항이든 신고사항이든 건축물의 모든 변동사항에 대해 업데이트해 관리해야 하는 정부는 변경되는 건물의 배치도 및 용도에 대해 건축사를 통해 변경된 도면과 건축물대장상 변경사항 기재 등 제대로 된 절차를 원하므로, 공간 재배치가 수반되는 용도변경은 반드시 건축사에 의뢰해서 진행해야 한다.

용도변경 절차

다음은 건축물의 용도변경 절차다.

① 가급적 관내의 유능한 건축사를 수배해 용도변경 의뢰

② 건축사는 용도변경 관련 법규를 검토해 가능성 검토 후, 가능 시 도면 작성

③ 해당 지자체에 용도변경 허가 또는 신고 신청

④ 공사 착수(바닥면적 50㎡(15평) 이상 시 소방설비(스프링클러, 비상계단), 장애인시설(장애인 화장실, 수평 문턱 등) 보완 등이 필요할 수 있음(2022. 5. 01. 시행).

⑤ 위법건축 사항 존재 시 이를 해소 후 진행, 리모델링 시 불법 사항 철거와 동시 진행 조건으로 허가 가능

⑥ 정화조 용량 초과 시 대처 : 용량 큰 것으로 교체하거나, 여의치 않을 시 지자체와 협의해 정화조 연 1회 청소 ⇒ 연 2회 청소하는 조건으로 협의해 처리

⑦ 주택에서 근린생활시설로 용도변경 시 주차 대수 추가 문제는 대체로 발생하지 않음.

⑧ 주방 싱크대는 도면상 반드시 제거, 인접 대지 1.5m 이내 창호는 방화 유리로 변경

⑨ 조적조(연와조)인 경우나 낡은 건물인 경우 구조안전진단 및 구조 보강비용 발생 가능

⑩ 사용승인도서 작성 및 사용승인 신청 ⇒ 지자체의 사용승인 검토 및 현장 확인 ⇒ 설계도서와 준공 사진으로 현장 확인을 갈음하는 경우도 있음.

⑪ 사용승인서 발급, 건축물대장 변경

리모델링
관련 공법

아파트나 오피스텔, 지식산업센터, 구분상가 등의 투자자는 건축법이나 공법적 지식을 갖추지 않아도 부동산 투자에 아무런 문제가 없다. 건설사나 시행사가 알아서 기획 단계부터 모든 법령을 검토해 각종 제약에 대해 이미 대처했기 때문에, 투자자들은 입지와 브랜드, 분양가 등을 비교·분석한 후에, 분양받거나 기존 매물을 잘 살펴보고 취사 선택하면 그만이다.

하지만 개별성이 강하고 여러 제약이 숨어 있는 중소형빌딩 투자자는 곳곳에서 지뢰밭을 만난다. 지뢰 탐지기를 보유했다면 용케 피하겠지만 다수는 그렇지 않다. 사회에서 성공한 사람이 뛰어드는 곳이 빌딩 시장이다. 성공한 사람은 자신의 판단을 믿고 정진한 결과 성공을 거두었기에 자신감이 넘친다. 자신이 보는 눈은 언제나 옳았기에 빌딩 투자에도 똑같은 잣대를 들이댄다. '옳거니, 바로 이거야. 내가 성실히 살아오다 보니 이런 매물이 나를 반기는구나' 하고 자신 있게 실행한 투자가 자칫하면 원금 손실을 볼 수도 있는 것이 빌딩 투자다.

특히 노후 중소형빌딩을 보유하거나 매입해 리모델링이나 신축을 계획하는 투자자는, 다음 4가지 필수지식을 반드시 숙지해야 낭패가 없을 것이다. 리모델링과 신축 컨설팅을 수없이 진행하면서 필요성을 절감한 필자가 노파심에 전하는 이 지식을 투자하기 전에 이해해야 한다. 건물주는 리모델링이 잘되어 발생하는 시세차익과 임대수익 같은 개발이익을 독식하지만, 잘못된 매물에 투자함으로써 발생하는 손해도 그 누구의 탓으로 돌리지 못하고 온전히 홀로 감당해야만 하기 때문이다. 일반 부동산 투자에 대한 섣부른 지식만을 기초로 호기롭게 투자했다가, 개발이익은 커녕 원금 일부를 날릴 입장에 선 투자자가 필자를 찾아와 해결책을 요청했지만, 이미 엎질러진 물이라 어쩔 수 없는 사례가 한둘이 아니었다.

건물 투자자가 체득해야 할 필수지식은 용적률, 일조권 사선제한, 주차장법, 도로법 등 4가지다. 독자에게는 다소 생소한 개념일 수 있지만, 반드시 알아두어야 한다.

용적률

전국의 토지는 2003년 1월 1일부터 시행된 '국토의 계획 및 이용에 관한 법률(국토계획법)'에 따라, 모든 필지의 용도가 그 입지에 맞도록 용도지역을 설정해놓았고, 용도지역별로 용적률을 부여했다. 용적률은 건물의 크기를 규정하는 전문용어로서 대지면적에 대한 건물 연면적의 비율이다. 대지면적이 200㎡인 토지 위에 층당 100㎡씩 3층까지 올라갔다면 용적률은 150%다. 단, 연면적에서 지하층 면적은 제외한다.

용적률은 '국토계획법'에 기초해 각 지자체가 조례로 정하는데, 서울시의 경우 2종 일반주거지역의 허용 용적률은 200%이고, 3종 일반주거지역의 허용 용적률은 250%다. 신축하든 리모델링을 하든 해당 필지의 용도지역이 무엇인지에 따라, 지상으로 올릴 수 있는 건물의 크기가 허용 용적률 범위 이내로 제한된다. 이로써 2종 일반주거지역 토지 위에 건물주가 10층을 올리고 싶어도, 이 규정 때문에 4~5층 정도만 올

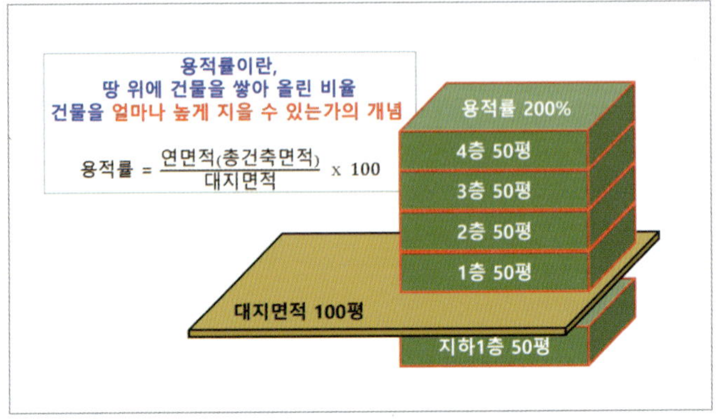

리는 이유가 바로 용적률 제한 때문이다.

용적률이 200%인 2종 일반주거지역 100평 대지 위에 건물을 신축할 때, 층당 50평씩 올린다면 4층까지면 200평이므로 용적률 200%를 꽉 채우는 것이다. 만일 4층이 너무 낮다고 생각해 1~2층 더 높게 올리려면 건폐율을 좁게 적용해서 올리면 된다. 즉, 층당 33평씩 올린다면 6층까지 올릴 수도 있다. 그런데 북측에 적당히 넓은 도로에 접한 필지가 아니고서는 용적률을 다 채우면서 높게 올리지 못하는 것이 일반적이다. 또 다른 장애물인 일조권 사선제한에 걸리기 때문이다.

일조권 사선제한

일조권이란, 1년 중 하루의 해가 가장 짧은 날인 동짓날을 기준으로, 오전 9시부터 오후 3시까지 6시간 동안 정북 측의 필지에 대해 2시간 이상 햇볕을 쬘 수 있도록 배려해야 하는 규정이다. 이 규정은 용도지역이 주거지역인 경우에만 적용된다. 즉, 당신의 토지가 전용주거지역, 1종 일반주거지역, 2종 일반주거지역, 3종 일반주거지역에 있는 경우, 정북 측의 필지에 건물이 있든 없든 불문하고, 향후 언젠가는 그 필지에 건물이 올라간다는 경우를 상정해서, 그 필지의 거주자가 동짓날에도 무조건 2시간 이상 햇볕을 쬘 수 있도록 내 건물을 올릴 때 이 규정에 맞춰 올려야 한다.

다음 그림에서 보듯 북측에 접한 대지경계선(빨간색 표기)에서 1.5m를 떼어 건물을 올리면, 층당 건물 높이가 3m인 경우, 3층까지의 건물 높이가 9m[1]인 경우 건물이 똑바로 올라간다. 그런데 4층부터는 층고의 1/2만큼 대지경계선에서 후퇴해서 건물을 앉혀야 한다는 것이 이 규정의 핵심이다.

| 일조권 사선제한 개념도 |

(출처 : 서울시의회)

---

1) 3층 건물의 기준 높이 9m와 관련해서 건축법 시행령 제86조가 2024년 6월 18일 개정되어 2025년 1월 21일부로 시행된 바에 따르면, 기존 높이가 9m에서 10m로 완화되었다. 이는 층간소음, 단열, 소방설비 등 규제 강화로 인해 건축물의 슬래브가 두꺼워지고 층고가 높아진 상황을 반영함과 아울러, 1층의 필로티 주차장 도입이나 천장형 에어컨 설치 등을 돕기 위해 기존보다 1m 높인 것이다.

리모델링을 할 때 용적률에 여유가 있는 경우 증축을 겸할 수 있는데, 이때에도 일조권 사선제한에 맞춰야 한다. 이 제약 때문에 주거지역에 있는 건물들이 4층부터는 계단식이나 사선 형상을 띤다.

일조권 사선제한의 영향으로 건물 상층부가 계단형 또는 사선 형상을 띤 사례

이 규정은 2025년 1월 21일부로 건축법 시행령 제86조가 개정되면서 바뀌었는데, 기존에는 대지경계선으로부터 최소 1.5m 이상 이격 시 수직으로 올라갈 수 있는 건물 높이가 9m였던 것을 10m로 완화했다.

한편, 일조권 사선제한 규정에는 예외가 있다. 즉, ① 폭 20m 이상 도로에 접한 경우(지구단위계획구역, 경관지구 등 포함), ② 건축협정구역에서 일정 거리 이상 띄워 시공할 경우, ③ 인접 대지가 주거지역이 아닌 경우에는 일조권 사선제한 규정을 적용하지 않는다.

주차장법

빌딩 투자자가 주차장법까지 알아야 하느냐고 반문할 수 있겠지만, 아무리 용적률에 여유가 있더라도 증축을 겸한 리모델링의 경우, 증축으로 인해 증가한 건물면적만큼 주차 대수를 증설해야 한다. 가령, 서울지역 2종 일반주거지역 토지가 80평인데 건축물대장을 떼어보니 용적률이 150%로 나와 있다면, 법정 허용치인 200% 대비 50%의 여유가 있다. 80평 토지에 대한 50%는 40평을 의미하므로 40평만큼 증축을 할 수 있다는 뜻이다. 그런데 앞에서 설명한 일조권 사선제한이라는 장애물을 먼저 통과해야 한다. 만일 그 장애물을 문제없이 통과했다면, 리모델링하면서 40평을 증축할 수 있다. 그런데 40평을 증축한 만큼 주차 대수 1대는 추가해야 한다. 즉, 대지에 주차 대수 1대를 설정할 만한 공간(장 5m × 폭 2.5m)이 있다면, 그곳을 주차장으로 설정하면 된다. 그런데 대개 그런 공간이 없는 경우가 훨씬 더 많다는 게 문제다. 따라서 용적률에 여유가 있고, 일조권 사선제한도 만족시켰기에 증축할 수는 있지만, 정작 주차장을 만들 공간이 없으면 증축이 제한적이다.

간혹 다세대주택이나 오피스텔 1층에 필로티로 만들어진 주차장을 보면, 차가 꼬리를 물고 3대씩 주차된 모습을 발견할 수 있는데, 주차장 법에서는 꼬리를 무는 방식(일렬주차)의 주차는 2대까지만 인정된다. 따라서 법정 주차 대수 확보를 이런 식으로 해서는 안 된다.

3대 연속 꼬리물기 방식 주차 모습

옥외 기계식 주차장

한편, 여러 대를 수용할 주차 방법의 하나로 높이 8m 이하의 옥외 기계식 주차장이 있다. 사용하기에 불편한 이런 시설을 원해서 설치하는 것이 아니라, 주차장법에 맞추기 위해서 어쩔 수 없이 궁여지책으로 설치하는 것이다.

국내 중소형 건물에는 주차장이 있는 경우도 있지만, 주차장이 아예 없는 경우도 적지 않다. 특히 남대문이나 종로에 있는 낡은 건물들에는 주차장이 없는 경우가 많다. 이런 건물을 매입해 증축을 겸한 리모델링을 하려면 증축으로 증가한 면적에 대해서는 주차장을 설치해야 하는데, 그럴 공간이 여의치 않아 증축을 포기할 수도 있다.

현대인의 생활에 필수적인 자동차를 주차하는 공간이 없는 건물이 왜 발생했는지 주차장법에 대해 살펴본다. 우리나라 중소형 건물에 주차장이 없는 경우가 많은 이유는 주차장 설치 의무를 규정한 '주차장법'의 도입 시점과 행정 미비 및 시대적 배경과 밀접한 관련이 있었다. 다음은 우리나라 주차장법의 개요와 역사, 중소형 건물에 주차장이 부족한 이유다.

1) 주차장법의 개요

'주차장법'은 1979년 12월 8일에 제정되었다. 이 법은 자동차 등록 대수가 급증하던 1970~1980년대에 주차장 부족 문제를 해소하고, 도시 교통 질서를 유지하며, 건축물의 주차장 확보 의무 부여 등을 목적으로 했다.

2) 주차장 설치 기준(현행 기준 중심)

건축물의 용도, 연면적, 위치 등에 따라 설치해야 할 주차 대수 기준이 다르다. 현행 기준은 '건축법 시행령' 별표 1의2 또는 각 지자체 조례에서 확인할 수 있다. 건축물의 용도에 따른 설치 기준을 살펴보면, 근린생활시설은 150㎡당 1대 이상, 공동주택은 세대당 1대 이상, 업무시설은 바닥면적 100㎡당 1대 등이다.

3) 중소형 건물에 주차장이 없는 이유

1990년대 이전 중소형 건물에서 주차장이 부족하거나 아예 없는 경우는 다음과 같은 배경에 기인한다. 첫째, 주차장법이 제정된 것은 1979년이지만, 실제 적용이 본격화된 것은 1980년대 중후반이다. 그 이전에 지어진 건물에는 주차장 설치 의무 자체가 없었고, 대장상에도 주차 대수 기재가 없거나 '0대'로 되어 있는 경우가 많다. 둘째, '주차장법' 시행 초기에는 연면적 200㎡ 미만 건물에 대해서는 설치 의무가 면제되었고, 이후에도 기준이 유동적이었으며, 근린생활시설 300㎡ 이하의 소형 건물은 주차 설치 대상이 아니었던 시기도 있었다. 셋째, 도심지에서는 협소한 대지에 건축된 경우가 많아, 물리적으로 주차장을 확보하기 어려웠다. 당시에는 건축주나 건축사도 실내 공간 극대화를 우선시했고, 주차장 확보는 후순위였다. 넷째, 서울이나 수도권 외곽의 2~4층짜리 단독주택 및 다가구주택이나 상가주택은 대부분 주차장 설치 기준에서 자유로웠다. 특히 복합용도(1층 상가 + 상층 주택)의 경우, 주차 설치 기준 적용이 모호해지는 사례도 있었다. 다섯째, 과거에는 허가와 준공 시 주차장 설치 확인이 느슨하거나 실측하지 않아, 미이행 상태로 준공승인이 나는 경우도 많았다.

하지만 우리나라 가구당 자동차 보유 대수가 1대 이상인 지금은 주차장법 설치 기준을 강화해 건축법 허가·준공 단계에서 주차계획 포함 제도를 통해 주차장 설치를 보다 엄격하게 관리하고 있다. 다만, 과거에 건축된 주차장이 미비한 건물을 증축하지 않고 리모델링하는 경우에는 축조 시점의 인허가(종전 규정)가 존중되므로 주차장이 미비한 상태로 리모델링이 가능하고, 증축된 면적에 대해서만 현행 주차장법의 적용을 받으므로 리모델링은 제도적으로 유리하다.

도로법

도로법은 공도든 사도든 구분하지 않고, 대한민국 영토 안에서는 무조건 적용된다. 도로법의 기본원칙은 도로의 폭이 최소 4m는 되어야 한다. 차가 교행하기 위한 최소한의 도로 폭이 4m다. 기존의 도로 폭이 4m에 미치지 못하면 도로 중심선에서 2m를 후퇴해 건물을 지어야 한다. 만일 기존 도로 폭이 2m라면 당신의 땅에서 1m, 건너편 땅에서 1m를 후퇴해서 폭 4m 도로를 만들어야 한다. 이 말은, 그만큼 당신 땅의 건축 가능 면적이 줄어든다는 뜻이다. 비록 토지등기부등본에는 토지면적이 도로에 제척되지 않은 상태의 면적으로 기재되므로, 건축 가능 면적이 줄어들었다는 사실을 인지할 수 없다. 그러나 언젠가는 기존 건물이 낡아 재건축하는 경우, 무조건 도로 폭을 4m로 만들기 위해 내 땅에서 일정 부분을 떼어준 후에, 남은 땅을 기준으로 건폐율과 용적율, 일조권 사선제한을 적용해 건물을 지어야 한다. 비로소 이때가 되면 내 땅에서 도로에 떼어주는 면적을 정확히 알게 되고 아연실색하는 것이다.

단, 예외가 있다. 즉, 도로가 통과도로가 아니고 끝이 막힌 '막다른 길'에 접한 경우에는, 확보해야 하는 도로의 폭이 달라진다. 즉, 막다른 길이 10m 이내면 도로 폭은 2m면 되고, 10m부터 35m 사이인 경우에는 도로 폭을 3m만 확보하면 된다. 문제는 35m가 넘어가면 재앙이다. 도로 폭을 무려 6m나 확보해야 한다. 이는 화재 발생 시의 소방 활동과 관계가 있다. 봉천동 고개 주변에 가보면 막다른 길이 수없이 많은데, 그중 상당수는 길이가 35m가 넘는다. 비록 지금은 도로 폭이

2~3m로 되어 있어도 평온하지만, 누군가가 그 땅을 매입해 건물을 짓는 경우, 도로 중심선에서 3m를 후퇴해서 건물을 지어야 하므로, 투자자가 매입한 땅의 건축 가능 면적이 대폭 줄어들 것이다. 이는 봉천동뿐만의 문제가 아니다. 서울지역 구도심 어디를 가든 35m가 넘는 막다른 길이 의외로 많다. 이런 길에 붙어 있는 토지 소유주들이나 투자자들의 미래를 생각해보면 암울하다.

필자는 도로법에 관해 이 책에 넣어야 할지를 고민했다. 이 법의 무서움을 제대로 알린다면 예상되는 파급효과가 큰 데다, 도로법에 대해 잘 알고 중개하는 공인중개사가 그리 많지 않다는 것도 마음에 걸렸다. 투자자도 모르고 중개사도 모르면, 이 법으로 인한 피해자는 지속해서 양산될 것이기 때문이다. 그러나 앞에서 설명한 것처럼 이 법에 대해 잘 모르고 투자하면 손해가 막심하므로, 미래의 투자자를 구제하는 차원에서 넣었다.

소방시설법

소방시설법은 모든 건축물의 화재 예방, 초기 대응, 인명 보호를 위해 중요한 법이다. 기존 구축 건물을 매입해 증축하거나 대수선을 계획하는 경우, 해당 건축행위가 특정 조건(면적, 층수, 용도 등)에 해당하면 '소방시설 설치 및 관리에 관한 법률(약칭 : 소방시설법)'의 적용을 받아 소방시설 설치 또는 보완이 의무화된다. 소방시설법의 법적 근거와 주요 적용 기준, 증축·대수선 시 유의할 사항을 체계적으로 설명한다.

관련 법령 개요

'소방시설 설치 및 관리에 관한 법률'에 의한 소방시설 설치 대상은 이 법과 '건축법', '다중이용업소의 안전 관리에 관한 특별법' 등과 함께 적용되며, 주관 부처는 소방청(관할 소방서)과 지자체다.

소방시설 적용 기준 요약

소방시설 설치는 다음과 같은 기준 중 하나라도 해당하면 의무다. ① 건축물의 용도, ② 바닥면적, ③ 층수, ④ 수용인원, ⑤ 증축·대수선·용도변경 여부 등 각 기준에 따라 설치해야 할 소방시설의 종류와 범위가 달라진다.

주요 기준별 상세 설명

1) 면적 기준

연면적 600㎡ 이상인 건축물은 대부분의 용도에서 기본 소방시설(소화기, 감지기, 유도등 등) 설치 의무가 있고, 연면적 1,000㎡ 이상인 경우에는 스프링클러 또는 간이스프링클러, 비상방송설비 등이 설치 대상이다. 특정용도(다중이용업소, 의료시설, 공동주택 등)는 더 강화된 기준을 적용한다.

2) 층수 기준

지상 4층 이상 또는 지하층이 있는 경우 자동화재탐지설비, 비상조명등, 유도등 설치 의무가 있으며, 지하 1층만 있어도 화재 위험이 크다고 판단되면 별도 소방설비 설치 대상이 된다.

3) 증축·대수선 시 기준

소방시설법 제9조 및 시행령 제15조에 따라 다음과 같은 경우에도 기존 건축물 전체 또는 일부에 소방시설 설치 또는 성능 보완 의무가 발생한다. ① 증축, 대수선, 개축, 용도변경 등으로 인해 연면적이 일정 규모를 초과하게 되는 경우(예 : 600㎡ 또는 1,000㎡ 초과), ② 층수가 증가하는 경우, ③ 특정 용도로 변경되는 경우(예 : 근생 → 학원, 음식점 등), ④ "기존 건축물이라도" 증축·대수선 등으로 성능보강이 필요하다는 행정 해석이 있는 경우

4) 용도 기준

건축물의 용도에 따라 소방설비 설치 기준도 달라진다. 공동주택은

스프링클러, 감지기, 유도등, 비상조명 등을 설치해야 하고, 근린생활시설의 연면적이 600㎡ 이상 시 기본 소방시설을 설치해야 하며, 음식점 등 다중이용업소인 경우에는 자동화재탐지설비, 비상경보설비, 간이스프링클러 등이 필요하며, 숙박시설에는 스프링클러, 제연설비, 경보설비 등이 필요하다.

5) 수용인원 기준

수용인원이 100명 이상인 공연장, 집회장 등은 비상방송설비가 필수이고, 학원이나 종교시설 등도 수용인원에 따라 설치 기준이 적용된다.

대수선 시 유의사항

'건축법 시행령' 제119조 및 '소방법 시행령' 제15조에 따르면, '내력벽 철거, 창호의 구조 변경, 계단·피난구조 변경' 등의 대수선이 발생하는 경우, 해당 부분에 대한 소방시설도 '적법성 확보' 및 '성능 보강'이 요구된다. 가령, 건물 일부를 3층에서 4층으로 증축하는 경우, 전체 건물에 스프링클러를 설치하라는 지자체의 요구가 있을 수 있다.

적용 절차 요약

소방시설법 적용 여부를 검토하는 것은 전문가의 영역이므로 건물주나 투자자는 사전에 리모델링 경험이 있는 건축사와 상담해야 한다. 소방법 적용으로 인해 예기치 않게 건물 전체에 스프링클러 등의 설치로 인해 공사비 인상이 발생할 수 있다는 점도 리모델링 검토 시 참작해야 한다. 다음은 적용 절차를 요약한 것이다.

① 건축사와 협의

② 소방 설계도면 제출(건축허가 시 동시 제출)

③ 관할 소방서의 '소방설비 적정 여부' 사전검토 또는 협의

④ 건축물 사용승인 시 '소방완비 증명서' 제출 필요

⑤ 사용 후 변경 시에는 '완공 검사' 또는 '사후 관리' 대상

장애인 등 편의법

기존 건축물을 증축하거나 대수선하는 경우에는 '장애인·노인·임산부 등의 편의증진 보장에 관한 법률(약칭 '장애인 등 편의법')이 적용되어 장애인 편의시설 설치 기준을 따라야 한다. 이 법은 건축물의 용도, 면적, 층수, 그리고 공사 범위(신축·증축·대수선 등)에 따라 적용 범위가 달라진다. 장애인의 인권신장에 따라 이들이 건축물을 이용할 때의 편의를 개선하기 위해 제정된 이 법으로 인해, 리모델링 시에는 장애인용 승강기 설치, 장애인용 화장실 설치, 장애인용 주차장 설치, 문턱 제거 등 일반 건축물에는 적용되지 않는 추가적인 기준을 충족해야 한다. 이로 인해 공사비가 추가될 수 있으므로, 이 법에 대한 이해와 사전 대비가 중요하다.

다음에서는 장애인 등 편의법의 적용 기준과 대상 범위, 그리고 실무에서 꼭 알아야 할 핵심에 대해 살펴본다.

법령 개요

① 정식 명칭 : 장애인·노인·임산부 등의 편의증진 보장에 관한 법률

② 약칭 : 장애인 등 편의법

③ 제정 : 1997년 시행

④ 목적 : 장애인 등 사회적 약자의 이동 및 이용 편의 보장

⑤ 주관 부처 : 보건복지부, 국토교통부(설계 기준은 국토교통부 소관)

이 법은 장애인뿐만 아니라 노인과 임산부의 접근성·이용성도 함께 보장하는 법이다.

적용 대상 건축행위

다음과 같은 경우에는 '장애인 편의시설 설치'가 의무다.

① 신축
② 증축
③ 대수선
④ 용도변경
⑤ 리모델링(전체 또는 주요 부위)

따라서 기존 건축물을 일부만 수리하는 경우라고 하더라도, 주요 구조나 출입구·화장실·승강기 등에 영향을 미치면 장애인 편의시설 설치 기준이 적용될 수 있다.

주요 적용 기준 요약

다음 3가지 기준이 충족되면 편의시설 설치 의무가 발생한다.

① 용도 : 다중이용시설, 공공건물, 판매시설, 업무시설, 의료·교육시설 등

② 규모 : 연면적 300㎡ 이상 또는 층수 3층 이상

③ 행위 : 증축·대수선·용도변경 중 어느 하나에 해당

　예) 지상 2층 250㎡ 음식점 → 70㎡를 증축해 320㎡가 되면 편의
　　　시설 설치 의무 발생

　　　기존 2층 상가주택을 3층으로 증축하면, 전체에 대해 편의시
　　　설 적용 판단

편의시설 설치 항목

용도와 규모에 따라 다음과 같은 항목을 설치해야 한다.

① 건축물 입구까지 휠체어가 접근 가능한 경사로 확보

② 출입구 문에 휠체어가 통과할 수 있는 최소 폭 확보(90cm 이상 권장)

③ 복도 및 통로에 휠체어 회전 가능 폭 확보(보통 최소 1.2~1.5m 이상)

④ 장애인용 화장실 층당 1개 이상, 독립된 칸 또는 별도 설치

⑤ 3층 이상 건물에는 장애인용 승강기 설치 의무

⑥ 일반 민간건물은 시각장애인용 유도블록 설치 의무(일부 권장 사항)

⑦ 점자 표지판, 음성유도기를 건물 유형 및 시설 규모에 따라 설치
　의무 발생

실무에서 유의할 점

① '부분 공사'여도 전체에 적용될 수 있음

　예) 외벽 마감 교체, 출입구 확장, 화장실 리모델링 등은 구조물 전
　　　체에 대해 편의시설 설치 기준 적용을 요구받을 수 있음.

② '건축허가'와 동시에 '편의시설 검토서류' 제출 의무

허가 시 편의시설 배치도 및 상세 도면 첨부. 건축사 또는 관련 기술자가 작성해 지자체에 제출해야 함. 사용승인 전, 편의시설 설치 여부 확인 후 '합격'받아야 함.

③ 적용 제외 대상이 있으나 제한적임

연면적 300㎡ 미만, 2층 이하 소규모 단독점포. 다만, 증축 후 300㎡를 초과하거나 용도변경되면 적용됨.

④ 승강기 관련

3층 이상이거나 지하 + 지상층 합계 3개 층 이상이면 장애인용 승강기 설치 의무 발생. 단, 설치 곤란 시 대안 승강기(리프트)로 대체 가능성 있음 → 사전 협의 필수

예시 판단

다음은 구축 건물을 리모델링하는 경우를 상정해 장애인 등 편의법 적용 여부에 대한 예시다.

① 기존 건물을 매입해 증축 + 대수선하는 경우 : 기존 2층 건물(연면적 280㎡) → 50㎡를 증축해 총 330㎡ + 대수선하면 편의시설 설치 대상
② 주 출입구 접근로, 장애인용 화장실, 유효 복도 폭 확보, 엘리베이터 여부 검토 필요
③ 기존 3층 근린생활시설 : 외벽 보수 및 화장실 설치 시 연면적·층수 기준 충족 + 대수선인 경우 편의시설 전면 적용 판단 가능성 → 사전 건축사 + 구청 도시과·복지과 협의 필수

정리

① 증축 후 300㎡ 이상 : 법 적용(편의시설 의무)

② 층수 3층 이상 : 법 적용(승강기, 유도등 등 필요)

③ 다중이용시설 등 : 법 적용(의무 대상 용도 포함 시)

④ 대수선 : 구조 변경, 내장 변경 등에 적용

법 적용 여부에 대해서는 설계 단계에서 반드시 고려해야 하며, 허가·감리·사용승인 시 '편의시설 적정 여부'가 확인되지 않으면 승인 지연 또는 거부될 수 있으니 주의해야 한다. 다만, 리모델링 실무에서 구체적인 법 적용은 사안의 특수성에 따라 지자체별로 다를 수 있다.

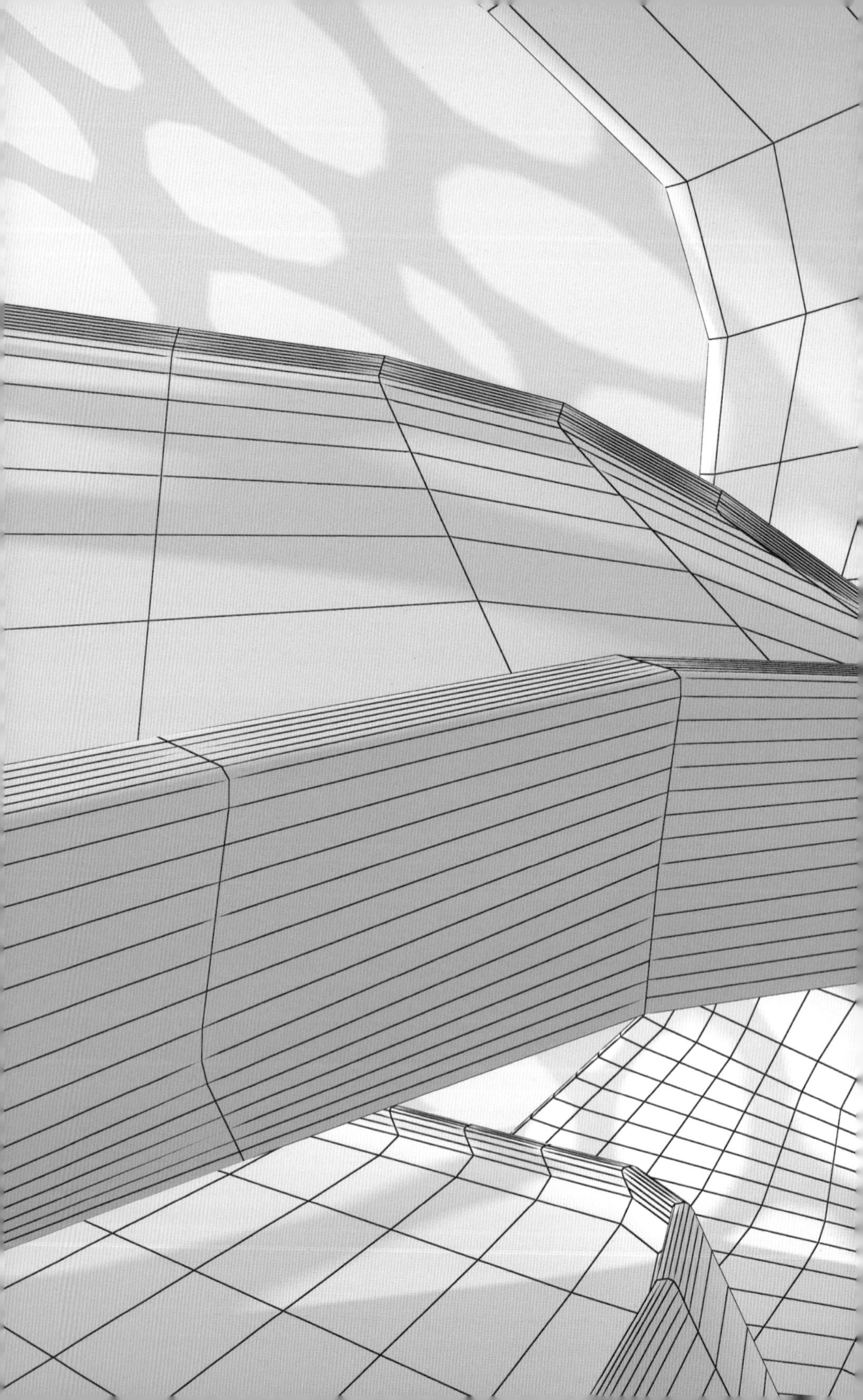

Part 7

리모델링 실전

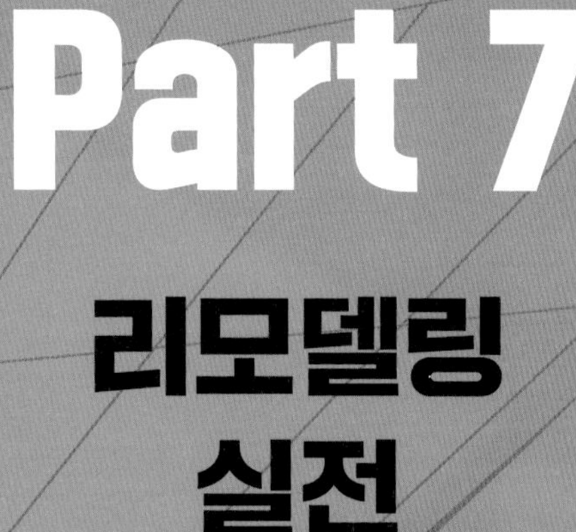

리모델링을 위한 사업계획을 수립하고, 건축사와 시공사 및 감리 선정과 도급계약 체결 시 유의점을 다룬다. 구축 건물 철거 시 주의사항과 리모델링의 주요 리스크와 대처법을 알아본다. 공사비 투입 규모에 따른 건물의 기능 향상과 임대수익 상승의 정도를 사례로 들어 설명한다. 리모델링공사 착공부터 완공까지 시각 자료를 곁들여 체험하고, 성공 사례와 실패 사례를 살펴본다.

리모델링
사업계획 수립

대상 건물 선정

1) 건물주 입장

서양 속담에 "그 양반집 거위는 모두 백조래(All his geese are swans)"라는 말이 있다. '우리 눈에는 분명히 거위인데, 그 사람은 백조라고 우긴다'라는 말로, 자기 것이 최고라고 믿는 자기중심적 의식을 비꼬는 말이다. 고슴도치 눈에도 제 자식은 예쁘다. 건물주도 마찬가지다. 자기 건물은 참 잘 지어졌고 위치도 좋다고 생각한다. 공실이 발생하는 것은 임차인들의 안목이 낮은 탓으로 돌린다. "왜 이 좋은 건물을 두고 다른 곳으로 떠난단 말인가"라고 푸념하며 남 탓만 하는 사고를 지닌 사람은, 자기 건물에 대한 객관적 평가가 어렵다. 나르시시즘에 빠진 건물주에게는 눈을 씻고 봐도 자기 건물에 딱히 단점이 없어 보인다.

그러나 리모델링을 제대로 추진하기 위해서는 자신의 건물에 대해 냉정하게 평가해야 할 뿐만 아니라, 남들보다 더 가혹한 기준을 적용해야 한다. 그래야 실패할 확률이 줄어든다. 왜냐하면, 리모델링도 하나의 사업이기 때문이다.

내 건물을 냉정하게 평가하기 위해서는 어떻게 해야 할까? 우선 공적 장부를 떼어 점검해야 한다. 토지이용계획확인원을 발급받아 용도지역을 확인한다. 자신의 건물이 위치한 토지의 용도지역이 무엇인지를 알아야 하기 때문이다. 2종 일반주거지역인지, 3종 일반주거지역인지, 지구단위계획구역이나 경관지구에 속한 것은 아닌지 확인해야 한다. 리모델링을 하려고 해도 지역·지구 제한에 따라 리모델링이 불가할 수도 있다. 다음으로 건축물대장을 확인해보자. 용적률을 점검해 법정 허용치 대비 여유가 있는 경우, 리모델링하면서 1~2층을 증축하면 임대수입이 늘어 건물 가치가 높아진다.

리모델링으로 임대수입을 높이기 위해서는 내 건물의 위치에 따른 장단점을 파악해 층별 맞춤형으로 임대계획을 세워야 한다. 조용한 주거지역에 있는 건물을 상가건물로 구성하거나 사무실로 임대하기를 원한다고 해서 그렇게 리모델링을 한다면, 공실 걱정으로 불안한 세월을 보낼 수 있다. 이상과 현실은 다르다. 내 건물의 입지가 상권력이 미약하다면 주거시설 위주로 층별 임대계획을 수립해야 한다. 동네 상권 정도라면 1층은 상가로, 잔여 층은 주거시설로 구성할 수 있다. 역세권에 먹자 상권이 형성된 곳이라면 전체를 상가로 꾸밀 수 있다. 이처럼 해당 건물의 입지 분석을 통해 층별로 어떤 업종을 유치할지를 냉정하게 판단해야 한다.

2) 투자자 입장

리모델링은 신축 대비 가성비가 좋다. 공사비는 신축의 절반 정도에 불과하지만, 건물의 성능과 미관 개선 효과는 신축에 준한다. 그렇다고 해서 모든 노후 건물을 매입해서 리모델링한다고 수지가 맞는 것은 아니다. 수익성을 확보하기 위해서는 몇 가지 전제조건이 필요하다.

첫째, 대상 건물의 층수가 최소 3층은 되어야 한다. 그래야 1~2층을 증축해 늘어난 임대공간으로 임대수익을 극대화할 수 있다.

둘째, 조적조(벽돌조) 건물은 가급적 피하는 게 좋다. 건축물대장을 떼어보면 해당 건물의 구조가 철근콘크리트조인지, 조적조인지 알 수 있다. 조적조 건물의 벽체는 내력벽이라서 건물의 하중을 받기 때문에 리모델링 시 상당한 구조 보강비용이 발생한다.

셋째, 이 책의 Part 6의 4에 나오는 '리모델링 관련 공법' 내용을 숙지하고, 이에 부합하는 매물을 선택해야 한다.

사업성 분석

물건 분석을 마쳤다면 대략적인 공사비 규모를 알아봐야 한다. 리모델링 전문 건설사를 통해 가견적을 받아볼 수도 있고, 리모델링 전문가를 찾아가 상담과 가견적을 받아볼 수 있다. 참고로 건설사를 통한 가견적을 받으려면 당신이 리모델링을 확실히 추진할 의사를 표시한 후에야 가능할 것이다. 말이 가견적이지, 건설사는 여러 직원과 건축사를 대동해 건물 답사를 수행하면서 층별 제원을 측정하고 상태를 점검한 후, 건물주의 의사를 반영해 2~3주에 걸친 시간과 노력을 투입해서 가견적을 내준다. 가견적이라고 해서 대충 산출하는 것이 아니라, 이렇게 공을 들이는 작업이므로 단순히 공사비 규모를 대략적으로 조사하려는 가벼운 마음으로 임해서는 제대로 된 가견적을 받기 어렵다.

반면, 수많은 리모델링 컨설팅을 수행한 전문가는 굳이 건물 내·외부를 측정하거나 세밀한 점검을 수행하지 않더라도, 자신만의 노하우를 바탕으로 단기간 내에 실제에 근접한 공사비 규모를 산출해줄 수 있다. 방대하게 축적된 데이터와 경험을 바탕으로 신속하게 가견적 산출이 가능하다.

다음으로는 앞에서 언급한 층별 임대계획에 따라 리모델링공사 완공 후에 예상되는 임대수입을 추정하는 것이다. 임대료의 기준은 주변의 비교 가능한 신축 건물의 층당 임대료를 파악해 내 건물에 대입해서 산출할 수 있다.

리모델링을 하기 전의 낡은 건물을 임대할 때는 관리비를 별도로 부과하지 않을 수도 있겠지만, 공사 완공 후에는 신축급으로 재탄생된 만큼 관리비를 부과해야 할 것이다. 관리비 징수를 통해 청소비, 승강기 점검비, 수도세, 공용 부분 전기세와 관리인 급여 등 건물 관리에 드는 모든 비용을 충당할 수 있다.

총공사비가 산출된 후에는 예상 임대수입을 기반으로 시장에서 통용되는 임대수익률을 기초로 건물 가치를 추정할 수 있다. 즉, 서울지역 비강남권 역세권 이면에 있는 꼬마빌딩이라면, 2025년 기준 시장에서 통할 수 있는 양호한 임대수익률인 2.5%에 놓고 역산해 건물 가치를 측정할 수 있다. 가령, 완공 후 예상 임대료가 보증금 2억 원, 월세가 1,000만 원이라면 산출식에 따라 계산하면(1,000만 원 × 12/0.025(2.5%) + 보증금 2억 원) 50억 원이다.

건물 투자를 해보지 않은 초보자 중에는 이런 푸념을 한다. "대출이자가 4~5%인데 임대수익률이 2.5%에 불과한 것에 투자하면 밑지는 게 아닌가", "그런 것을 사라고 하는 것은 사기다." 이는 하나만 아는 단견이다. 임대수익률은 겉으로 드러난 수익률일 뿐이지만 숨어 있는 토지가격은 서울지역의 경우, 매년 최소 5%씩 상승했다. 공시지가 추이가 이를 증명한다. 즉, 임대수익률이 2.5%라면 토지 가치 상승분을 포함하면 연간 최소 7.5%라는 것이다. 투자 시점이 운 좋게 부동산 상승기와 만나면 5년 만에 2배로 뛰기도 한다. 서울에서 2016년 초부터 2021년 초까지 5년 동안 땅값이 50% 내지 100% 상승했다. 상승기가 있으면 하락기도 있지만, 10년 주기로 평균을 내면 서울지역의 연간 토지가격 상승률이 5% 이상인 것은 공시지가 추이를 점검해보면 쉽게 알 수 있다.

리모델링 전 낡은 건물의 가치를 평가할 때는 건물 가치가 없는 것으로 보고, 토지가격을 시세에 대입하면 된다. 가령 토지가 50평이고 시세가 평당 6,000만 원이라면, 리모델링 전의 부동산 가치는 30억 원이다. 만일 이 부동산을 리모델링 용도로 매입한다면, 30억 원에 취득세와 중개수수료 및 법무사비를 더해야 한다. 이 경우, 대략적인 구입비용은 31억 6,000만 원쯤 될 것이다. 여기에 리모델링 공사비가 8억 원이라면 총투입비는 39억 6,000만 원이다. 따라서 39억 6,000만 원을 들여 리모델링한 결과, 건물 가치가 50억 원이 되었다면 성공적인 투자가 된 것이다. 수지 분석의 핵심은 투입된 공사비만큼 건물 가치가 상승했는지 여부에 있다. 이 경우에는 공사비가 8억 원인데 건물 가치 상승이 10억 4,000만 원이므로 공사비를 상회하는 가치 상승이 발생해 성공적인 투자라고 할 수 있다.

리모델링 예산 수립

리모델링을 계획하는 건물주나 투자자는 리모델링 공사비 조달을 위해 다각도로 검토해야 한다. 가장 중요한 것은 과연 공사비가 얼마나 되는가부터 파악하는 것이다. 정확한 공사비는 시공사에 견적을 의뢰해 파악해야 하지만, 이를 위해서는 사전에 공사 범위를 확정해야 한다.

공사 범위를 확정한다는 것은 '공사 범위를 어디까지 하느냐'뿐만 아니라, '건물의 외관과 내관의 자재를 어느 수준으로 채택하느냐'에 달려 있다. 증축을 겸한 리모델링의 경우 공사비 규모가 상당하다. 가령 대지 100평에 층당 50평씩 올라가 연면적 200평인 4층 건물을 대상으로

2층 증축을 겸한 대수선을 하면서 승강기도 설치한다면, 2025년 기준 대략적인 공사비는 18억 원 정도 된다. 자금 여력이 충분하다면 공사비의 약 25~30%를 차지하는 외관 마감재를 커튼월이나 메탈 패널, 대리석 등 고급스러운 자재로 사용하고, 내장 자재도 고급화해 공사비를 20억 원 선으로 올릴 수 있다. 반대로 자금 여력이 부족해 15억 원 선으로 낮추고 싶다면, 건물의 좌우 측면과 이면처럼 잘 보이지 않는 외벽 마감재를 단열 성능은 우수하지만, 가격이 저렴한 드라이비트나 스타코를 사용해 공사비를 줄일 수 있다.

무조건 공사비를 줄이고자 상수도관, 하수도관, 전기선 등을 교체하지 않는다면 리모델링을 통한 건물의 성능 개선이 미흡해 리모델링 후 30~50년을 더 사용하기는 어렵다. 과거 1970~1980년대에 건축된 중소형빌딩의 상하수도관은 대개 주철관을 사용했다. 철은 물과 만나면 서서히 부식된다. 30년 이상 지난 수도관 내부를 들여다보면 부식 상태가 심각하다. 요즘은 합성수지 재질의 상하수도관을 사용하므로 부식이 없고 수명도 반영구적이기 때문에, 리모델링 시 낡은 상하수도관 교체는 필수적으로 권장된다. 따라서 낡은 상하수도관을 교체하지 않고 리모델링을 수행한 건물은, 외관은 멀쩡해 보이지만 인체의 오장육부와 신경계라고 할 수 있는 기관들이 낡아 있어, 해마다 이런저런 수선 문제에 봉착해 임차인의 만족도 하락과 공실 문제가 끊이지 않는다. 따라서 이왕 리모델링을 한다면, 다소 무리가 되더라도 건물의 성능 개선만큼은 해치지 않는 범위 내에서 공사 범위를 설정해야 할 것이다.

공사 범위가 확정되고 시공사로부터 공사비 견적을 받았다면 본격적인 자금 조달 계획을 수립해야 한다. 자금 조달은 주거래 은행에 의뢰해 담보대출 가능금액을 타진하는 것이 가장 손쉬운 방법이고, 담보 여력이 부족하다면 보유 자산 매각이나 보유 부동산을 공동담보로 제공하는 등의 방법으로 조달할 수 있다.

임차인 명도 전략

리모델링을 하는 경우 가급적이면 임차인 모두를 내보내는 것이 좋다. 이를 '명도'라고 한다. 명도는 비용이 발생한다. 상가임차인이나 주택임차인의 임대차 종료 시점을 파악하고 잔여 기간에 따라 명도 시점을 추정할 수 있을 것이다. 상가건물임대차보호법은 10년, 주택임대차보호법은 계약갱신권을 포함해 4년간 보장하고 있으므로, 층별 임차인의 임대차 종료 시점을 세밀하게 파악해 명도비용을 추정해야 한다.

임대차보호법은 약자인 임차인을 보호하는 데 방점을 두지만, 그렇다고 무조건 임차인만 보호하는 것은 아니다. 예외사항을 두어 임차인의 과실이 있거나 건물주가 재건축이나 대수선이 필요한 경우 계약갱신권이 거부된다. 주택임대차보호법 제6조의3 제1항 단서에는 '6. 주택이 철거·재건축 또는 대수선이 필요한 경우' 계약갱신거부권이 발동된다. 단, 이 경우에도 건물주가 이런 의사를 표명하는 것만으로는 충분치 않고 '관계 법령에 따라 인허가 또는 신고가 완료된 경우'에 한한다고 규정하고 있다. 상가건물 임대차보호법 제10조 제1항 6호에서는 '임대인이 목적물에 대해 철거·재건축 외에 대수선이 필요한 경우' 계약갱신을 거부할 수 있다. 이때도 주택임대차보호법에서 설명한 바와 같이 건물주가 대수선 인허가를 득했을 때 가능하다. 따라서 리모델링을 계획하는 건물주는 사전에 임차인들을 만나 자신의 리모델링 의사와 임차인의 명도 시점 등에 대해 고지하는 것이 좋다.

아무리 법이 허용하는 예외사항에 의한 건물주의 계약갱신거부권 사용으로 임대 기간이 종료되는 경우라도, 임차인들에게 무조건 나가달라고 하면 반발을 살 수 있다. 이런 경우 건물주는 소송을 통해 임차인의 명도를 관철할 수도 있겠지만, 이 방법은 시간과 비용이 소요되므로 임차인과 사전에 협의를 통해 적정 수준의 이사비용과 중개수수료를 지급하거나, 일부 보상금을 지급해 명도 문제를 해결할 수 있다.

명도비에서 가장 큰 부분은 권리금이다. 특히 시설비가 많이 투입된 1층의 경우 권리금이 높게 형성되어 있어 임차인과 타협이 쉽지 않다. 이 경우, 건물주는 1층 임차인을 명도하지 않고 공사 기간에도 영업할 수 있도록 해주고 공사를 진행할 수 있다.

공사 중에도 영업하는 1층 점포 1

공사 중에도 영업하는 1층 점포 2

건축사·시공사 선정 및 도급계약

건축설계사 수배

변호사라고 해서 소송 관련 모든 분야에 능통한 것은 아니다. 변호사도 전문 분야가 있듯이 건축사도 전문 분야가 있다. 다세대주택 전문도 있고 오피스텔 전문도 있으며, 아파트 전문도 있고 중소형빌딩 전문도 있다. 중소형빌딩 전문이라고 해도 신축 전문인 건축사는 리모델링에는 문외한일 수 있다. 신축과 달리 리모델링 설계 시에는 고려해야 할 사항이 의외로 많다. 아파트 전문 공인중개사가 빌딩 중개를 할 때, 도로법이나 주차장법 등을 소홀히 해 계약 체결 후 문제가 발생할 수 있듯, 리모델링 설계에도 다양한 설계 리스크가 존재한다.

중소형빌딩 리모델링 전문 건축사를 수배하기는 쉽지 않다. 신축을 위해 건축사를 수배하는 방법 중 좋은 것은, 멋진 건물을 발견하면 그 건물의 건축물대장을 열람해 대장에 나온 건축사를 찾아가 상담하는 것이다. 그런데 리모델링된 건물의 건축물대장에는 리모델링 건축사나 시공사의 내용이 나오지 않는다. 가장 좋은 방법은 다양한 루트를 통해 리모델링 전문 시공사부터 수배한 후에, 그 시공사가 협업하는 건축사와 상담하는 것이다. 왜냐하면, 모든 시공사는 리모델링 경험이 많은 건축사와 협업하기 때문이다. 따라서 유능한 시공사가 신뢰하고 거래하는 건축사라면, 능력이 검증되었다고 판단되므로 리스크가 제거된 것으로 볼 수 있다.

건축사와 상담 후 신뢰가 생겨서 그와 설계계약을 체결하면, 리모델링 공사 범위에 맞춘 도면 작성과 인허가 절차가 시작된다.

시공사 수배 및 견적 의뢰

리모델링 프로젝트의 성공은 신뢰할 수 있는 시공사를 선정하고, 명확한 공사 범위 설정과 도급계약 체결에서 시작된다. 따라서 건축주는 시공사 선정에 대한 정확한 이해를 바탕으로 합리적인 의사결정을 내려야 시공품질 보장과 불측의 추가공사비 요구를 방지할 수 있다.

시공사 수배는 온라인이나 지인 등의 소개로 수배할 수 있다. 리모델링 전문가를 통해 소개받는 것도 안전한 방법이다. 소개받은 시공사의 능력평가는 그가 수행한 리모델링 프로젝트를 점검하는 것이다. 시공사는 자신이 수행한 프로젝트 자료를 준비해놓고, 고객에게 실적을 자랑하며 수주를 위해 노력한다. 그들의 자료를 검토하고 가능하면 현장도 답사해보고 대화를 나누어보면 누가 적임자인지 확신이 들 것이다.

신뢰할 만하고 검증된 시공사가 정해지고 그와 협업하는 건축사를 통해 설계도면 작업을 의뢰해 설계가 완료되면 그 시공사에 정확한 견적을 의뢰하면 된다. 만약 이런 시공사가 없다면 전문가, 지인 등의 소개를 통해 1~3곳에 견적을 의뢰하는 것이 일반적이다. 단, 견적 시 최저가를 제시한 업체는 무조건 배제하고, 중상 가격을 제시한 업체 중에서 선택하는 것이 권장된다. 최저가 업체를 선택하는 경우, 추후 공사 단계에서 공사비 인상 등 분쟁이 발생할 개연성이 매우 크다. 추가공사비 문제로 건축주가 소송을 제기하면, 법원은 소송에 이골이 난 시공사의 주장을 인용해 건축주가 패소하는 경우가 많으므로 주의해야 한다.

1) 표준도급계약서

표준도급계약서는 건설업 등 다양한 산업 분야에서 도급계약을 체결할 때 사용하는 표준화된 계약서 양식이다. 이는 발주자와 수급자 간의 계약 내용의 공정성을 확보하고, 분쟁을 예방하며, 계약 당사자 간의 권리·의무를 명확히 하기 위한 목적으로 제정된 것이다. 도급계약은 현실에서 매우 다양하고 복잡한 방식으로 이루어지므로, 불공정한 조항이 포함되거나, 책임 소재(공사 지연, 하자 등)에 대해 불명확하거나, 대금 지급 지연 또는 부당한 감액에 대해 하도급자 보호를 위해 권장되는 계약서 양식이다.

표준도급계약서의 법적 근거는 '건설산업기본법'과 '하도급거래 공정화에 관한 법률'의 공정한 계약을 위한 규범을 참조해 국토교통부가 표준도급계약서 양식을 제공하고 있다. 표준도급계약서는 약 10쪽 분량으로 되어 있으며, 시공사에 다소 불리하고 건축주에게 유리한 구조로 되어 있어, 연면적 1,000㎡ 이상 신축 및 리모델링 공사에 적합한 계약서로 통한다. 다만, 꼬마빌딩과 같은 소규모의 공사에서 표준도급계약서 사용을 요구하면 시공사가 계약을 꺼리는 경우가 있으며, 이런 경우 현실적으로는 A4 한두 장 분량의 간단한 도급계약서가 통용되기도 한다.

2) 공사대금 지급 방식

공사비 도급계약을 체결할 때 계약금 10%를 지급하고, 착공 후 매달 기성고(공사 진척도)에 따라 월말에 결제하는 방식으로 진행된다. 이런 지급 방식은 대체로 연면적 1,000㎡ 이상의 공사에 적용하는 것이 일반적이다. 다만, 이보다 작은 규모의 공사인 경우, 기성고 대신 계약 시

10%, 착공 시 35%, 외벽공사 완성 시 35%, 완공 시 20%를 지급하는 방식 등으로 진행되기도 한다. 이는 협의 사항이므로 지급 일정과 금액 등은 서로 협의할 수 있다.

3) 계약이행보증증권

시공사 사정으로 도급계약이 해제되었을 때 건축주에게 발생한 피해를 보상해주는 제도다. 계약 해제 시 건축주는 이 증권을 통해 건설공제조합이나 서울보증에 피해보상을 청구할 수 있다. 이 경우, 해당 시공사는 향후 이행보증증권을 발급받지 못하고 관급 공사 참여가 어려워지는 불이익을 받게 된다.

증권 발행을 위해서는 시공사가 자기자본금의 20% 이상을 공탁해야 하므로, 시공사는 증권 발행에 수비적인 태도를 보이기도 한다. 하지만 건축주가 공사비를 은행에서 대출받는 경우, 은행은 이 증권을 요구할 것이므로 시공사로부터 반드시 이 증권을 받아내야 한다. 참고로 면허 대여로 공사하는 영세 시공사의 경우, 자격 문제나 비용 문제로 인해 이 증권 발행에 난색을 보일 수 있다.

4) 하자이행보증증권

이 증권은 완공 후에 발생하는 하자를 커버하기 위한 것으로서, 공사비 잔금 정산 직전에 이 증권을 받고 나서 잔금을 지급하거나 동시이행으로 처리하는 것이 바람직하다. 도급계약서상 공사대금의 약 3%만큼 보증서를 끊어주는 것이 일반적이다. 예를 들어, 5억 원짜리 공사라면 1,500만 원까지의 하자를 커버할 수 있다. 통상, 이 선을 넘는 하자는 심한 부실공사가 아닌 이상 현실적으로 발생하기 어렵다. 하자는 대개 누수 관련 문제가 많으며 기타 하자는 대체로 소소한 편이다.

철거 감리와
철거 시 주의사항

리모델링에서 철거란, 기존 건물의 골조는 남기고 건물 안팎의 부착물이나 벽체 등을 철거하는 것을 말한다. 얼핏 들으면 간단한 작업일 것 같지만 실제로는 만만치 않다. 일반적인 리모델링에서는 기존 건물의 골조인 기둥과 보, 슬래브, 외벽, 계단실 등을 남겨 재사용해야 하므로 이들이 손상되지 않도록 조심스레 철거 작업을 진행한다. 하지만 리모델링공사가 고난도인 경우 기둥을 옮기거나 신설하기도 하고, 계단실을 통째로 들어내기도 한다. 외벽을 커튼월로 마감하려는 경우 외벽에서 기둥만 남기고 벽면 전체를 도려내기도 하므로 주의해야 한다.

과거에는 리모델링 목적이든 재건축 목적이든 불문하고, 건물을 철거할 때 지자체로부터 사전 심의를 받는 일이 없었다. 건축 인허가가 떨어지면 철거업체를 불러서 전면 철거든, 부분 철거든 진행하면 그만이었다. 그런데 2021년 6월 광주광역시 재개발구역에서 철거 중이던 5층 건물이 무너져 도로와 버스를 덮치면서 사상자가 발생하자, 정부는 재발 방지 차원에서 모든 건축물의 철거 시 사전에 철거계획서를 작성해 심의를 받은 후 철거 감리가 관리·감독하도록 제도화한 것이다. 재건축을 위해 건물 전체를 철거하든, 리모델링을 위해 부분적으로만 철거하든 상관없이 무조건 철거계획서를 작성해 심의를 받아야 한다.

리모델링공사의 설계도면에 대한 허가가 나오면, 그 도면을 기초해 철거계획서를 작성해 지자체에 심의를 구한다. 심의는 매월 1회씩 수행되며, 심의를 한 번에 통과하지 못하면 이를 수정해 다시 의뢰해야 하므로 자칫하면 심의를 득하는 데 2개월이 소요될 수도 있다. 심의를 득하면 철거 감리 입회하에 철거 작업을 진행하고, 이 작업이 계획에 부합하면 비로소 본격적인 리모델링공사가 시작된다.

철거 감리의 역할은 철거 순서와 방식이 구조 안정성을 해치지 않는지 검토하고, 폐기물 처리 절차에 따른 법규 준수를 점검하고, 철거공정 및 품질 관리 업무를 맡는다. 철거 감리는 허가권자(지자체)가 지정한다. 문제는 이 제도 때문에 리모델링공사 기간이 2~3개월이 더 늘어났다. 철거계획서를 작성해 신청할 때까지 1개월, 인허가받는 데 1개월이 걸린다. 만일 재심의를 받아야 하는 경우 또 1개월이 소요되므로 총 2~3개월이 소요된다.

건물주 입장에서 과거와 비교하면 공사 기간만 지연되는 것이 아니라 비용도 추가된다. 철거계획서에 대한 인허가를 득하면 철거 작업을 착수하기 전에 지자체가 철거 감리를 지정하는데 이 기간이 2주쯤 걸린다. 건축주는 지자체가 지정한 철거 감리와 감리계약을 체결한 후에 철거를 시작한다. 철거 작업은 대개 10일 전후로 오래 걸리지는 않는다. 다만 철거 감리비용은 일당으로 계산하며 일 100만 원이 일반적이다. 따라서 철거 작업 시 감리가 현장에 근무하는 일수에 따라 감리비가 발생한다. 리모델링을 위한 철거공정에서 감리가 현장에 나오는 일수는 10일 전후로 보면 된다.

이처럼 건설현장에서는 커다란 사고가 발생하면 정부는 문제의 원인을 규명하고 재발 방지를 위해 건축법을 강화한다. 이렇게 강화된 제도

는 본의 아니게 공기를 지연시키고 비용을 추가시키는 요인으로 작용
한다.

리모델링의 주요 리스크와 대처 방안

리스크의 개념과 유형

리모델링은 신축과 함께 빌딩 공급 방식의 하나다. 빌딩 공급은 부동산 개발에 속하며, 개발에는 다양한 리스크가 존재한다. 여기서 리스크란 '미래에 발생할 수 있는 불행한 사건의 확률'을 뜻한다. 리모델링공사의 각 단계에서 자칫 간과하면 큰 손해로 돌아올 수 있는 리스크 요인을 파악하고, 적절한 대처 방안을 마련하는 것이 무엇보다 중요하다.

리스크에 대한 정의는 시대의 흐름과 학자에 따라 견해가 다양하다. 리스크(Risk)의 어원에 대해 반스(Banse)는 위험(risk)이 '장애물과 협상한다'로 번역되는 이탈리아어 'risicare'에서 유래되었다고 보았다. 그에 따르면, 리스크는 돌파하거나 제거해야 할 대상이 아니라, 개발자가 최대한의 협상 능력을 발휘해 조심스럽게 장애물과 타협해야 할 존재라는 의미를 내포한다.

리스크 대처 방안

건축주가 리모델링 실전에서 맞닥뜨리는 리스크에 대해 준비 단계, 개발 단계, 완공 단계 및 관리 단계로 나누어 주요 리스크를 알아보고,

어떻게 대처해야 하는지 방안을 제시한다.

첫째, 준비 단계에서 중시되는 리스크 요인은 '시장 조사 오류', '입지 적합 MD구성 실패', '사전 수지 분석 오류'다. 리모델링을 기획하기 위해 주변 건물의 매매가와 임대료 등을 분석하는 시장 조사 시 보수적 접근이 필요하며, 입지에 최적화된 MD를 수립해야 한다. 수지 분석에서 주의할 점은 철거 후 실물 불일치를 감안해 공사비 산정에 여유를 두어야 한다.

둘째, 개발 단계의 주요 리스크는 '철거 후 실물 불일치', '수주 후 공사비 증액', '빌딩 디자인 실패'다. 대수선급 리모델링에서 철거 후 실물 불일치는 빈발하는 리스크이므로 인수할 수밖에 없으며, 수주 후 공사비 증액을 방지하기 위해서는 양질의 건설사를 선정해야 하지만, 실물 불일치 문제를 보정하기 위한 공사비 증액은 불가피하므로 감수해야 한다. 건물 가치에 직결되는 빌딩 디자인 개발에는 예산 책정에 여유를 두어 세련된 빌딩 이미지 개발을 중시해야 한다.

셋째, 완공 단계의 주요 리스크는 '공기 지연'과 'MD 미부합 임대'다. 공기 지연은 부동산 개발에서 불가피한 측면이 있다는 것을 인식하되, 과도한 지연의 경우 시공사에 책임을 전가하는 지체상금 방식으로 처리할 수 있다. 당초 계획된 MD 계획은 건물 가치와 임대수익에 직결되므로 공실로 인한 손해를 다소 감수하더라도 MD 계획을 고수하는 자세로 임하는 것이 바람직하다.

넷째, 관리 단계의 주요 리스크는 '건물 하자 민원 발생'과 '건물 매각 전략 부실'이다. 건물 하자는 콘크리트공정, 창호공정, 단열공정, 방수공정의 부실에 기인하므로 감리를 활용해 이 공정 과정에서 철저한 감시를 통해 예방할 수 있다. 완공 후 일정 기간 후에 건물을 매각하는 경우 홍보 전략 강화와 중개비 인센티브 전략을 도입해 대처할 수 있다.

다음은 리모델링 실전에서 발생 가능한 수많은 리스크들 중에서 주요 리스크 7가지를 추려 이들에 대해 좀 더 구체적인 대처 방안을 제시한다.

1) 입지 분석에 따른 층별 임대계획(MD) 수립

노후 건물을 리모델링하기에 앞서 가장 먼저 해야 할 일이 입지 분석이다. 입지란, 해당 건물의 위치적 장단점과 그에 따른 흡객력을 분석하는 일이다. MD 계획의 기본은 건물이 유명 상권에 있으면 상가건물로, 역세권의 중급 상권에 있으면 1~2층은 상가로 하고 3~4층은 사무실이나 주거시설로 한다. 또한, 동네 상권에 있으면 1층만 상가로 꾸미고 잔여 층은 주거시설로, 조용한 주거전용지역에 있으면 모든 층을 주거시설로 임대를 구성하는 것이 좋다. 정부의 다주택자에 대한 중과세를 피하고자 주거지역에 있는 다가구주택을 상가나 업무용 건물로 리모델링한다면, 완공 후 공실 걱정을 피하기 어렵다. 중과세를 회피할 목적, 또는 입지를 무시하고 건물주의 이상 실현만을 위한 리모델링은 실패하기에 십상이다. 즉, '누울 자리를 보고 누우라'는 말이다. '내 땅은 최고'라는 자아도취에서 벗어나 냉철하게 내 건물의 입지를 분석하는 시야를 가져야 한다.

2) 임차인 명도계획 수립

건물 안팎을 대수선하는 경우, 임차인들을 모두 내보내야 공사하기 편하다. 임차인을 퇴거시키는 작업인 명도를 위해 건물주는 임차인들과 협의해 이사비와 중개수수료 및 일부 보상금을 지급하고 퇴거시켜야 한다. 리모델링에 대해 임차인들에게 설명하고 양해를 구한 후, 적정 보상을 통해 3~4개월 내로 퇴거하도록 유도하는 것이 좋다.

문제는 1층이다. 2층부터는 권리금이 없는 경우가 많고, 있다고 해도 큰 금액이 아니지만, 1층은 임차인이 입주할 때 지급한 권리금이 있기 마련이고, 입주할 때 인테리어비용 투자도 있으므로, 타의로 퇴거하는 경우 저항이 거세다. 가급적 상호 합의해 권리금을 보상하면 좋겠지만, 그것이 여의치 않으면 1층 임차인이 공사 기간에도 영업을 할 수 있도록 해주고 공사를 진행할 수 있다. 간혹 거리를 지나다 보면 1층에 '정상 영업합니다'라는 현수막이 걸린 채 상층부 공사가 진행되는 모습을 본 적이 있을 것이다.

이렇게 층별·호수별로 임차인들과 협의를 통해 명도비용을 산출해야 한다. 그러나 계획 단계에서는 실행 전이므로 정확한 명도비를 산출하기는 어렵다. 이 경우, 그 지역 특성을 훤히 꿰고 있는 공인중개사를 통해 대략적인 명도비용을 산출할 수 있다.

3) 유능한 시공사 수배

우리나라에서 대수선급 리모델링은 2010년경부터 본격화했다. 그 이전에도 리모델링이 진행되었지만, 필자는 오늘날 첨단 기술력이 뒷받침된 리모델링의 원년은 2010년으로 본다. 이렇게 리모델링 업계의 업력이 일천하므로 어느 업체가 잘하는지 일반인들은 잘 알기 어렵다. 일부 업체들은 SNS나 광고를 통해 공격적으로 홍보하고 있지만, 그런 업체들이 모두 잘하는 것은 아닐 수 있다. 조용하게 일하면서도 내공이 깊은 업체들이 더 많다. 유능한 건설사를 수배하는 일은 리모델링 경험이 풍부한 전문가나 건축사, 시공사, 지인 등을 통해 수배할 수 있을 것이다.

유능한 시공사는 유능한 건축사와 협업하고 있으므로 준비 단계에서 건축사가 현장답사를 시행하도록 하고, 설계도면이나 건축물현황도를 통해 일차적으로 리모델링에 문제가 없는지 파악한다. 이어 구조 기술사에 의뢰해 구조안전진단을 받아 공사에 대비한다.

4) 외관 디자인 설정

건물 외관은 건물 가치에 결정적인 영향을 미친다. '이왕이면 다홍치마'라는 말이 여기에도 적용된다. 빌딩 매매 시장에서 비슷한 수익률을 가진 매물 중에서 건물 디자인이 예쁘면 쉽게 팔린다. 경우에 따라서는 수익률이 좀 낮아도 디자인에 꽂힌 투자자들이 매입을 다툴 수 있다. 현재는 비록 낡은 건물이고 몰골이 흉하지만, 리모델링을 통해 신축 건물처럼 만들 수 있으므로, 외관 디자인 설정은 매우 중요한 작업이다.

건물 투자자는 평소에 거리를 거닐면서 마음에 드는 건물이 있으면 지체 없이 사진으로 남겨두라. 또한, 멋진 건물들이 많은 유명 상권이나 신도시를 탐방하면서 사진으로 저장해두면 큰 도움이 될 것이다. 필자는 이렇게 수집된 건물 사진 자료가 수천 건이나 된다. 이렇게 축적된 방대한 데이터베이스를 이용해 의뢰받은 건물에 대한 리모델링 검토 시 상권과 입지 분석에 따라 그에 적합한 빌딩 외관 디자인을 제안하는 일도 본업으로 수행하고 있다.

5) 공사비 가견적 받기

리모델링공사비에 대한 가견적을 받는 일은 그리 쉬운 것이 아니다. 말이 가견적이지, 시공사 입장에서는 가견적을 내기 위해 건물주와 상담해 건물주가 원하는 건물 안팎의 공사 세부 내용을 청취한 후, 현장을 방문해 세부적으로 측정하고 점검한다. 그 후 약 2주 정도의 기간 동안 외관 디자인(컴퓨터그래픽)도 마련하고, 견적을 준비하는 과정에서 시간과 비용이 든다. 그런데 건물주가 단순히 공사비가 얼마나 되는지를 떠보기 위해 가견적을 의뢰하는 경우, 그런 얄팍한 의도가 시공사에 읽히면 그들은 결코 가견적 작업에 착수하지 않는다. 가견적 준비에 시간과 비용 투입이 만만치 않기 때문이다. 건축사가 신축부지에 대한 가설계를 떠줄 때 대충 떠준다면 되겠는가? 건축사든 시공사든 가견적이라고 해서 대충 하지 않는다. 그러므로 이들에게 가견적을 받기 위해서는 진심으로 가견적에 이어 공사 도급계약을 체결하고 본공사를 한다는 진의를 보여줘야 한다. 하지만 수없이 많은 리모델링 컨설팅을 수행한 유능한 전문가와 상담하면 큰 부담 없이 하루이틀 안에 가견적을 받을 수도 있다.

6) 도면과 실물의 불일치로 인한 공사비 증가

때로는 설계도면이나 건축물현황도상 위치가 실제 건물의 위치와 다른 경우가 있다. 도면상으로는 건물이 도로에서 50㎝ 후퇴해 세워졌는데, 실제로 측정해보니 도로를 물고 있는 경우가 있어 리모델링 허가가 안 될 수 있다. 도로를 물고 있지는 않지만 도로에 거의 접한 지경이라면, 리모델링 시 건물 외장재를 부착하면 외장재가 도로를 침범할 수 있기 때문에 문제가 될 수도 있다.

또한, 건물 내부의 부착물들을 철거하고 보니 바닥이 울퉁불퉁하고, 외벽이 도면과 다른 곳에 설치되어 있고, 계단실 크기가 도면과 차이가 나고, 층별 높이가 도면과 달리 낮을 수도 있는 등 철거 후 드러난 실상이 도면과 다른 경우에는, 이를 해결하는 데 상당한 시간과 비용이 추가될 수 있다. 이런 것은 공사에 착수한 후에야 발견할 수 있는 리스크이므로, 건물주는 자금의 여유를 두고 해결책 강구에 시공사와 적극적으로 협조해야 할 것이다.

7) 완공 및 임대

　완공 시점이 다가오면 건물주는 주변의 공인중개사들을 활용해 임차인 수배에 힘써야 한다. 구슬도 꿰어야 보배다. 멋지게 완공된 건물에 상응한 높아진 임대료에 맞춰 임차인을 채워야 임대수익이 발생하므로, 사전에 A4용지에 완공 후의 건물 모습을 넣고, 층별 면적과 보증금 임대료 및 관리비를 기재한 임대안내서를 만들어, 부동산 공인중개사 사무소를 순회하면서 후한 중개수수료를 약속하며 홍보에 열을 올려야 한다. 신축이든 리모델링이든 완공 후 첫 임차인을 구할 때는 정상 중개수수료에 일부 인센티브를 얹어준다고 홍보한다면 효과가 있을 것이다. 이런 것은 부동산 업계에서는 관행이다. 즉, 완공된 건물이 빌라든, 사무실이든, 상가든, 근린생활시설이든, 준공된 후에 첫 임차인을 수배하는 경우, 법정수수료에 일정 금액을 추가로 지급하는 방식이 일반적이다. 이는 공인중개사들의 임대 매물 리스트에서 다른 매물보다 해당 건물을 우선적으로 노출시키기 위해 건물주나 시행사가 중개사에게 인센티브를 제공하는 관행으로 자리 잡았다.

리모델링 공사비 규모와
외관에 따른 건물의 운명

앞서 말했듯이 '리모델링'이란 건축법의 정의에 따르면, '건축물의 노후화를 억제하거나 기능 향상 등을 위해 대수선하거나 일부를 증축 또는 개축하는 행위'를 말한다. 즉, 구조체는 남겨두고 대대적인 수선을 하거나, 대수선하면서 증축을 겸하거나, 기존 건물을 허물고 본래 크기로 다시 짓는 개축을 말한다. 따라서 부분적인 수선이나 인테리어 교체 등은 리모델링이 아니다. 그러나 현실에서는 이러한 엄격한 구분 없이 그저 약식의 수선만 해도 리모델링을 했다고 하는 경우가 많다. 여기에서는 저난도의 약식 수선부터 대대적인 수선 및 증축을 겸한 고난도의 리모델링까지, 공사비가 낮은 방식부터 시작해 가장 높은 방식까지 리모델링 사례를 들어, 각 방식에 따른 임대료 및 건물 가치 상승 효과를 설명한다.

최소 비용으로 외모만 꾸미는 페인팅 기법

건물의 주요 구조부를 변경하는 대수선이 아닌 최소 비용의 투입으로 겉모습만 예쁘게 치장하는 방식이 페인팅(도장) 기법이다. 이 방식의 장점은 임차인들을 퇴거시키지 않은 채 작업이 가능하고, 비용이 매우 저렴하다는 것이다. 단색으로 칠하기도 하지만, 여러 색상을 매치시켜 칠하면 약 10년 동안은 봐줄 만하다.

　페인팅만으로 외관을 꾸민 아래 사례는 건대 상권에 자리한 4층 꼬마빌딩이다. 건대 상권은 대학생들은 물론 직장인들도 많이 찾는 상권으로, 이웃한 성수동 상권과 연계해 시너지를 낸다. 이 건물의 외벽은 1980년대에 유행한 적벽돌로 마감되어 있었는데, 30년이 넘으니 우중충한 느낌을 줘서 주변 상권과 어울리지 않았다. 장사는 잘되는 지역이니 외관만 적은 돈을 들여 단장하면 임대에 유리하다는 판단으로 2~4층을 진노랑으로 칠하니 외관이 확 달라졌다. 이렇게 칠하는 비용은 꼬마빌딩을 기준으로 대략 1,500만 원 전후다.

　도장으로 외관을 칠하면 기존의 지저분한 모습을 덮어 깨끗한 이미지로 변신시켜 임대에 도움은 되겠지만, 건물의 기능 향상과는 무관하므로 임대료 인상 효과는 미미하다. 임대료를 인상하려면 상응하는 기능 향상이 수반되어야 한다. 단열 성능이 좋고 누수가 없으며 현대적 감성의 내·외관을 갖추고, 상하수도관을 비롯한 설비시설을 현대화하는 것이 기능 향상이다.

페인팅 전

페인팅 후

드라이비트라는 용어는 일반인에게는 다소 생소할 것이다. 간단히 설명하자면, 이는 건물 외단열 방식의 하나로서 건물의 외벽에 두께 20~50㎜ 스티로폼을 부착한 후, 스티로폼 표면에 유리섬유로 된 망사를 덧대고, 그 위에 드라이비트라는 재료에 색을 섞어 미장하거나 뿜칠로 마감하는 방식이다. 마감 후 표면을 만져보면 마치 '사포'처럼 까끌까끌하다. 표면을 노크하면 속이 스티로폼이므로 잘 익은 수박처럼 낭랑한 소리가 난다. 드라이비트뿐만 아니라 이와 유사한 외장 마감 방식으로 '스타코'가 있다. 드라이비트니 스타코니 하는 명칭은 생산업체의 브랜드에 따른 것으로, 차이는 이름만 다를 뿐이다. 품질과 성능은 스타코가 더 우수하고 가격도 높다.

1970~1980년대에 지어진 중소형빌딩들은 단열 성능이 낮은 단열재를 사용한 경우가 많아 겨울에는 외풍으로 춥고, 여름에는 더워 냉난방비가 많이 나온다. 30년 이상 지나면 여기저기 누수도 발생하고 외벽도 낡아 외관상으로도 흉해지기 마련인데, 이를 저비용으로 단번에 해결하는 방식이 바로 드라이비트다. 우리 주변을 둘러보면 이 방식으로 마

사무용 건물

상가주택

상가건물

감한 선물들이 의외로 많다는 것을 알 수 있을 것이다.

드라이비트 마감 방식은 외벽을 이음매 없이 통판으로 마감하는 것이 일반적이다. 드라이비트의 장점은 가성비가 좋다는 것이다. 석재로 마감하는 비용의 약 1/3~1/4 정도로 저렴하다. 다른 리모델링 방식과 달리 임차인을 명도하지 않고 유지한 채 단기간 내에 시공할 수 있어 공사가 용이하고 공사 기간도 짧다. 단열 성능이 우수해서 한겨울에도 추위를 잘 막아준다.

단점으로는 화재에 취약하다. 불이 나면 순식간에 꼭대기 층까지 화재가 번질 수 있다. 다만, 최근에는 가격이 좀 더 높기는 하지만 불이 잘 붙지 않는 난연재가 개발되어 화재 위험이 거의 사라졌다. 또 다른 단점은 속이 스티로폼으로 채워져 있어 충격에 약하다. 취객이 발차기 한 방 날리면 푹 꺼질 수 있고, 주차하다 차가 부딪치면 벽면이 찌그러질 수도 있다.

이 방식은 시공이 간편하고 공기가 짧고 단열 성능은 우수하지만, 저렴한 외관 마감 방식인 데다 건물 성능이 달린 상하수도관 교체를 하지 않았다. 따라서 완공 후에 건물의 외관과 성능 개선에 따라 건물주가 임대료를 인상하려 할 때 인상 폭이 제한적이어서 기존 임대료 대비 10~15% 정도 인상이 최선일 것이다. 리모델링하기에 자금이 부족한 경우 단열 성능 개선과 페인팅 색상 조합으로 가성비를 추구하면서 외관을 꾸민다는 소박한 마음으로 임하기를 바란다.

스톤비트, 노블스톤 등 진보된 마감 방식을 도입한 사례

드라이비트가 가성비 좋은 외단열 마감재 겸 건물 외관 개선 방식으로 알려지면서 널리 보급되었지만, 기존 방식만으로는 '싼티'를 벗어날 수 없었다. 국내 여러 업체는 드라이비트에서 진보된 형태의 외벽 디자인을 선보이고 있다. 업체마다 브랜드는 다르지만, 그중 대표적인 브랜드를 거명하자면 스톤비트, 로얄비트, 노블스톤 등이다. 기존 드라이비트는 외벽 표면을 이음매가 없는 통판으로 마감하는 반면, 이들의 처리 기법은 얼핏 보면 마치 화강석이나 대리석을 붙인 듯한 외관으로 마감해서 일반인은 분간할 수 없을 정도로 그럴듯하다. 비용은 드라이비트보다 50% 정도 높다.

시공 방법은 드라이비트와 유사하다. 기존 벽면은 대개 타일이나 벽돌인 경우가 많아 표면이 울퉁불퉁하므로 미장으로 평탄하게 만들고, 그 위에 20~30㎜ 두께의 스티로폼을 붙인 후 메시를 덧대줘서 표면의

리모델링 전 타일 마감 건물

리모델링 후 스톤비트(화강석 느낌)

리모델링 전 타일 마감 건물

리모델링 후 노블스톤 마감

크랙(Crack, 균열)을 방지한다. 그 위에 화강석 크기에 맞춰 하지 작업을 한 후 돌가루를 접착제와 반죽해 미장하는 방식으로 마감한다. 그런데 건물주가 공사비를 낮추기를 원하는 경우, 공정에서 스티로폼 부착을 생략하기도 한다.

이 방식 역시 건물 성능과 직결되는 상하수도관과 전기선의 교체가 이루어지지 않고 외벽만 단장한 상태이므로 향후 20년 정도 사용을 기대할 수 있고, 임대료 인상은 10~20%로 제한적이다.

외벽을 컬러 벽돌로 마감하고 내부를 대수선한 사례

대수선의 기본적인 사례다. 대수선이라고 하면, 외관을 벽돌이나 석재, 메탈 패널, 커튼월 등으로 교체하고, 내부도 기둥과 보 슬래브를 남기고 부착물 일체를 철거한 후 새 자재로 재시공하는 것으로서, 이때는 상하수도관과 전기선의 교체와 환기시설도 갖추는 것을 말한다. 대수선에서 공사비를 저렴하게 진행하려는 경우 외벽을 컬러 벽돌로 마감하면 된다. 하지만 컬러 벽돌의 가격이 천차만별이고, 장당 1,000원이 넘는 것도 있어 석재 마감과 맞먹을 수 있다.

이번에 소개할 리모델링 사례는 신림역에서 가까운 곳에 신림천이 흐르는데, 이 건물은 신림천 변에 있는 여관이다. 과거의 여관이 현대에도 생존하려면 트렌드에 맞춰 모텔로 리모델링을 해야 할 텐데, 이 건물주는 그럴 생각이 없었다. 대지가 170.8㎡(56.7평), 연면적이 471.5㎡(142.6평), 1986년에 준공된 지하 1층에 지상 4층이어서 모텔로 개조하기에는 규모가 작은 편이기는 하다. 그래서 그런지 점차 폐업을 향해 달려가고 있었다.

필자가 잘 아는 투자자는 이 여관을 헐값으로 매입했다. 여관 규모는 작지만 신림천 변에 입지해 탁 트인 전망이 장점이다. 서울 시내에서 이 정도의 전망을 갖추기는 쉽지 않다는 점에 착안해 이 여관을 MZ세대용 카페로 리모델링했다.

이번 사례의 특징은 외관을 컬러 벽돌로 마감했다는 것이다. 스타벅스도 그렇듯 유명 카페들은 외관 마감재로 컬러 벽돌을 애용한다. 쥐색 톤의 예쁜 벽돌과 세로 창, 캐노피가 카페 건물 느낌을 물씬 풍긴다. 내부는 요즘 카페 분위기에 어울리는 빈티지풍으로 마감했다. 완공 후 이곳은 MZ세대의 아지트가 되었다. 카페인지 독서실인지 너 나 할 것 없이 모두가 랩톱 컴퓨터를 가져와서 오랜 시간을 머무른다. 요즘 신세대가 즐겨 찾는 전형적인 카페의 모습이다.

이것이 리모델링의 장점이다. 시대 흐름에 뒤처져 사양화하는 건물을 땅값만 주고 매입한 후, 입지에 최적화된 업종으로 특화해 건물의 골조는 남기고 건물 안팎을 신자재로 마감해서 새 건물로 살려내는 것이다. 이번 사례가 그런 좋은 본보기 중 하나다. 컬러 벽돌을 외장으로 마

망해가던 여관
MZ세대의 아지트 카페로 변신

감한 리모델링으로 임대료 인상 효과는 50% 이상으로 크다. 석재로 마감한 경우와 비슷하다고 보면 된다. 임차인들은 외벽 마감재에 따라 임대료를 더 내고 덜 내는 것이 아니라 건물 내·외부가 미적으로나 기능적으로 충분하다면 임대료 인상을 받아들인다.

외벽을 석재로 마감하고 대수선한 사례

서울시 영등포구 대로변의 M빌딩. 용도지역은 준공업지역이고, 토지면적이 222㎡(67평), 지하 1층/지상 5층, 연면적 800㎡의 건물로서 1991년에 준공되었고, 외벽은 1980~1990년대에 유행하던 타일로 마감되었다. 5차선 대로변에 입지하고 2호선과 5호선 환승역인 영등포구청역이 7분 거리로 접근성이 무난했다.

건물주는 이 건물을 2014년에 매입한 후에 상당한 명도비용을 들여 모든 임차인을 내보내고 토탈 리모델링을 시행했다. 기둥과 보 벽체 등 건물의 구조체는 남겨두고 대수선 공사를 진행했다. 건물에 들어서면 계단실과 화장실이 있는 구조였는데, 승강기가 없어 상층부는 임대료가 턱없이 낮았다. 편의성 개선을 위해 계단실에 승강기를 설치하려다 보니 승강기를 넣을 공간이 부족해, 계단실을 통째로 철거한 후에 계단실을 다시 설치하고 화장실이 있던 자리에 승강기를 설치했다. 없어진 화장실은 건물 내부에 설치했다. 당시만 해도 이 정도의 규모의 꼬마빌딩에는 세입자가 입식 냉·온풍기를 자비로 설치하는 것이 관행이었던 시절이지만, 건물주는 상당한 돈을 들여 천장형 시스템에어컨을 설치했다. 외벽은 흰색 계열의 화강석으로 마감했다. 창틀도 전부 헐어내고 현대식 시스템창호로 교체했다. 건물 성능과 직결되는 상하수도관과 전기선도 새것으로 교체함으로써 제대로 된 리모델링을 시행한 것이다. 이로써 향후 40~50년을 더 사용할 수 있게 되었다.

리모델링 덕분에 임대료를 대폭 인상할 수 있었다. 기존에는 보증금 1억 원에 월세 700만 원이던 것이 완공 후에는 보증금 1.5억 원에 월세 1,100만 원이 나온다. 임대료는 리모델링 전보다 57%를 인상할 수 있었다. 사실 이 수준의 토탈 리모델링을 시행한 후에는 완공 후 새로운 임차인을 들이면 임대료 인상 폭은 적게는 50%, 많게는 100% 이상도 가능하다. 승강기 설치로 상층부 접근성이 개선되고 신축 건물과 동일한 외관 이미지 개선으로 신축 건물과 같은 수준의 임대료를 얻을 수 있기 때문이다.

리모델링 전 타일 마감 건물리모델링 후 화강석 마감 건물

외벽을 복합 패널로 마감하고 대수선한 사례

건물 투자에 나서면 평소에 익숙지 않았던 토지이용계획이라는 것을 접하게 된다. '토지이음' 앱에 매물의 지번을 입력해보면 지역지구 등 지정 여부가 나오는데, 간혹 일반인들에게는 친숙하지 않은 '지구단위계획구역'이라는 게 있다. 지구단위계획이란, 지정된 구역 안에 있는 토

리모델링 전 적벽돌 마감 건물	리모델링 후 메탈 패널 마감 의료시설

지들에 대해 토지이용을 보다 합리화하고 기능 증진 및 미관 개선을 통해 양호한 환경을 확보함으로써 그 지역을 체계적이고 계획적으로 관리하기 위해 지자체가 수립한 관리계획이다. 일견 해당 지역 발전을 위해 매우 좋은 계획으로 들린다.

그런데 내용을 파고들어 가 보면, 건물주 마음대로 개발할 수 없도록 족쇄가 채워진 경우가 많다. 그중 가장 큰 제약은 두 필지나 여러 필지가 하나로 묶여 있는 사례다. 이런 경우 건물을 신축하려면 묶여 있는 모든 토지를 하나로 통합해야 한다. 예를 들어 3개의 필지가 각각 다른 지주에게 속해 있다면, 신축을 위해서는 어느 한 지주가 나머지 필지를 모두 매입해야 한다. 부부 간에도 의견을 모으기 어려운 것이 현실인데, 각자의 상황이 다른 남남 사이에서 개발이나 매매에 대한 합의를 이끌어낸다는 것은 사실상 불가능에 가깝다. 그 결과 개발이 시급한 지주는 속만 태우는 경우가 흔하다.

영등포의 한 역세권에 있는 이번 사례도 지구단위계획으로 개발이

제한된 사례다. 용도지역이 일반상업지역이라서 지상으로 10층 정도 올릴 수 있는 좋은 땅이다. 투자자는 의료시설을 신축하기 위해서 지구단위계획으로 묶여 있는 세 필지 중 두 필지를 먼저 매입한 후, 나머지 필지를 매입하고자 지주를 만나 수차례 협상을 진행했지만, 그분은 절대로 팔지 않겠다고 버티는 바람에 신축의 꿈을 이룰 수가 없었다. 다만, 리모델링은 필지별로 진행할 수 있어서 그나마 다행이었다. 신축으로 10층 건물을 지을 수 있는 토지였는데, 차선으로 리모델링을 선택한 것이다. 투자자는 이미 매입한 두 필지상에 있는 건물을 리모델링하면서 두 건물을 잇는 구름다리를 놓기로 했다.

공사가 시작되어 건물 내부를 뜯어보니 슬래브의 열화가 일부 진행되어 있어 강철보다 10배나 강한 탄소섬유로 보수 작업을 마치고, 그 위에 도장으로 마감했다.

철거 후 드러난 슬래브의 열화 상태

탄소섬유 보강 및 도장마감 후 모습

외벽 중 전면은 개방감이 뛰어난 커튼월로 처리했고, 나머지 3면은 건물 하중 부담을 줄이기 위해 메탈 패널로 마감했다. 승강기도 설치하고 내부를 의료시설에 맞게 단장했다.

| 메탈 패널 및 커튼월 부착을 위한 비계 설치 | 메탈 패널과 커튼월 부착 공사 |

증축과 계단실 확장 및 승강기 설치 등 고난도의 면목역 꼬마빌딩

7호선 전철 면목역에서 150m 거리 대로변에 입지한 이 건물은 1984년에 준공된 지하층이 딸린 지상 3층 상가건물이다. 용도지역이 3종 일반주거지역으로서 대지면적이 294㎡(89평), 연면적 645㎡(195평)이었다. 지상 5층까지 올릴 수 있는 땅인데도 건축비를 아끼려고 엘리베이터 없이 3층으로 지은 것이다. 얼핏 보기에도 우리 주변에서 흔히 볼 수 있는 외벽을 타일로 마감한 꼬마빌딩이다.

리모델링에 적합한 매물을 알아보던 투자자는 이 건물을 2020년에 29억 5,000만 원에 매입했다. 매입 당시 36년 된 낡은 건물이어서 건물값은 쳐주지 않고 토짓값만으로 평당 3,315만 원에 사들인 것이다. 취득세와 중개보수를 포함해 31억 원이 들었다.

낡은 건물을 보유하거나 매입해서 리모델링하려는 경우, 사전에 건물의 입지에 최적화된 상권 분석과 입지 분석을 수행해야 실패가 없다. 분석 결과, 이 건물은 역세권 대로변에 입지했으므로 상가나 사무실로 임대하기에 손색이 없다고 판단되어 1층은 상가로, 잔여 층은 상가나 사무실로 임대할 목적으로 증축을 겸해 리모델링하기로 했다.

기존 건물의 계단 폭이 100cm였다. 증축 없이 리모델링하는 경우 기

리모델링 전　　　　　　　　　　리모델링 후

존 계단 폭이 존중되어 그대로 사용 가능했지만, 지자체와 인허가 심의 과정에서 증축을 겸하는 경우 계단 폭이 최소 120cm가 되어야 한다는 신설 규정 때문에 계단실과 화장실을 통째로 철거하고 엘리베이터와 화장실, 계단실을 새로 설치해야만 했다. 이로 인해 뜻하지 않게 추가공사비가 들었다. 리모델링 공사의 경우 이렇게 예기치 못한 사유로 추가 공사비가 들 수 있는 것이다.

　기존 건물의 용적률에 여유가 있어 리모델링 시 증축을 겸하는 경우, 주의할 사항이 바로 일조권 사선제한이다. 우리나라에서 리모델링 용도로 적합한 중소형빌딩의 십중팔구는 용도지역이 2종 일반주거지역이거나 3종 일반주거지역이다. 일반주거지역인 경우, 북측에 인접한 토지에 일조권을 보장해주는 범위 내에서 건물을 올려야 한다. 아무리 용적률에 여유가 많다고 해서 그만큼 증축할 수 있는 것이 아니다.

　이 토지는 다행히도 북측에 일조권 사선제한을 피할 수 있는 땅이었다. 땅 모양이 북측으로 길쭉해 사선제한을 거의 받지 않아 3종 일반주거지역 용적률 상한인 250%를 거의 채운 247.29%를 구현했다. 이에 따라 문제없이 4층부터 5층까지 층당 44평씩 증축할 수 있었다. 건물 내부 천장은 깔끔하게 흰색 텍스로 마감하고, 바닥은 은은한 현대식 디자인의 PVC 자재로 마감해 사무실 또는 상가로 사용하기에 적합하도록 했다. 창문도 널찍한 창에 환기가 가능한 보조 창을 달아 개방감과 실용성을 높였다. 옥상에는 임차인들의 휴게공간으로 정원을 조성했다. 바닥은 방수 작업 후 인조 잔디를 깔았고, 한편에는 담소 나눌 공간으로 커피 테이블과 파라솔을 설치했다. 가장자리에는 조경목을 설치해 전체적으로 작은 공원을 만든 것이다.

또한, 건물이 커 보이도록 옥상에 패러핏을 설치해 밖에서 이 건물을 보면 마치 6층 건물인 것처럼 보이도록 했다. 패러핏은 기능적으로 옥상의 난간을 대신하면서도 한층 더 높이 보이도록 해서 건물에 멋과 중후함을 더해주는 효과가 있는 시설물이다. 건물 외벽은 1~2층은 검정색 벽돌로 마감하고, 3층부터는 미색 대리석으로 마감해 현대적 감각의 외관을 갖췄다. 필자의 협력사가 시공한 이 건물을 리모델링 완공 후 필자가 답사하면서 옥상부터 지하층까지 샅샅이 살펴보았는데, 어디에도 낡은 건물의 흔적이 남아 있지 않았다. 과거에는 리모델링한 건물을 살펴보면 군데군데 구 건물 흔적을 찾아볼 수 있었는데, 요즘에는 기술의 발달로 리모델링한 건물이라는 느낌을 전혀 받지 않을 정도로 기술이 진보했다.

리모델링 전에 이 건물은 만실 시 보증금 1억 원에 월세 700만 원이었는데, 리모델링 완공 후 보증금 2억 원에 월세 1,500만 원이 나온다. 건물 가치를 판단할 때 업계에서 흔히 사용하는 방식이 임대수익률법이다. 즉, 측정 시점에 시장에서 통용되는 임대수익률을 기준으로 건물 가치를 평가하는 것이다. 2022년 8월 현재, 서울 시내 건물의 경우 지난 3년간 급격히 오른 토지가격 때문에 임대수익률이 낮아졌다. 임대료는 3년 전과 같은데 땅값이 폭등했기 때문이다. 가령 3년 전에 대지면

적 100평에 토지시세는 평당 5,000만 원 하던 건물이 50억 원 정도였
는데, 지난 3년 동안 땅값이 최소 50% 인상되어 75억 원이 되었음에도
임대료는 3년 전과 동일하다. 3년 전 임대료가 1억에 1,500만 원이었
다면 건물 가치 50억 원 기준으로 임대수익률이 3.67%였다. 이때는 은
행 대출이자율도 2%대로 저렴했다. 그런데 지금은 은행 대출이자율이
4%대로 오른 데다 땅값 상승으로 50억 원짜리가 75억 원이 되었고, 임
대료는 1억 원에 1,500만 원 그대로이므로 임대수익률이 2.43%인 것
이다. 상황이 이렇다 보니 현재 서울의 빌딩 시장에서는 임대수익률이
2.5% 정도인 경우, 우량한 매물로 통한다.

결국 이 건물을 리모델링해 임대한 결과, 보증금 2억 원에 월세
1,500만 원이 나오므로 요즘 서울시에서 통하는 임대수익률 2.5%에
맞춰 역산하면 건물 가치가 74억 원 정도 된다. 따져보니 투자자는 매
입비용으로 31억 원에 리모델링공사비 14억 원을 들였으니 투입비용
이 45억 원이다. 여기에 은행융자 약 30억 원을 이용했으므로 1년치 이
자비용 1억 원을 추가한 46억 원이 총투자 비용이다. 따라서 이 건물을
74억 원에 내놓고 72억 원 선에 매각한다고 가정하면, 세전 투자 수익
이 약 26억 원 정도 예상되어 성공적인 재테크 효과를 거둔 사례라고
할 수 있다.

리모델링 착공부터 완공까지
세부공정 체험하기

　낡은 건물이 어떤 과정을 거쳐 리모델링이 되는지 전반에 걸쳐 살펴보는 것은 25년 이상 된 건물을 보유하거나 매입해 리모델링을 고려하는 분들에게 매우 유익한 경험이 될 것이다. 건물 규모가 크든 작든 리모델링에서 거쳐야 할 과정은 동일하다. 필자가 최근에 공사 전반을 총괄하고, 사용승인을 받은 사례에 대해 공정별 세부 내역을 설명하려 한다.

　이 사례의 건물은 영등포구청역 먹자 상권에 있다. 1992년에 준공되어 30년이 넘은 낡은 건물이다. 준공업지역 대지 173.2㎡(52.4평), 지하 1층이 딸린 지상 4층의 상가주택이다. 골조가 지하 1층부터 2층까지는 철근콘크리트조이고, 3~4층은 조적조라서 구조 보강이 필요했다. 지하실부터 2층까지는 근린생활시설이고 3~4층은 주택인 것을, 리모델링하면서 주택 부분을 모두 근생으로 용도변경하고 제5층을 증축하면서 기존에 없던 승강기를 설치하는, 난도가 높은 리모델링이다. 시공은 고난도 시공과 건물 내·외관 디자인 능력이 뛰어난 아이지엠(IZM)사가 맡았다.

　필자는 리모델링 및 신축공사에 대해 투자 타당성 분석은 물론, 프로젝트 매니저(PM) 역할을 본업으로 수행하고 있다. 이번 사례는 필자가 투자자와 리모델링 컨설팅(PM)계약을 맺고 총괄한 사례다. PM계약이란, 프로젝트 매니저 용역계약을 말하는데, PM이 리모델링공사 전반에 대해 총괄 진행 업무를 수행하는 것이다. 즉, 수지 분석과 시공사·건축사 연결, 건물 디자인 도출, 인허가 관리, 시공 관리 및 완공 때까지 프로젝트 전반을 관리·감독하는 일이다.

PM 역할 중 가장 중요한 일은 건물 가치를 결정짓는 외관 디자인을 도출하는 일이다. 공사 후의 건물 모습이 어떨지는 모든 건물주의 최대 관심사다. 외관은 건물주 본인의 마음에 들어야 하는 게 첫째요, 세입자의 마음에 들어야 하는 게 둘째다. 혹여 장래에 매각을 대비해 매수인의 마음에 들도록 디자인해야 한다. 이토록 중요한 건물 디자인이므로 이를 위해 PM은 심혈을 기울여 입지와 상권 및 건물 특성에 맞는 디자인을 수배해서 건물주에게 제시해야 하고, 수차례 조정을 거쳐 완성하는 것이다.

다음은 필자가 리모델링 후의 건물 이미지를 제시한 것이다. 맨 좌측은 리모델링 전의 낡은 상가주택이고, 우측 이미지 3개는 필자가 준비해 제시한 외관 샘플이다. 투자자는 두 번째 대안을 선택했다. 대안이

| 리모델링 자문 – 리모델링 후 외관 모습 예시 |

선택되면 투자자는 시공사 및 건축사와 수차례 미팅을 통해 이미지를 가다듬어 실제 공사에 적합한 구체적인 이미지를 도출하고 그것을 기초로 견적을 낸다.

아래 이미지는 두 번째 대안을 기준으로 건축주와 건축사 간 수차례 조정을 거쳐 확정된 리모델링 후 건물의 외관 이미지다. 전면과 좌측면은 유리로 외벽을 감싸는 방식인 커튼월로 마감해 개방감 있고 고급스러운 모습이고, 제5층은 증축되는 부분을 나타낸 것이다.

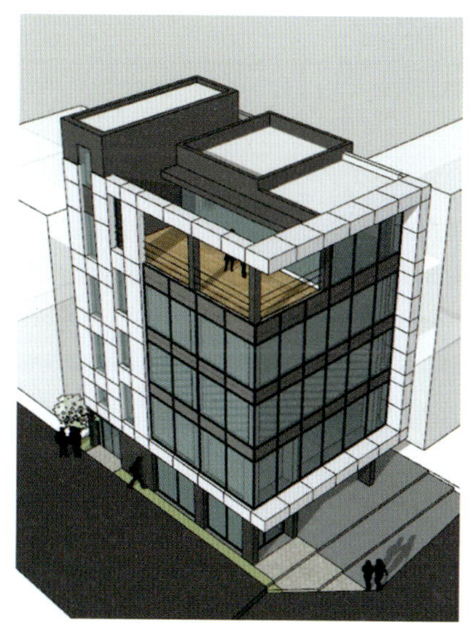

조감도

투시도

리모델링 허가를 득한 후에 철거계획서를 작성해 지자체의 심의를 통과하면 철거 작업이 시작된다. 건물 외벽에 인부들이 공사를 할 수 있는 발판이자 분진이나 낙하물 방지를 위한 비계를 설치한다. 건물 내부는 기둥과 보 슬래브를 남기고 잔여 부착물을 철거한다. 외벽에는 커튼월 설치를 위해 기둥만 남기고 벽체를 도려낸다. 계단실 중간에 있는 화장실 자리에 승강기 설치를 위해 그곳을 도려낸다. 조적조로 되어 있는 3층과 4층에는 기둥이나 보 슬래브 부위를 제5층 증축에 따른 하중을 견디도록 구조 보강을 시행한다.

① 비계 설치

비계 설치 전 모습 시스템 비계 설치 가림막 설치

② 건물 내부 부착물 철거 및 보강공사

천장 부착물과 내부 칸막이 철거 후 모습

기둥과 보의 취약한 부분을 철판으로 구조 보강

③ 내장공사

천장에 단열재 및 시스템에어컨 부착

지하실에 환기설비(덕트) 및 조명 설치

3~4층 사무실 천장 마감 후 모습

사무실 바닥재 시공 후 모습

④ 커튼월공사

커튼월 프레임(틀) 공사

프레임 부착 후 모습

유리 부착 후 모습

⑤ 승강기 설치공사

승강기 설치할 화장실

승강기 규격에 맞춰 층별로 바닥을 절단

승강기 관로용 철근 조립

콘크리트 타설 후 관로 모습

승강기 설치 후 모습

⑥ 1층 인테리어 및 주차장공사

1층 점포 내부공사

1층 전면의 기존 주차장 보완공사

⑦ 제5층 증축공사

증축 전 4층 옥상 모습

증축은 경량철골을 이용해 골조 조성

철판 데크를 이용해 천장 조성

경량철골을 이용한 골조 조성 완료

5층 바닥난방용 엑셀관 설치 후 미장

5층 내장공사 및 창문 설치 후 모습

⑧ 계단실 도장공사 및 화장실공사

계단실 핸드레일 교체

계단실 벽면 도장

화장실 방수 작업

화장실 완공 후 모습

⑨ 외장공사

| 외벽면 위에 단열재 부착 | 단열재 위에 메시 부착 | 메시 위에 스타코 마감 |

약 8개월 동안 철거 작업과 본격 리모델링 및 증축공사가 앞과 같은 공정을 거친 후에 32년 차 노후 상가주택은 현대적 디자인의 외관과 첨단 성능을 갖춘 신축급 건물로 재탄생되었다. 이 건물의 임대료는 리모델링 전에는 보증금 5억 원에 월세 500만 원이었던 것이 리모델링 후에는 보증금 2억 원에 월세 1,200만 원이 나오는 어엿한 꼬마빌딩이 되어 이 장소에 멋진 모습으로 향후 30~40년간 자랑스레 자태를 뽐낼 것이다.

| 리모델링 전 4층 상가주택 | 사전에 구현된 3D 이미지 | 완공 후 5층 건물 |

리모델링
성공 사례

　서울지역에서 수행된 리모델링 성공 사례는 수없이 많지만, 그중에서도 주목할 가치가 있는 사례 4건을 소개한다. 첫 번째 사례는 건대 앞 상권의 근린생활시설 건물인데 외관을 멋지게 바꾸고, 승강기를 설치함으로써 스타벅스를 유치했다. 두 번째는 빌트인 가구의 유행으로 인해 폐업한 가구매장 4층 건물을 4개 층 증축해서 8층 첨단 업무용 건물로 리모델링했다. 세 번째는 왼쪽에 있는 계단실을 오른쪽으로 이동시킨 사례이며, 네 번째는 승강기를 출입구에 덧대어 설치한 사례다.

건국대 앞 낡은 상가가 스타벅스 건물로

리모델링 전 심란한 상가건물

커튼월 단장으로 모던한 상가빌딩

서울에는 지자체별로 내로라하는 대표 상권들이 1~2개씩 존재한다. 서울 전체를 통틀어 5대 활황 상권을 꼽으라면 전문가별로 순위는 서로 다를 수 있겠지만 홍대 상권, 강남역 상권, 이태원 상권, 명동 상권, 성수동을 포함한 건대 상권 정도를 들 수 있을 것이다. 이들 상권의 특성은 주 고객층이 젊은 층이고, 상권 내에 먹거리, 즐길 거리가 잘 구비되어 있다는 것이다.

앞의 낡은 건물은 건대 상권 대로변 초역세권의 우량한 위치에 소재한 건물인데, 1980년대 양식으로 지어진 상가로서 상권 위상에 걸맞지 않게 외관이 초라하기 그지없었다. 용도지역은 재건축할 경우, 8~10층까지 올릴 수 있는 준주거지역으로서 대지면적도 447㎡(135평)로 작지 않은 크기지만, 1987년 축조 당시 지하 1층에 지상 4층까지만 올렸다. 승강기도 없고 주차시설도 굉장히 부족해 상가건물로 제값에 임대하는데 애로사항이 많았다. 건폐율 49%에 용적률은 법정 허용치 400%에 한참 못 미치는 183%에 불과했다. 워낙 위치가 좋아 공실 걱정은 없었지만 2~4층은 엘리베이터도 없고 건물이 낡아 시세보다 낮은 가격으로 임대 중이었다.

고밀도 개발이 가능한 토지에 걸맞게 부동산 가치를 최대치로 구현하기 위해 건물주는 재건축도 검토했으나, 용적률 400%를 적용한 신축비용이 30억 원을 훌쩍 초과해 건물주가 감당하기 어렵기에 이를 포기하고 리모델링하기로 결정했다. 상권이 우수한 만큼 굳이 신축하지 않아도 저층부를 우량 임차인으로 채우면 상당한 임대수입을 얻을 수 있다는 판단으로, 외관을 현대적 디자인으로 개조하고 승강기를 신설해 편의성을 제고하는 방식의 대수선을 선택한 것이다.

리모델링 전의 모습에서 보는 바와 같이 건물 최상층은 비스듬한 경사면에 작은 창문이 여러 개 있었다. 과거에 지어진 건물 중에는 이처럼 유럽풍 양식의 건물이 있지만 경사진 꼭대기 층은 전용면적이 작고 이용이 불편해 임대가 원활하지 않은 단점이 있다. 차제에 경사진 부분을 똑바로 펴서 올리기로 했다. 구조적 안전성과 빗물 처리 문제를 해결하기 위해 세심히 설계해 경사지붕 위에 벽체를 신설하는 방식으로 현대식 이미지의 평지붕 형태를 구현했다. 건물의 이미지를 현대식으로 변경하는 것이 본 프로젝트의 목표였기 때문에 전면은 기둥을 제외한 모든 벽돌을 철거하고 밝은 톤의 석재타일로 교체했다. 전면의 창은 커튼월 방식의 통유리로 마감해 시야가 탁 트여 개방적이고 현대적인 느낌이 살아났다.

하지만 엘리베이터를 신설하는 데 문제가 있었다. 엘리베이터는 이용자가 1층에서 곧바로 엘리베이터에 탑승할 수 있는 위치에 설치해야 한다. 그런데 구 건물은 여러 계단을 올라가면 만나는 화장실 자리에 엘리베이터를 설치해야 했기 때문에 무거운 물건을 들고 엘리베이터에 탑승하는 데 매우 불편해 이 방식을 포기했다. 그 대신에 건물 후면에 있는 공지 방향으로 수평 증축하기로 했다. 이렇게 후면 공간이 넓어지자 그곳에 엘리베이터와 화장실을 설치해 건물 이용이 한결 편리해졌다.

승강기 및 화장실의 추가 설치에 따라 건물의 연면적이 증가하면 증가한 만큼의 주차 대수 추가가 필수적이다. 궁리한 끝에 건물 뒤편의 공지를 활용해 1층에서 지하층까지 수직으로 오르내리는 간이식 주차시설을 설치함으로써 문제를 해결했다. 대수선 허가조건에 따라 조경면적을 추가해야 했는데, 지상에는 조경을 확보할 공간이 없어 옥상에 필요한 조경면적을 확보했다. 또한, 옥상 조경을 원활하게 관리할 수 있도록 접근이 용이한 별도의 계단을 신설했다.

리모델링한다는 소문이 나자 모든 건물주의 로망 1순위 임차인이라고 할 수 있는 스타벅스가 공사가 한창인 시점에 제 발로 찾아와 1층과

2층을 임대하기로 계약했다. 그들의 요청에 따라 1층에서 2층으로 통하는 내부 계단을 설치했을 뿐만 아니라, 건물 전체를 완공하기에 앞서 1~2층 카페 공사를 우선해 완료해줘서 3~4층 공사 기간에도 카페영업을 할 수 있도록 공사 스케줄을 조정했다. 이처럼 저층부는 상층부 공사가 진행 중에도 영업할 수 있으므로, 건물주는 그만큼 공실 기간을 줄이고 임대수입을 추가할 수 있는 이점이 있는 것이다.

2018년에 5개월 동안 공사비 13억 6,300만 원을 들인 공사가 완료되었다. 연면적 1,057㎡(320평) 대비 평당 426만 원이 투입되어 그 당시 평균적인 대수선비용보다 좀 더 들었다. 낡은 건물 안팎을 해체한 후 드러난 골조 상태가 부실하면 상당한 비용을 들여 구조 보강공사를 해야 하고, 증축 공간에 엘리베이터를 설치하는 경우에도 엘리베이터 비용과 설치비가 추가된다. 경사진 지붕을 똑바로 펴서 올린다는 것도 말이 쉽지, 난공사다. 건물 뒤편의 공지에 기계식 주차시설을 설치하는 비용도 꽤 들었다.

건물주는 과감한 결단으로 상당한 리모델링 비용을 투입한 결과, 스타벅스 같은 우량 임차인을 유치해 1~2층을 임대하고 있으니 누가 보아도 똑소리 나는 상가빌딩주로 재탄생된 것이다. 참고로 스타벅스와 같은 유명 프랜차이즈업체들은 임대료를 월정액으로 지불하지 않고, 월 매출의 10~14% 선으로 건물주와 합의해서 지불하는 경우가 있다. 이에 따라 상권이 좋아 매출이 높으면 시세보다 2배 이상의 임대수입을 얻기도 하고, 매출이 낮으면 반대가 되기도 한다. 그러나 서울에서 다섯 손가락 안에 꼽히는 노른자위 상권에 입주한 스타벅스는 평균 이상의 매출을 올릴 것이라는 점은 걱정하지 않아도 될 것이다.

4층 폐업 가구점을 4층 증축해 8층 첨단 오피스 빌딩으로

리모델링 전

리모델링 후

서울에서 '논현동' 하면, 가구전시장이 떠오른다. 베이비붐 세대들이 결혼적령기에 도달한 1980~1990년대에는 서울을 비롯한 전국에서 아파트뿐만 아니라 다가구주택, 연립주택, 꼬마빌딩들이 우후죽순처럼 공급되었다. 지금 공급되는 아파트를 비롯한 주거시설에는 빌트인 가구가 딸려 있어 장롱이나 신발장, 수납장 등을 별도로 구입할 필요가 없어졌지만, 과거에는 신혼살림을 꾸리거나 큰 집으로 이사할 때 새 가구를 장만하는 일이 당연했다. 서울지역에서는 강남구 논현동에 가구거리가 특화되어 내로라하는 가구점들이 논현역부터 학동역에 이르는 대로변을 비롯해 이면 곳곳에 포진하고 있었다.

1기 신도시 입주가 시작되던 1990년대를 기점으로 붙박이식 가구들이 공급되기 시작하면서 가구거리는 쇠퇴의 길로 접어들자 논현동에서 가구매장은 하나둘씩 자리를 감추기 시작했다. 이즈음 이 건물도 가구매장으로 4층 전체가 임대되고 있었는데, 가구산업 사양화에 따라 공실이 발생하자 건물주는 차제에 이 건물을 필자 제휴사인 리모델링 전문업체와 상담한 끝에 남아 있는 용적률을 최대한 활용해 4개 층을 증축하기로 마음먹었다.

차병원으로 유명한 언주역 대로변에 위치한 이 건물은 1981년에 준공된 상가건물로 용도지역이 3종 일반주거지역으로 대지면적이 647㎡(196평)이고 연면적이 1,367㎡(413평), 지하 1층이 딸린 지상 4층 건물이었다. 말이 상가건물이지, 승강기도 없고 주차시설도 미흡해 어느 업종을 유치해도 장사가 잘되기 어려운 상태였다.

지상 4층 건물 위에 4개 층을 증축하면서 승강기도 설치하고 기계식 주차장도 신설하며 건물 내·외관을 전면적으로 리모델링한다는 것은 보통 일이 아닌 고난도 작업이다. 증축하려면 기존 골조가 증가한 하중을 견딜 정도로 튼튼해야 하는데, 그렇지 못한 경우가 대부분이다. 어떤 건물이든 처음 설계할 때 층수가 몇 층이냐에 따라 그에 적당한 하중을 견딜 수 있도록 설계하는 것이지, 수십 년 후에 예상되는 증축을 고려해 처음부터 필요 이상으로 골조를 튼튼하게 만드는 일은 없다. 그것은 그때 가서 고민할 일이지, 미리부터 불필요한 비용을 투입할 필요가 없기 때문이다.

이렇게 4개 층이나 증축을 해야 하므로 사전에 구조안전진단을 실시하면서 구조계산을 철저히 해서 기둥과 보 슬래브 등에 구조 보강 작업을 거쳤다. 또한, 증축되는 층의 구조는 하중을 줄이기 위해 철근콘크리트조가 아닌 철골조로 짓는 것이 일반적이다. 계단도 외부에서 조립해온 철제계단을 설치함으로써 튼튼하면서도 하중이 적은 이점을 살렸다. 건물 크기가 꼬마빌딩 수준을 넘어 중형급 빌딩으로 커짐에 따라 승강기도 대형으로 신설했고, 6층 이상 건물에 새로 적용되는 법령에 따라 장애인 화장실도 설치했다. 탁 트인 개방감 확보를 위해 창문을 대형 유리로 마감하는 커튼월 방식을 택했다. 건물 외벽에는 중후한 톤의 컬러 벽돌로 마감했다. 천장은 요즘 유행하는 노출천장 방식으로 마감하면서 시스템에어콘도 설치했다. 부족했던 주차시설 보완을 위해 건물 외부의 여유 공간에 주차타워를 신설해 18대 수용 가능한 기계식 주차장을 마련했다.

노출천장과 시스템에어컨

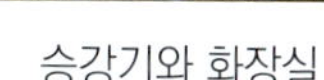
승강기와 화장실

철제계단 노출 마감

타일과 도장 마감한 복도

공지에 신설한 주차타워

약 7개월여 기간 동안 증축을 겸한 대수선공사 결과, 4층짜리 건물이 어엿한 8층 첨단빌딩으로 재탄생했다. 이로써 더는 가구매장과 같은 특수업종에만 의존하지 않고 무슨 업종이든 수용 가능한 상가 겸 오피스 빌딩으로 거듭났다.

리모델링을 통한 임대료 상승 효과가 가장 큰 사례는 외관을 커튼월로 마감한 경우다. 커튼월 마감공사는 비용도 가장 큰 만큼 임대료도 큰 폭으로 올라간다. 기존에 승강기 없는 건물을 승강기 설치 및 커튼월 마감 시 임대료는 기존의 최소 50%에서 최대 100%까지 올라간다.

신축보다 리모델링으로 건물 가치가 높아진 사례

리모델링 전

리모델링 후

사진 속 건물은 서울시 마포구에 있는 꼬마빌딩으로 1968년에 준공되어 나이가 무려 50살이 넘은 낡은 건물이다. 건물주는 전문가의 조력을 받아 분석한 결과, 건물을 허물고 신축하기보다는 골조만 남기고 리모델링하는 것이 유리하다는 판단으로 리모델링해서 큰 이익을 보았다.

금세라도 붕괴할 것처럼 보이는 낡은 건물도 리모델링이 가능할지 의문이 들 수 있지만, 사전에 구조 기술자를 통해 안전진단과 구조 보강 도면을 받아 적절한 보강공사를 가미하면 골조의 성능을 충분히 개선할 수 있다. 오늘날 국내 리모델링 기술은 눈부시게 발전해 일반인의 눈으로 볼 때는 리모델링을 한 것인지, 신축을 한 것인지 도무지 구별하기 어려울 정도다.

254페이지 사진의 건물은 용도지역이 2종 일반주거지역으로서 대지면적이 138㎡(42평)의 작은 4층짜리 상가건물이다. 필자가 이 건물을 답사했을 때 '대지가 42평에 불과한데 건물 규모가 왜 이리 클까?' 하는 의구심이 들었다. 건축물대장을 보니 건폐율이 74.3%로 층당 약 103㎡(31평)씩 올라갔고, 연면적은 약 413㎡(125평)로 용적률이 무려 297.2%나 되었다. 현행 건축법을 적용해 신축하면 건폐율 59.8% 적용 시 층당 약 82㎡(25평)에 불과할 뿐만 아니라 연면적이 용적률 최대치인 200% 적용 시 약 277㎡(84평)에 불과하다. 따라서 리모델링하면 현재의 건물 크기를 그대로 인정받아 연면적을 유지할 수 있지만, 신축하면 연면적이 대폭 줄어드는 것이다. 연면적 감소가 무려 135㎡(41평)에 달해 임대수입 손해가 막심하다.

수익형 건물의 가치는 임대수입으로 결정된다. 임대공간이 커야 임대수입이 증가하고 건물 가치도 비례해서 높아진다. 멋지게 리모델링된 413㎡짜리 건물이 창출하는 임대수입과 신축되었지만 277㎡에 불과한 건물에서 발생하는 임대료의 차이는 엄청나다.

구 분	리모델링하는 경우	신축하는 경우
대지면적	42평	42평
건폐율	74.3%(층당 31.25평)	59.8%(층당 25평)
용적률	297.2%	199.9%
연면적(지상 층)	125평	84평
임대료	1억 6,000만 원/월세 1,200만 원	1억 3,000만 원/월세 858만 원
공사비	4억 3,000만 원(평당 344만 원)	5억 8,800만 원(평당 700만 원)
건물 가치(수익률 3% 기준)	49억 6,000만 원	35억 6,000만 원

앞의 표에 나타난 임대료는 리모델링 후에 건물주가 실제로 임대한 수치다. 임대료 단가도 리모델링과 신축을 동일하게 적용했다. 리모델링 완공 시점을 기준으로 1층은 평당 19만 2,000원이고, 2~4층은 평당 6만 4,000원을 적용했다. 임대료 차이가 월간 342만 원, 연간으로 따지면 4,104만 원이다. 반면 공사비에서는 큰 차이가 나지 않는다. 그 이유는 리모델링 시 계단실을 좌측에서 우측으로 옮겼고, 승강기도 신설했으며, 구조 보강공사도 심도 있게 처리함에 따라 리모델링비가 제법 들었기 때문이다. 신축하는 경우 연면적이 작아 공사비도 적게 든다.

이렇게 리모델링할 경우 건물의 가치는 얼마인지 따져보자. 이 건물의 매입비는 취득세 등을 포함해 27억 5,000만 원이었고, 여기에 리모델링비 4억 2,000만 원을 더하면 총투입비는 31억 7,000만 원이다. 리모델링 완공 후 보증금 1억 6,000만 원에 월세가 1,200만 원이므로 완공 시점에 서울 강북권 상가건물의 거래 가능한 임대수익률을 3%로 놓고 역산하면 건물 가치가 49억 6,000만 원이다. 현행법에 맞춰 신축하는 경우 예상되는 건물 가치 35억 6,000만 원과 비교하면 차이는 14억 원이다. 이처럼 리모델링의 매력은 현행 건축법상 제약조건에 얽매이지 않고 기존 건물이 건축될 당시의 조건을 인정받음으로써 경우에 따라서는 신축하는 것보다 커다란 부가가치를 창출할 수 있다는 데 있다.

이번 사례는 기존의 계단실 위치를 건물 좌측 끝에서 우측 끝으로 옮겨 재설치하고 승강기를 신설하는 등 리모델링공사 난이도 중 최상급에 속한다. 계단실 위치를 변경하는 이유는 사람들이 지날 때 이 건물이 좀 더 부각되도록 하고 실용성을 높이기 위한 차원이었다. 말이 쉽지, 건물 기능의 핵심적 역할을 수행하는 코어(계단실, 승강기, 화장실이 있는 곳)를 이전한다는 것은 매우 어렵고 구조 보강도 철저히 해야 하는 미션으로, 고도의 기술력이 뒷받침되지 않고는 수행할 수 없는 난공사다. 과연 이런 리모델링공사가 어떻게 진행되는지 공사의 주요 과정을 사진 자료와 함께 경험해보자.

먼저, 건물 내·외부의 철거 작업부터 공사가 시작된다. 대수선의 경우 기존 건물의 구조체인 외벽, 기둥, 보, 슬라브 등 골조는 남겨 재사용하고, 건물 내·외부의 부착물들은 모두 철거해야 한다. 설계도면에 따라 건물 내부 벽면, 계단, 엘리베이터를 설치할 지점의 바닥면 등을 철거한다. 이 건물은 2020년 공사 당시 건물 연령이 52년으로 상당히 낡은 상태라서 구조안전진단 결과에 따라 골조 구석구석에 철골과 철판으로 보강공사를 진행했다.

먼저 기존의 계단실을 소형 포크레인과 같은 앙증맞은 장비를 이용해 조심스럽게 철거하고, 하중 보강을 위해 적정 부위에 기둥 역할을 하도록 H빔을 세워줬다.

계단실 벽면과 계단 철거

하중 보강 차원의 H빔 설치

낡은 보를 철판으로 감싸 보강한 후에 인장 강도를 높여주기 위해 에폭시 보강을 수행했다. 상하수도관과 오수관 등 낡은 배관시설 일체를 제거하고 새것으로 설치했다. 건물이 작동하는 데 결정적 기능을 담당하는 전기와 설비시설은 30~40년마다 교체가 필요하다.

구조 보강된 보에 에폭시 보강

상하수도관 등 배관 교체

건물의 개방감과 미관을 높이기 위한 커튼월을 설치하기 위해 건물 전면에 통유리를 끼울 수 있도록 커다란 창을 만들고 틀(프레임)도 설치했다. 모든 낡은 전기선을 제거한 후 새로이 전기통신설비를 설치했다.

벽면에 넓은 창을 만들고 프레임 설치

전기 배전반 설치

철제로 가공해온 계단을 설치하고, 건물 이용의 편의성 제고 차원으로 승강기도 설치했다.

외주 가공한 철제계단 설치	계단 설치 후	계단실과 승강기

건물의 이미지에 결정적인 영향을 미치는 외벽은 화강석으로 마감했다. 공사 최종 단계에 이르러 옥상은 매끈하게 방수 처리하고 화장실에 현대적인 위생도기도 설치했다. 건물 내부는 요즘 유행하는 노출천장 방식을 따라 흰색 도장으로 마감했다.

외벽에 화강석 부착	화장실 도기 설치	커튼월 유리 설치 및 천장 마감

5개월여의 여정 끝에 52년 된 노후 건물은 요술램프의 신공처럼 새 건물로 재탄생했다. 공사가 끝나기가 무섭게 1~2층은 은행이 입주했고 잔여 공간도 사무실로 채워졌다. 금융회사가 입주한다는 것은 이 건물이 지역에서 상당한 위상을 차지한다는 방증이다. 이처럼 리모델링은

해당 건물의 입지와 상권에 최적화하고, 신축과 비교해 장단점을 따져본 후 실행할 경우 건축주에게 황금알을 낳는 거위가 되기도 한다.

건물 출입구에 덧대어 승강기를 설치한 사례

리모델링 전 출입구(좌측)

승강기를 덧댄 후 출입구

서울에서 지하철 2호선과 3호선이 교차하는 '교대역 상권'은 강남 3구에서도 손꼽히는 상권으로 통한다. 상권이 지속적으로 흥하려면 대학생을 비롯한 젊은 층의 호응이 중요한데, 이들의 상권 충성도는 그리 높지 않다는 게 문제다. 젊은 층의 SNS 홍보 덕에 불꽃처럼 일어난 유행 상권은 한동안 융성하지만, 대안이 출현하면 그들의 발길은 이내 잦아든다. 그 결과, 버림받은 상권은 쇠락의 길을 걷게 된다. 1980~1990년대를 풍미했던 압구정 로데오나 이대 상권은 해가 지지 않는 최고의 상권으로 유명세를 떨치다가 2000년대 들어 가로수길과 홍대 상권으로 패권이 넘어간 후 지금껏 활기를 되찾기가 어려운 것도 이런 연유일 것이다.

그러나 젊은 층뿐만 아니라 일반 직장인들의 발길이 끊이지 않는 곳은 유행을 타지 않고 불경기에도 꿋꿋하게 버틴다. 이런 상권의 특징은 인프라가 잘 갖춰져 있는 직주근접 지역으로서 주요 지하철 노선이 지나는 환승역이라고 할 수 있는데, 교대역 상권은 바로 그런 곳이다. 이 상권은 2호선 지하철 교대역을 기점으로 북서쪽에는 서울중앙지방법원을 중심으로 한 법조타운으로 유명하고, 남동쪽으로는 서울교대 캠퍼스와 이면에는 주거시설과 상업시설이 혼재되어 있으며, 남서쪽은 교대역 상권의 랜드마크격인 곱창식당가를 중심으로 거의 전 지역에 먹자 상권이 포진하고 있다.

이번 사례는 교대역 대로변에 입지한 상가건물이다. 용도지역은 재건축할 경우, 10층 정도 올릴 수 있는 일반상업지역으로서 대지면적은 331㎡(100평)로, 중소형 상가빌딩을 짓기에 적당한 크기다. 1990년에 축조된 이 건물은 지하층이 딸린 지상 5층 건물로서 연면적은 677㎡(205평)이고 건폐율은 36.7%로서 층당 건물이 차지하고 있는 면적이 다소 적은 편이다. 뒤편에 공간을 남겨 주차장으로 이용하기 위해 법정 허용치인 60%보다 적게 이용한 것이다. 하지만 층당 이용 가능한 면적이 37평 정도이므로 병의원을 유치하기에는 적당한 크기다.

문제는 더블 역세권에 입지한 상가건물인데도 승강기가 없어 이용이 불편해 임대수입이 적었다. 지상 5층 건물인데 임차인들이나 고객들이 상층부로 걸어서 올라가야 하는 수고를 고려해 3층부터 4층과 5층의 임대료는 올라갈수록 적어지기 마련이다. 이런 단점을 보완하기 위해 건물주는 리모델링하면서 승강기를 설치하기로 했다.

이번 리모델링의 포인트는 승강기를 건물 내부 공간의 일부를 도려내어 설치한 것이 아니고 공지를 활용해 그곳에 승강기가 오르내리는 통로인 관로를 설치한 것이다. 승강기를 설치하는 방법에는 화장실 자리나 건물 내부 전용면적 중 일부를 할애해서 관로를 설치하는 것이 일반적인데, 마침 이 건물은 후면 출입문 앞에 관로를 덧대어 설치할 만한 여유 공간이 있어 그곳을 활용한 것이다.

참고로 승강기를 설치하는 경우 12인승 이상이 탑승할 수 있는 승강기를 설치하면 장애인도 이용할 수 있는 승강기로 인정받아 용적률과 건폐율 산정 시에 혜택을 주는 제도가 있다. 즉, 용적률이나 건폐율이 법정 허용치에 꽉 차 있다고 하더라도 장애인 승강기를 설치하면 용적률과 건폐율에서 공제해주는 것이다. 또한, 건물 외부에 관로를 덧대어 설치공사를 진행함으로써 공사비가 절감되는 이점도 누렸다. 만일 건물 내부에 설치하는 경우 철골 등을 이용해 구조 보강공사를 해야 하는데, 이번 사례에서는 그런 비용을 절감할 수 있었다.

260페이지의 리모델링 후 건물 사진에서 보듯, 승강기 관로의 외벽은 검정 톤의 현무암으로 마감되어 중후함을 더했고, 건물 외벽은 밝은 화강석으로 마감해 컬러 조화를 잘 이루었다. 건물 내부와 계단실 및 화장실도 전체적으로 현대적 감각의 상가건물에 맞게 새롭게 단장했다. 옥상의 한편에는 정원을 조성해 임차인들이 머리를 식힐 공간으로 이용하도록 배려했다. 건물주의 이러한 섬세한 배려는 임차인들의 거주 만족도를 높여줘서 공실 걱정이 자연스레 사라지는 효과가 있다. 리모델링을 통해 미관 개선과 활용도를 높이자 임대수입이 대폭 증가한 것은 말할 것도 없다. 이러한 신선한 방식으로 승강기를 설치하면 주변의 건물주들에게 파급되어 선한 영향력을 끼칠 것이다.

리모델링
실패 사례

　여기서 말하는 '리모델링 실패'란, 공사를 잘못했다기보다는 공사비 투자를 제한함에 따라 건물의 기능 향상이 없거나 미흡했다는 뜻이다. 리모델링을 한다는 것은 미관 개선뿐만 아니라 성능 개선도 동반되어야 한다. 그래야 임대료가 올라가고 그로 인해 건물 가치가 상승한다. 따라서 필자가 볼 때 성공적인 리모델링이란 대중의 시각을 기준으로 삼지 말고 임차인의 입장에 서서 시행해야 한다. 해당 건물에 입주해서 근무해야 하는 임차인은 건물의 외관뿐만 아니라 성능이 좋아야 한다. 단열 성능이 좋아야 겨울에는 한기를 차단하고, 여름에는 열기를 막아준다. 비가 올 때 누수가 없어야 하고, 환기가 잘되어 언제나 쾌적성을 유지해야 한다. 4층 이상인 경우 이동의 편의성 제고 차원에서 승강기 설치가 필수적이다. 이런 기본적인 성능 개선이 없는 부분적인 외관 개선에 그친다면, 필자는 그것을 리모델링의 실패라 보고 다음 3가지 사례를 소개한다.

　먼저, 첫 번째 사례는 건물의 전면 위주로 약식 리모델링을 한 결과 임대에는 성공했지만, 리모델링 후 30~40년을 좋은 성능으로 사용할 수 없으므로 절반의 성공이라고 평가하기도 어렵다. 단순한 대증요법에 불과하다. 몇 년 후에 건물의 기능이 좀 더 쇠하면 그때는 본격적인 리모델링을 해야 하므로 돈이 이중으로 든다.

스타벅스를 유치했지만 누수 문제가 우려되는 사례

서울의 한 대학촌 중심 상권에 있는 적벽돌 건물이다. 1987년 준공되어 48년 차다. 2012년에 약식 리모델링인 인테리어를 한 후에 최고의 임차인이라고 할 수 있는 스타벅스를 유치해 이 지역 상권의 명품 꼬마빌딩이 되었다. 대중의 눈에 이 건물은 리모델링한 것이라고 생각할 수 있겠지만, 전면만 통창으로 만들고 전체적으로 인테리어 수선을 한 것이다. 상권 발달이 좋은 지역에서는 입지가 좋으면 입주희망자가 줄을 서기 때문에 건물주는 건물의 기능 향상을 꾀하는 대수선보다 최소 비용으로 겉모습만 적당히 꾸미려는 경향이 있다. 내부 인테리어는 건물주가 아닌 임차인이 하므로 건물주로서는 돈이 안 든다. 나중에 누수가 발생하고 상하수도관 문제가 발생하면, 그때 가서 수리하면 된다고 단순하게 생각한다.

인테리어 후 14년이 경과한 지금, 건물 외벽은 사진과 같이 거무튀튀하게 변해 있다. 이런 상태가 지속되면 장마철에는 누수가 우려된다. 벽

| 2010년 모습 | 2012년 인테리어 후 모습 | 2026년 벽면 상태 |

돌조 건물은 거듭 반복하지만 3년마다 한 번씩 발수제를 도포해야 한다. 장사가 잘되고 임대료가 밀리지 않는다고 해서 방치하면 이렇게 변한다. 머지않아 누수 및 단열 문제, 상하수도관 교체 등 대대적인 보수를 해야 할 것이다.

건물의 전면만 개선한 사례

다음 두 사례는 건물의 전면만 개선한 것이다. 옆과 뒤는 그대로 두고 앞만 바꿨다. 이렇게 하면 누구나 안다. 리모델링을 한 것이 아니라 '눈 가리고 아웅'이라는 것을. 옆모습이 예전 상태로 훤히 드러나 있으니 모를 리 없다. 이래서는 개선의 목적인 임대료 인상은 기대하기 어렵다. 세입자를 퇴거시킨 후에 돈을 들여서 하는 일인데, 이왕 할 바에 한 번에 전체를 대수선급으로 해야 성능 개선을 통해 임대료를 큰 폭으로 인상할 수 있고, 30~40년은 더 사용할 수 있을 것이다.

전면공사 전 적벽돌 외관

전면만 징크로 마감

이 사례도 앞의 경우와 비슷하다. 적벽돌로 마감한 상가주택을 미완성으로 리모델링했다. 전면은 징크로 마감했지만, 측면과 후면은 그대로 두었다. 내부는 대수선을 했지만, 비용을 줄이기 위해 단열재를 시공하지 않아 겨울에는 냉기를 막을 수 없어 임대료 인상에는 한계가 있다. 단열 성능의 보완을 위해 최소한의 비용을 들여 외벽을 드라이비트로라도 마감했다면 좋았을 것이다. 건물 기능의 기본 중의 기본은 단열과 방수다. 어느 하나라도 놓치면 안 된다.

공사 전 적벽돌 마감 모습

전면만 징크로 마감

대수선 계획이 약식 수선으로 선회한 사례

대사(大事)를 앞둔 사람은 마음의 평정심을 유지하기가 쉽지 않다. 건물 매입을 앞둔 투자자나 리모델링을 계획하는 건물주의 마음이 그렇다. 마음이 조석(朝夕)으로 흔들린다. 이번 사례는 서울 요지의 5층 건물이다. 전면이 넓고 건물에 접한 도로는 넓은데, 통행량이 많지 않아 도로변에 주차가 용이해 자동차로 방문하는 많은 고객을 수용할 수 있는 좋은 입지를 가졌다. 건물 전면이 넓어 가시성도 좋아 대수선만 하면 건물 전체를 사옥으로 임대하기에 안성맞춤이다.

건물주는 10억 원 이상을 들여 대수선을 원했다. 필자는 디자인 창출 능력이 우수한 아이지엠사와 협업해 최선을 다해 컴퓨터그래픽으로 3D 이미지를 여러 버전으로 준비했다. 그런데 시간이 갈수록 이분의 마음이 요동쳤다. 비용을 확 줄이고 싶어 했다. 급기야 공사비를 3억 원 이하로 낮출 방법을 원했다. 공사비를 10억 원에서 갑자기 3억 원으로 낮춰 할 수 있는 것은 간단하다. 외벽은 페인트로 칠하고, 내부는 손대지 않은 채 화장실 수리와 1층 및 지하실의 방수 작업, 창호 교체 정도만 진행하면 된다. 그러나 건물 전체를 사옥으로 임대하려면, 그에 걸맞은 수준으로 공사를 해야 한다. 어찌 된 영문인지 이분의 마음이 변해 필자와의 인연은 그렇게 마무리되었다.

수개월 뒤 필자가 해당 지역을 답사하던 중, 그 건물을 보게 되었는데 268페이지의 자료와 같이 외벽은 도장만 했고, 주차장은 수리했으며, 저층부만 석재로 마감한 상태였다. 이런 외관으로는 서울 요지에서 사옥으로 임대하기는 어렵다고 본다. 결국 층별로 임차인을 달리해 평범한 건물처럼 임대할 수밖에 없을 것이다. 결정은 건물주의 몫이지만, 필자는 이런 아쉬운 결정을 종종 목격한다.

철근콘크리트구조로 축조된 중소형빌딩 골조의 수명은 기본적으로 70~80년이다. 이는 30~40년 된 아파트의 수명과는 다르다. 이 사실은 필자의 주장이 아니라 전 세계 수많은 논문과 실험 결과가 증명한다. 30~50년 된 건물을 대수선을 통해 또다시 30~40년을 사용하는 방법이 리모델링이다. 그런데 어렵게 임차인 명도까지 마친 뒤 대수선에서 급선회해, 이전과 크게 다르지 않은 수준에 그쳤다면 10년쯤 후에는 결국 다시 대수선을 해야 하는 상황에 놓이게 될 것이다.

애초에 10억 원을 들여 사옥으로 기획한 리모델링 후의 3D 모습

리모델링 전 모습   외벽 도장과 1층만 수선

메디컬빌딩으로
리모델링하는 건 어때?

메디컬빌딩은 모든 의사의 로망이다. 전문직으로 신용이 좋고 은행도 대출에 주저함이 없는 의사들은 개업해서 종잣돈이 어느 정도 모이면 최대 80~90%까지 레버리지를 이용해 건물이나 땅을 구입해서 자기만의 메디컬빌딩을 지으려고 한다. 일전에 개업의 한 분이 필자를 찾아왔다. 강남대로에서 빌딩 2개 층에 세를 얻어 성업 중인데 월세가 5,000만 원이나 된다고 한다. 이 돈이면 서울의 250억 원짜리 빌딩 전체에서 나오는 월세와 맞먹는다. 이를 잘 아는 그는 차제에 다소 무리가 되더라도 자신의 꿈을 실현하고자 레버리지를 이용해 용산의 한 역세권에 땅 270평을 샀다. 나지막한 기존 건물을 허물고 자기만의 디자인을 입힌 메디컬빌딩을 짓기 위해 자문을 구하고자 필자를 찾아온 것이다. 이분에게 필자는 여러 가지 빌딩 이미지와 수지타당성 분석 등을 제공했다. 자기자본 대비 거의 90%를 융자받는 바람에 토지 잔금을 1년에 걸쳐 12개월로 나누어 결제하기로 계약했다고 했다. 이분은 잔금이 끝나는 1년 후에 본격적인 메디컬빌딩 신축공사를 위해 필자가 자문을 제공할 예정이다.

메디컬빌딩은 입지가 중요하다. 지하철 역세권이거나 배후지에 주거시설이 빼곡히 들어선 상권이거나, 학원과 각종 병원이 밀집된 곳도 좋다. 서울 강북지역에서 병원들이 밀집된 지역은 발산역에서 우장산역 사이의 거리인데, 이곳은 배후지에 아파트와 빌라 오피스텔 등이 밀집되어 있고, 초·중·고교가 많아 학원도 즐비하다. 도로변 건물을 보면 병원과 학원이 하나 건너 하나씩 늘어서 있다. 독산동의 시흥대로 변에도 그런 식이다. 남부순환도로의 시흥IC부터 시흥대로를 따라 안양 방면으로 내려가면 대로변에 크고 작은 병원들이 줄을 잇는다. 이렇게 병원들이 밀집되어 있으면 밀집 효과로 환자들이 몰린다. 마치 맛집들이 즐비한 먹자 상권으로 사람이 몰리는 이치와 같다.

발산역-우장산역 사이 병원·학원 밀집 거리

시흥대로 변 크고 작은 병의원 밀집 거리

그렇다고 무조건 이런 지역으로 가라는 것은 결코 아니다. 노출성이 좋은 대로변이거나 유동인구가 많은 역세권도 좋다. 배후에 주거시설이 밀집된 곳으로 노출성과 접근성이 좋은 입지라면 좋을 것이다. 이런 입지에 2층짜리 건물을 보유한 건물주가 필자를 찾아왔다. 2층 건물인데 3개 층을 증축해 메디컬빌딩으로 만들고 싶어서다. 위치가 경전철 신림선의 당곡역 앞이다. 사거리 코너에 입지한 이 건물은 준공 40년차로 낡았지만 입지가 좋다. 허물고 멋지게 신축하면 좋겠지만, 그러려면 현재 건물이 서 있는 곳에서 3m를 후퇴해야 한다. 왜냐하면, 이 건물이 지어진 후에 도로에서 3m를 띄우라는 건축선이 그어진 것이다.

필자가 검토해보니 기존의 건물은 3종 일반주거지역으로서 현행법이 허용하는 건폐율 최대치인 50%보다 넓게 쓰고 있어 층당 면적이 크다. 이 장점을 살려 리모델링 시 1~2층은 현재처럼 넓은 면적을 그대로 유지할 수 있으며, 용적률이 남아 있는 만큼 3층부터 5층까지는 건축선에 맞춰 증축이 가능했다. 증축되는 3~5층까지는 건축선에 맞춰야 하므로 건물이 아래 3D 이미지에서 보는 것처럼 3m 후퇴했다. 증축에 따른 주차 대수는 후면의 공지에 설치하면 된다.

현재 2층 건물로서 병원 용도로 임대 중

2층 건물 위에 3개 층 증축 및 광고탑 3D

광고판 설치가 허용되는 일반상업지역과 달리, 3종 주거지역이라도 지자체의 요건에 맞추면 광고판 설치가 허용되기도 한다. 이 건물이 그런 경우로, 건물에 설치되는 광고판은 위 3D 이미지를 참고하면 된다.

서울 시내 곳곳을 다녀보면 다양한 외관의 병원 건물들을 볼 수 있다. 건물 전체가 병원인 경우도 있고, 병원과 근린생활시설이 혼재된 경우도 많다. 건물 전체를 병원으로 임대하고 싶어도 임차인이 나간 후 채워지지 않아 공실이 장기화하면 건물주는 조급해진다. 그러다 아무에게나 임대하게 되면 건물 전체를 메디컬빌딩으로 구성하기 어려워진다. 하지만 개

메디컬빌딩으로 디자인

커튼월과 검정색 조화

빨간색을 강조한 병원 건물

병원과 근린생활시설이 혼재

업의든 투자자든 임대료가 높으면서 장기 임대가 가능하고 남이 보더라도 멋진 메디컬빌딩을 원한다면, 신축이나 리모델링 단계에서부터 철저한 층별 임대계획을 세우고 완공 후 그에 맞춰 공간을 채우면 될 것이다.

272페이지의 사진들은 서울 시내에 존재하는 중소규모 메디컬빌딩들이다. 진제가 병원인 경우도 있고, 근린생활시설과 혼재된 경우도 있다. 건물을 지을 때 메디컬빌딩으로 특화한 경우도 있지만, 대개는 뚜렷한 목적 없이 지은 후에 어쩌다 보니 병의원으로 채운 사례가 일반적이다. 그러나 메디컬빌딩으로 성공하려면 애초부터 콘셉트를 분명히 잡고 맞춤형으로 건축해야 할 것이다.

274페이지의 사진들은 해외 건물 디자인에 병원 간판 등을 부분적으로 가공한 사례 5개와 국내 사례 1개다. 외관 디자인이 독특해 우리 주변에서 쉽게 볼 수 있는 유형은 아니지만, 고급스럽고 특별한 인상을 준다.

창조는 모방에서 시작된다. 물론 이는 남의 창작물을 그대로 베끼라는 뜻이 아니다. 창작을 위해 기초 자료를 수집하고 이를 조합해 재구성하자는 의미다. 필자는 평소에 시간을 내어 도심지 구석구석을 답사하면서 빌딩 이미지를 촬영하고, 온라인 검색을 통해 국내외 다양한 건물 사례를 수집한다. 이 과정 자체가 즐겁다. 필자는 이렇게 수집한 끝에 지금은 메디컬빌딩을 비롯해 국내외에 존재하는 수천 가지의 빌딩 이미지를 보유하고 있다. 이 방대한 데이터베이스를 기반으로 마음에 드는 건물의 전면 디자인을 참고할 수도 있고, 측면이나 옥상 구조물만 선택적으로 차용할 수도 있다. 컬러 조합이나 건물 일부의 포인트만 선택할 수도 있다. 이러한 요소들을 서로 조합하고 매치시켜 가공해나가면 투자자가 원하는 이상을 구현하는 데 큰 도움이 될 것이다.

중후한 갈색톤의 박스 디자인

박스와 커튼월 콤보

입체미와 갓 모양 패러핏

검정톤과 옥상 패러핏 강조

흰색과 입체적 구조물

커튼월 디자인

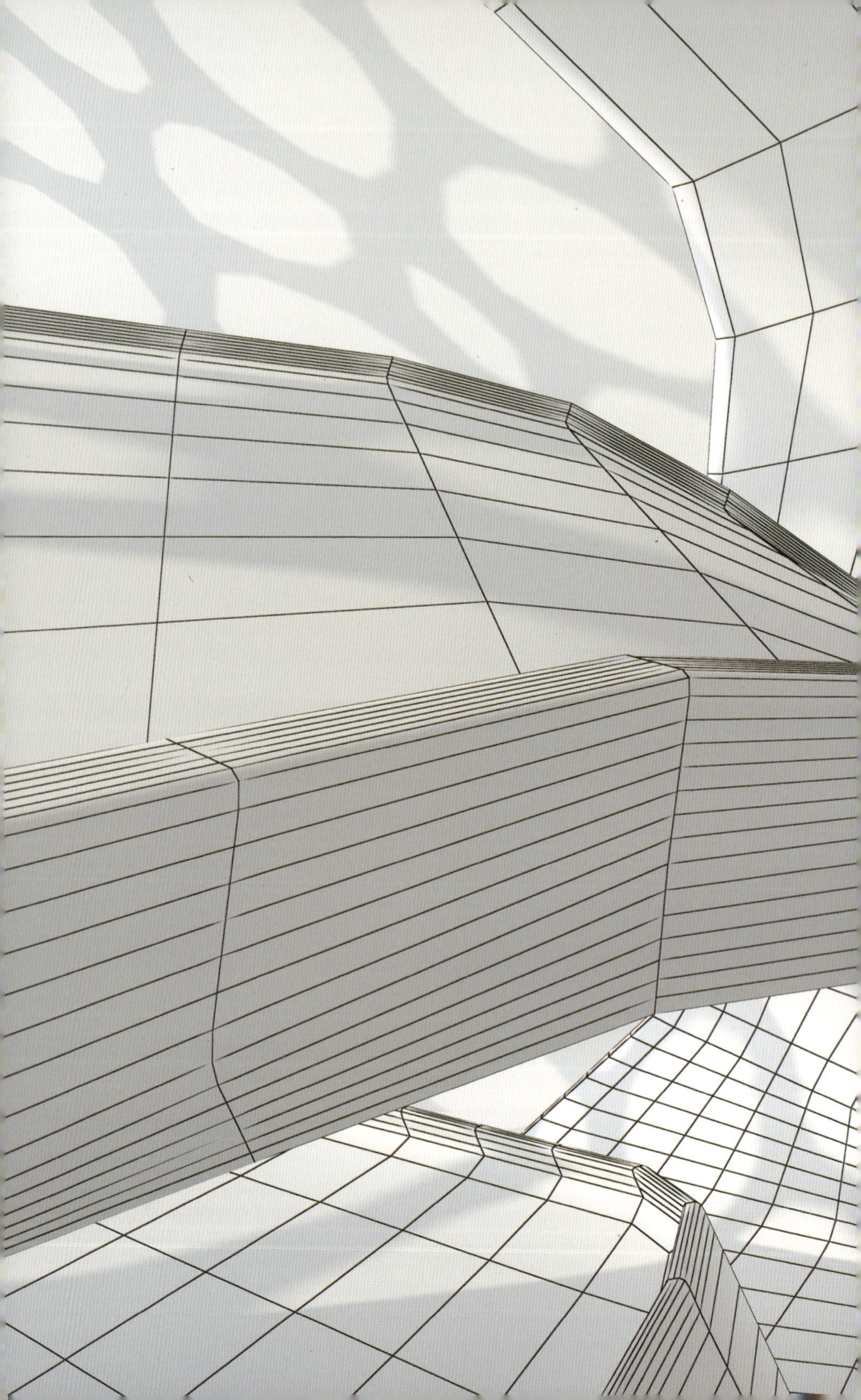

Part 8

빌딩 신축 노하우

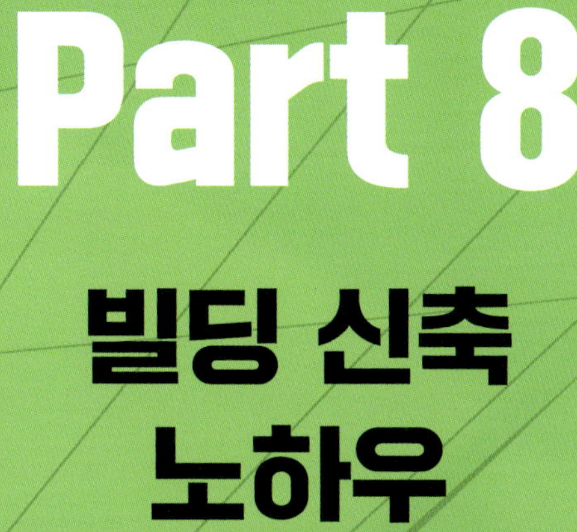

당신이 꿈에 그려온 빌딩을 짓는 것은 태어나서 경험할 수 있는 가장 큰 성취이자 어려운 미션이다. 이 파트에서는 빌딩 신축에 관해 중요한 사항을 전한다. 용적률에 유리한 경사지에 대한 새로운 이해, 토지 매입 시 주의사항과 가설계의 중요성, 신축과 리모델링의 결정적 차이점과 건물 규모에 따라 공사비가 달라지는 이유를 살펴본다.

용적률 구현에 유리한
경사지

상식적으로 볼 때 사람들은 경사지보다 평지를 압도적으로 선호한다. 도보든 차량 이동이든 평지가 훨씬 편리하고, 시각적으로도 안정감이 있기 때문이다. 이런 이유로 일반적으로 평지의 토지가격은 더 높게 형성된다.

그러나 건물의 크기를 결정짓는 용적률 측면에서는 경사지가 오히려 평지보다 유리하다. 건물의 크기가 크다는 것은 임대 가능한 공간이 더 넓다는 의미이므로 임대수익이 더 높다. 따라서 하나의 도로를 기준으로 한쪽은 평지이고 다른 쪽은 완만한 경사지인 경우, 서울지역에서 용도지역이 3종 일반주거지역을 예로 들어보자. 토지 100평 지상에 건물을 짓는다면, 용적률 최대치가 250%이므로 지상으로 올릴 수 있는 연면적의 최대 크기는 250평이다. 평지에서 100평이라면 넓은 편이어서 일조권 사선제한을 감안해도 웬만하면 지상으로 용적률 250%인 250평을 올릴 수 있다. 반면, 경사지에서는 용적률 250%인 250평을 올릴 수 있을 뿐만 아니라 육안으로 보이는 1층 50평이 건축물대장에는 지하 1층으로 기재되므로 지상층처럼 보이는 지하 1층 50평이 보너스로 추가되어 300평을 지상층처럼 사용할 수 있어 평지보다 건물면적이 50평 더 크다.

　다음 두 사례는 서울시 동작구 상도동 25-1번지 주변과 방배동 918-16번지 일대다. 도로를 중심으로 좌측은 평지이고, 우측은 완만한 경사지다. 우측에 서 있는 건물들의 건축물대장을 떼어보면 육안으로 보이는 1층이 건축물대장에는 지하 1층으로 기재되어 있음을 알 수 있다. 따라서 도로 우측에 있는 건물들은 용적률에서 1층을 더 혜택받고 있어 임대수익이 더 크다. 서울만 해도 강남권이든, 강북권이든 이처럼 완만한 경사지는 수없이 많다. 건물 투자에 나설 때 용적률 혜택을 좀 더 누리고 싶다면 평지보다 저렴한 경사지를 노려보는 것도 한 방법이다.

상도2동사무소가 있는 도로변 – 우측이 완만한 경사지

건물 우측이 완만한 경사지

방배동 918번지 일대 도로변–우측이 완만한 경사지

건물 우측이 완만한 경사지

매매계약 전
가설계는 필수

아파트나 오피스텔에 투자할 때는 가설계를 떠보고 문제 유무를 확인할 필요가 없다. 이미 모든 건축 관련 문제가 해결되어 있기 때문이다. 그런데 이런 리스크 없는 부동산에 투자해온 사람이 건물 신축에 나설 때 흔히 저지르는 실수가 있다. 바로, 가설계를 떠보지 않고 계약부터 하는 것이다. 필자의 지인 중개사가 7년 전에 전해준 내용이다. 한 젊은 CEO가 사업이 잘되어 10억 원을 벌었는데, 땅을 사서 사옥을 짓고자 영등포 역세권에서 30평 내외의 토지를 찾고 있었다. 마침 지인 중개사가 준공업지역 28.7평짜리 매물을 확보하고 있어 이를 소개했다. 시세는 평당 3,500만 원이었지만, 해당 물건은 급매로 평당 2,900만 원에 나와 있었다.

입지와 가격이 모두 마음에 들자 투자자는 누가 채가기 전에 계약부터 하자는 심정으로 즉시 계약을 체결했고 계약금도 지급했다.

드디어 사옥을 짓는다는 들뜬 마음에 잠을 설친 투자자는 다음 날 건축사를 찾아갔다. 자신이 원하는 건물의 용도에 대해 건축사에게 말해주고, 층당 면적이 얼마나 되는지, 몇 층이나 올라가는지, 용적률은 최대치로 구현되는지, 주차장 위치가 어디인지 등을 알기 위해서 가설계를 의뢰했다. 28.7평이니 건폐율 60%를 감안하면 층당 면적이 17평 정도 될 것이고, 준공업지역이라 용적률이 400%이므로 8층까지 올릴 수 있으니, 작지만 제법 봐줄 만한 사옥이 될 거라는 생각에 날마다 천국이었다.

그러나 며칠 후 건축사에게서 안 좋은 소식을 들었다.

"땅을 잘못 사신 것 같습니다. 28.7평 중에 도로에 7.2평이 빠져나가서 쓸 수 있는 땅이 21.5평에 불과해 층당 건평이 12.9평입니다. 여기서 계단실 4평 정도를 제하면 층당 전용면적이 9평에 불과한 데다 승강기를 놓으면 건평이 더 줄어들어서 승강기는 빼고 4층 정도만 올릴 수 있겠습니다."

도로에 빠져나가는 것이 없으면 전용면적이 13평이라 그런대로 쓸 만하지만, 9평은 사무실로 사용하기에 너무 적은 데다 8층 대신 4층이라니…. 하늘이 무너지는 충격이었다. 시세보다 싼 이유가 이것이었는데, 투자자는 사전에 이를 점검하지 않아 실패를 자초했다. 계약 체결 전에 가설계를 생략한 결과다.

매입한 건물의 좌측에 작은 진입로가 있다

전면은 8m 도로에 접해 무난하다

투자자는 즉시 중개사를 찾아가 해약해달라고 애걸했다. 중개사가 매도인에게 뜻을 전하자 매도인은 막무가내였다. 다른 매수인을 대타로 데려오기 전에는 해약이 안 된다며 거부했다. 하지만 이런 문제를 알고 계약할 사람이 어디 있겠는가? 7년이 지난 지금까지 이 땅은 전과 같은 모습으로 서 있다. 이 땅과 인접한 다른 필지들의 운명도 비슷하다. 4m가 안 되는 도로에 붙어 있는 땅은 언젠가는 신축 시에 도로에 땅을 떼어줘야 한다. 당장 신축하지 않더라도 이 문제는 근본적으로 사라지지 않으므로 매각이나 재건축 시에 문제가 있다. 문제는 이런 땅이 서울 시내 구도심에 수두룩하다.

도대체 어떻게 28.7평 토지에서 무려 7.2평이나 빠져나갈 수 있었을까? 283페이지의 지적도와 가설계도면을 살펴보자. 좌측은 지적도다. 전면은 8m 도로에 접해 있어 큰 문제는 없다. 그러나 필지 좌측 도로의 폭이 2m이고, 북측에 접한 도로의 폭은 1.5m로 매우 좁다. 이런 토지에 건물을 지을 때는 접해 있는 모든 4m 미만 도로는 중심선에서 2m씩 후퇴해야 한다. 후퇴한다는 의미는 그만큼 내 땅을 도로에 떼어줘야 한다. 또한, 삼거리나 사거리에 접한 경우 '가각전제'라고 해서 자동차 운전에 용이하도록 도로 모서리를 잘라줘야 한다. 이것이 우리나라 도로법이다. 이 규정은 건물을 지을 때 즉시 적용된다. 또한, 당장은 아니더라도 나중에 신축할 때 이 규정을 무조건 따라야 하므로 계약하기 전에 반드시 가설계를 떠보거나 전문가를 찾아 리스크 여부를 체크해야 한다. 아파트 투자로 성공했기에 건물 투자도 당연히 성공할 거라는 호기만으로 덤비면 이런 일을 당한다.

우측의 가설계 도면에서 실선과 점선으로 표시된 직사각형이 이 땅의 원래 경계선이다. 필지 좌측에 접한 도로의 폭이 2m여서 이 투자자의 토지에서 1m를 떼어내야 하고, 북측에 접한 도로 폭은 1.5m여서 여기서도 1.25m 후퇴해야 한다. 또한, 사거리가 두 곳이나 되어 각각 모서리를 잘라내야 한다. 이렇게 도로법을 적용한 후의 사용 가능한 토지

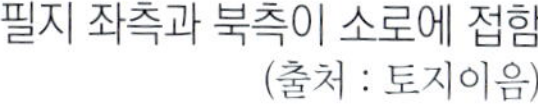
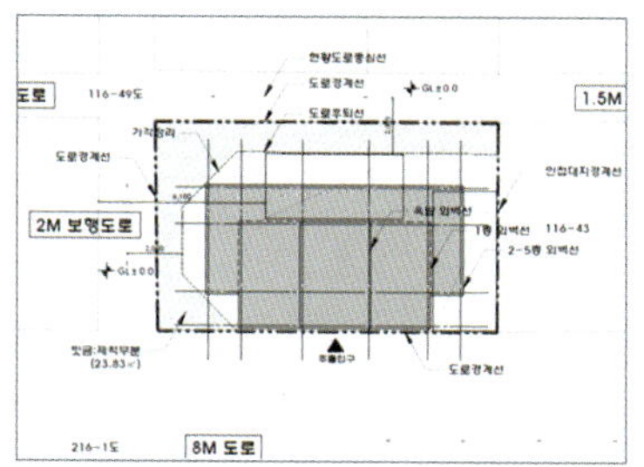

필지 좌측과 북측이 소로에 접함
(출처 : 토지이음)

직사각형이 필지,
빗금 친 부분이 도로제척 부분 7.2평

경계가 빗금 친 부분을 제하고 남은 부분이다. 여기에 건물을 앉혀본 평면이 'T' 자형의 암영으로 처리된 부분이다. 주차는 후면과 우측면의 공지(空地)에 2대 가능하다.

　필자가 말하는 건물 투자자가 알아야 할 필수지식은 '대충 아는 수준'으로는 부족하며, 반드시 정확히 이해하고 있어야 한다. 만약 스스로 판단하기 어렵다면 전문가의 도움을 받아야 한다. 이를 간과하면 이 사례처럼 큰 실패를 겪을 수 있고, 최악의 경우 원금의 상당 부분을 잃을 수 있다.

신축과 리모델링의
근본적 차이점

빌딩 투자자의 이해를 돕기 위해 여기에서는 건물을 신축하는 것과 리모델링하는 것의 근본적 차이에 대해 건축공정, 철거 문제, 민원 문제 등으로 나누어 살펴본다.

먼저 건축공정 측면에서 논하자면, 건물을 신축할 때는 지하를 파는 공정인 기초공사가 필수적이다. 이 공정에서 흙막이공사를 부실하게 하면 토사가 붕괴할 수 있고, 지하수가 분출하면 공법을 달리해야 하므로 시간과 비용이 많이 든다. 땅속에는 눈에 보이지 않지만 크고 작은 물길이 있는데, 마침 당신의 신축부지 밑으로 지하수가 흐른다면 굴착 시 지하수가 용출할 수 있다. 또한, 암석이 출현하는 경우 도시지역에서는 다이너마이트로 폭파할 수 없기 때문에 장비를 이용해 일일이 파쇄해야 한다. 이처럼 신축공사에는 예기치 못한 문제들이 숨어 있어 건축주는 뜻하지 않게 공기 지연과 상당한 추가공사비가 발생해 난관에 봉착한다. 또한, 골조를 형성하기 위해 철근 조립과 레미콘 타설공정이 뒤따른다.

반면, 리모델링은 기존 건물의 골조를 재활용하므로 기초공사와 골조 형성공사가 생략되므로 이런 골치 아픈 문제들이 발생하지 않는다. 다만, 노후 구조체(기둥, 보, 슬래브)에 대한 보강공사나 수선은 필요하다.

터파기 후 지하수 용출　　　CIP공법 이용한 기초공사　　　레미콘 타설

둘째, 신축공사에서는 기존 건물을 전면적으로 철거할 때 커다란 벽체가 무너지면서 이웃한 건물에 충격을 줘서 벽에 금이 갈 수도 있고, 철거과정에서 발생하는 소음과 분진, 진동으로 주민들로부터 심각한 민원이 발생한다. 리모델링에서도 철거공정이 있지만, 공사의 난도가 낮은 편이다. 다만 기존 건물의 기둥, 보, 슬래브를 남기고 부착물을 조심스럽게 철거해야 하므로 세심한 주의가 필요하다. 커튼월로 외장을 마감하는 경우에는 벽체도 통째로 철거한다.

신축공사 시 전면 철거　　　리모델링 시 내부 및 커튼월 설치를 위한 벽체 철거 후 모습

마지막으로 주민들로부터 제기되는 민원 수준의 차이가 크다. 신축에서의 민원은 주민들로서는 자기 건물의 붕괴 우려도 있고, 소음과 분진 및 진동의 수준이 리모델링에 비해 매우 강하기 때문에 민원의 수준이 심각한 편이다. 특히 터파기 공사에서 이웃한 주민들로부터 엄청난 민원이 발생한다. 이 경우, 민원 해결을 위해 비용이 제법 든다. 레미콘 타설 시에는 도로를 통제해야 하므로 민원이 뒤따르고, 콘크리트 타설 후 며칠 지나면 철판 재질의 거푸집을 떼어내는 작업을 하는데, 이때 소음이 심하다.

민원을 제기하는 사람 중에는 악성 민원인이 있을 수 있다. 이들은 건축공사에 대해 잘 아는 부류로서 연령대가 70~80대인 경우가 많다. 과거에 건축공사에 종사한 경험이 있는 이들은 나이가 들어 할 일도 없다 보니 돈벌이 삼아 주변에서 신축공사가 시작되면 매일 현장을 찾아와 온갖 욕설과 터무니없는 구실로 민원을 제기한다. 자신의 부인이 공사 소음으로 신경쇠약에 걸려 통원 치료를 받고 있다거나, 심지어 암에 걸려 입원 중이라고 주장하기도 한다. 어떤 이는 소음측정기를 가져와 거푸집 제거 작업 시 공사장 가까이에서 소음증거를 채집해 건축주를 협박하며 은근히 금품을 요구하기도 하고, 통하지 않으면 제소하기도 한다. 이들은 매일 시도 때도 없이 건축주와 지자체에 전화해 끊임없이 민원을 제기한다. 지자체의 건축과 직원도 악성 민원인의 전화 때문에 스트레스에 시달린다. 이런 악성 민원 때문에 "건물을 신축하면 10년은 감수한다"라는 말이 회자되는 것이다.

반면, 리모델링은 신축에 비해 민원이 거의 없는 편이다. 철거 작업이라고 해봐야 부착물만 제거하는 것이고, 기껏해야 커튼월 마감을 위해 벽면을 기계로 커팅할 때 소음이 발생하는 정도다. 지하를 파는 일도 없고 레미콘 타설공정도 거의 없어 리모델링에서 발생하는 민원의 수준은 심하지 않은 편이다.

민원 해결에는 돈이 든다. 얼마나 들지는 공사를 시작해봐야 안다. 여기에는 운이 작용한다. 운 좋으면 돈이 적게 들고, 운이 나빠 악성 민원인에게 걸리면 마음고생과 비용이 크게 든다. 필자의 생각에 신축 시에는 민원 해결비용을 예비비로 설정해 약 3,000만 원은 감안하는 게 좋다. 리모델링의 민원 해결비용은 기껏해야 1,000만 원 이내로 충분하다.

민원이 제기되는 시점은 신축공사의 경우, 기초공사나 골조공사 때 절정을 이룬다. 이때 건축주는 가급적 공사 현장에 나타나지 않는 게 좋다. 공사를 감독하겠다고 현장에 나와 얼쩡대봐야 주민들의 공격 대상으로 전락해 봉변당하기 일쑤다. 웬만한 민원은 시공사 대표나 현장 관리소장에게 맡기고 소나기는 피하라. 현장은 일과 후 조용할 때 점검하자.

성격이 꼼꼼해서 자잘한 사안까지 직접 챙겨야 속이 시원한 사람은 신축할 생각을 하지 않는 게 좋다. 신축공사 과정에서 시공사와 품질 문제로 자주 다툴 것이고, 설계 변경이나 지하수 및 암석 출현 등으로 공사비 인상이 대두되는 경우 또 다툴 것이다. 여기에 명분 없는 민원을 제기하는 이들과 끝없는 실랑이를 벌여야 하는 상황도 빈번하다.

이처럼 지난하고 스트레스 충만한 과정을 거쳐 어찌어찌 완공에 이르면 긴장이 쫙 풀린다. 이때 면역력이 급격히 떨어지면 감기에 걸리기 쉽고, 운 나쁘면 급성 폐렴으로까지 악화될 수 있다. 필자 주변에도 이런 과정을 거쳐 결국 세상을 떠난 사례가 한둘이 아니다. 멋진 빌딩을 지어 떵떵거리며 살고 싶었지만, 완공과 동시에 그토록 원하던 건물주의 삶을 누려보지도 못한 채 생을 마감한다면 무슨 의미가 있겠는가. 이런 성격을 가진 분 중에 특히 60대 이상인 분들은 아예 건물 신축에 나

서지 말기를 바란다. 대안으로, 스트레스가 낮아 큰 문제 없이 진행할
수 있고, 시간과 비용을 신축 대비 절반의 투입으로 신축에 준한 성과를
내는 리모델링으로 뜻을 이루길 권한다.

공사비가 건축 규모에 따라
고무줄인 이유

건물을 신축하려는 건축주에게는 공사비를 얼마로 책정해야 할지가 큰 문제다. 소요자금을 알아야 자금 조달 계획을 세울 수 있기 때문이다. 궁금한 마음에 여러 건설사에 자신이 계획하는 건물에 대해 대략 이야기하고, 공사비가 얼마나 될지 물으면 답은 천차만별이다. 가령 당신이 대지 70평의 2종 일반주거지역 토지 위에 지하 1층을 포함해 연면적 150평의 근린생활건물을 지으려고 하는 경우, A건설사에 물으니 평당 1,000만 원이라 하고, B건설사에 물으니 평당 900만 원이라 한다. C건설사는 1,100만 원을 부른다. 도대체 누구의 말을 믿어야 하나?

정확한 견적을 받으려면 먼저 건축사와 계약해 그가 실시설계도면을 완성한 시점에 그 도면을 건설사에 제시해야 하지만, 사전에 대략적인 공사비를 추정해야 하는 건축주 입장에서는 건축사에 설계를 의뢰하기 이전이거나, 의뢰했더라도 실시설계도면이 준비되기 한참 전에 건설사에게 묻기 마련이다. 왜 이처럼 공사비가 들쭉날쭉할까?

공사비는 다음과 같은 이유로 고무줄처럼 탄력적이다. 첫째, 공사의 규모에 따라 달라진다. 이는 건설사 입장에서 볼 때 '규모의 경제'가 이루어지는지의 여부에 따라 단가가 달라진다. 즉, 연면적 기준으로 대략 300평 이상인 경우 공사비는 규모의 경제가 이루어져 정상적인 단가를 적용할 수 있다. 300평 이상이 되면 자재도 정상가로 살 수 있고, 운반비, 적재비, 노무비, 현장소장 인건비 등에서도 정상가격을 적용할 수 있다. 즉, 300평 이상으로서 평균치의 자재를 사용하는 근린생활시설의 경우, 2025년 기준 평당 700만 원 선이면 가능할 것이다. 그런데 200평 이하의 소규모 건축인 경우 모든 조달비용이 올라간다. 예를 들어, 연면적 300평짜리 공사에서 일당 30만 원인 철근공 4명을 40일간 고용하면 끝날 일이, 100평짜리 공사에서는 일당 30만 원인 철근공 4명이 20일쯤 걸린다. 따라서 300평짜리 공사의 철근공사 평당 단가 16만 원과 100평짜리 철근공사 평당 단가 24만 원을 비교하면, 100평짜리 단가가 훨씬 높다. 공사의 모든 공정에 적용되는 비용 처리가 이런 식이니 공사단가는 소규모일수록 급격하게 올라간다.

이런 이유로 100~200평 정도의 소규모 건축의 공사비 단가는 1,000만 원 선이며, 300평 이상으로서 건설사가 정상가격을 적용할 수 있는 공사비 단가는 700만 원 선에서 가능한 것이다. 따라서 신축을 계획하는 건축주나 투자자는 자신이 계획하는 건물의 규모가 어느 정도인지부터 파악하고 나서, 공사비 단가를 책정할 때 사용할 건축자재의 수준에 따라 평당 700만 원부터 1,000만 원 이상까지 탄력적으로 적용해 여유 있는 자금계획을 수립해야 할 것이다.

참고로 건축사가 작성한 설계도서의 맨 앞에는 '건축개요'가 있다. 신축 건물에 대한 용적률, 건폐율, 주차 대수, 바닥면적, 사업면적 등이 나와 있다. 이 개요를 보고 건축주가 공사비를 측정할 때 주의할 점은 시공단가에 바닥면적이 아니라 사업면적을 기준으로 해야 한다는 것이다. 바닥면적은 용적률 산출에 필요한 면적이지만 사업면적은 필로티, 주차장, 피트 등 용적률 산정과는 무관하지만 실제로 공사를 해야 하는 모든 면적을 포함한 개념으로서 바닥면적보다 크다. 따라서 건설사는 사업면적을 기준으로 견적을 내므로 이 점을 유념해야 한다.

건축비에는 설계비와 감리비도 넣어야 한다. 여기에도 규모의 경제가 적용된다. 연면적 100평이 안 되는 70~90평의 설계비는 100평으로 간주하고 단가를 적용한다. 300평 이상이라면 단가를 15~20만 원 선으로 적용할 수도 있지만, 100평 정도인 경우 20만 원 이상이다. 또한, 건축사가 유명인이면 가격이 높다. 웬만하면 평균치의 2배 이상이라고 봐야 한다. 더구나 건물 외관을 모던하고 예술적인 디자인으로 원한다면 설계비와 별도로 디자인비만 수천만 원을 내야 한다. 그만큼 공을 들여야 하기 때문이다. 또한, 예술적 디자인인 경우 공사 기간이 길어지고 몸값이 비싼 인부를 고용해야 하므로 공사비가 올라가는 것도 고려해야 한다.

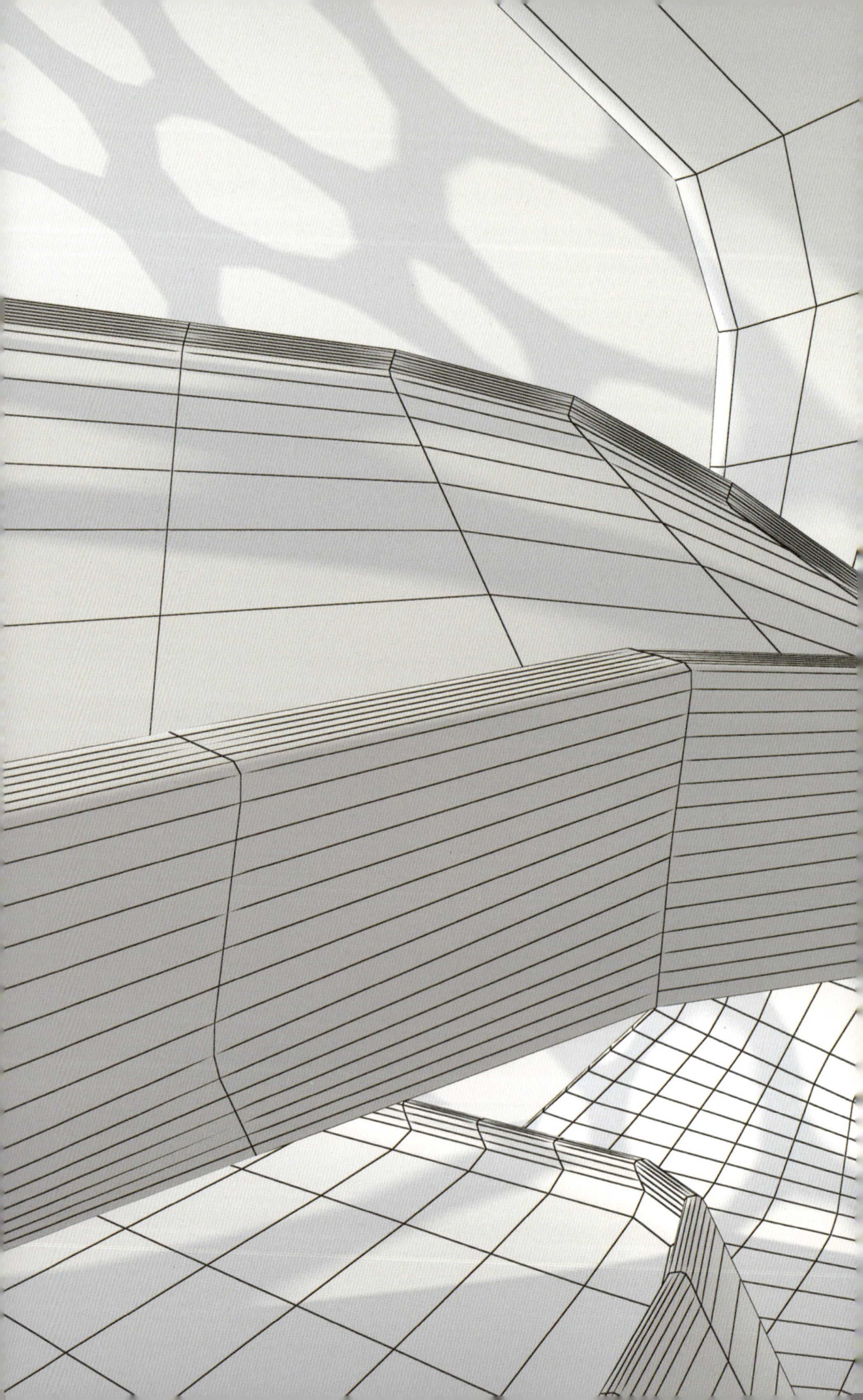

Part 9

빌딩 관리의 모든 것

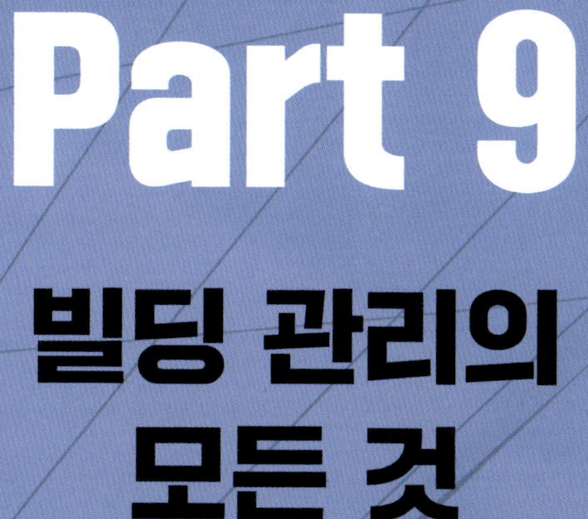

· · ·

천신만고 끝에 빌딩주가 된 후에도 안정적인 임대수익 창출과 건물 유지 관리를 위해 챙겨야 할 일들이 있다. 임대료 관리와 건물 유지 관리를 위한 관리비 부과 및 관리인 고용이나 위탁 관리, 공실 관리와 대처 방안, 외벽 관리 요령, 누수나 결로 발생 시 처리 요령을 전한다.

임대료와
관리비

건물 투자자 중에는 하루라도 빨리 노후 대비를 해야겠다는 급한 마음에, 매입 후 건물 관리를 어떻게 할 것인지에 대한 고려 없이 매물 사냥에만 매달리는 경우가 있다. 그러다 막상 마음에 드는 물건이 나타나 매입하려다 보니, 건물 관리에 대한 경험 부족으로 엄두가 나지 않아 결정을 망설이게 되는 경우를 종종 목격한다. 본인이 건물의 한 층에 살게 된다면 부딪혀보면서 헤쳐나가거나, 타지에 거주하는 경우에는 관리인을 두고 관리할 수는 있겠지만, 관리인을 두기에는 건물 규모나 임대수입이 작은 경우 어찌해야 할지 막막해 고민에 빠지게 된다.

그러면 건물 투자자가 20~500억 원대까지의 중소형빌딩을 매입하는 경우에 맞닥뜨리게 될 건물 관리의 항목별 대처 방안을 하나씩 점검해보자. 건물 관리는 크게 임대료 관리, 공실 관리, 공용 부문 청소 및 쓰레기 처리, 승강기 및 소방 점검, 전기 및 공조시설 고장에 대한 대처, 정화조 관리, 임차인의 고충 처리 정도를 꼽을 수 있다. 항목별로 개략적인 대처 방법을 살펴본다.

'월세 받아먹기'는 겉으로 보기에는 세상에서 가장 부럽고 놀고먹는 한량처럼 보이지만, 알고 보면 '전생에 무슨 죄를 지었다고 이런 업보를 짊어졌을까?'라고 푸념할 만큼 만만치 않은 미션이기도 하다. 악덕 임차인을 수차례 경험한 건물주들은 이와 같은 푸념을 수시로 내뱉는다. 지금까지 태어나서 월세를 내기만 해온 사람들은 말도 안 되는 헛소리라 치부하겠지만, 건물주도 나름대로 애환이 있다. 어쩌겠는가. 그래도 다른 어떤 일보다도 월세 받아먹기가 상대적으로 쉽고 노후가 보장되는 일이니 적극적으로 대처해보자.

임대료 관리

임대료 관리는 임차인에게 달려 있다. 월세가 밀리지 않고 매달 제때 착착 들어온다면 얼마나 좋겠냐마는 그게 쉽지가 않다. 임차인의 능력에 따라 체불이 있을 수 있고, 없을 수도 있다. 임차인을 들일 때마다 그의 월세 지급 능력을 검증하기 위해 점쟁이를 불러서 면접을 볼 수도 없는 노릇이다. 그저 직감과 운명에 맡겨야 한다. 다만 체불이 2개월 이상 지속되거나 이러한 상황이 반복된다면, 내용증명을 보내 경각심을 주고 그래도 개선되지 않으면 임차인 교체를 검토해야 한다.

월세를 잘 받아낼 수 있는 묘안은 없다. 그저 밀릴 때마다 '악다구니' 좀 써야 한다. 싫은 소리를 듣고 싶어 하는 사람은 세상에 하나도 없듯, 월세 지급이 불성실한 임차인에게는 일정 수준의 압박이 불가피하다. 그렇게 해야 임차인의 자금 집행 우선순위에서 월세가 첫손가락에 꼽히게 될 것이다.

또 다른 방법은 임대차계약을 맺을 때마다 '제소 전 화해' 절차를 활용하는 것이다. 이를 위해서는 임대인과 임차인이 함께 법원에 가서 판사님 앞에서 확인을 받아야 한다. 번거로움과 비용이 든다는 단점은 있지만, 이 방법은 3개월 이상 체불한 악덕 임차인을 소송 없이 쫓아내는 데 매우 효과적인 선제적 방법이다.

관리비 징수

관리비는 건물 유지·관리비용을 커버할 수 있다면 족하고, 혹여 그러고도 남아서 순수익으로 편입될 수 있다면 기쁨으로 여기자. 100억 원이 넘는 빌딩의 경우, 관리비 비중이 임대료의 20% 정도를 차지하지만, 50억 원 이하의 소형건물은 승강기가 없는 경우, 임대료의 10% 선에 그친다. 즉, 층당 임대료가 100만 원이라면 관리비는 10만 원 전후다. 이 정도로는 청소비, 공용전기세, 유지보수비 등을 충당하기도 빠듯하다. 낡은 건물인 경우 오히려 모자라기도 한다. 그렇다고 무작정 관리비를 올릴 수는 없다. 주변의 경쟁 대상 건물과 비교해서 관리비가 정해지기 때문이다. 승강기가 있다면 관리비를 좀 더 받을 수 있고, 리모델링한 건물이라면 신축 건물에 준해서 관리비를 받을 수 있을 것이다.

전문업체 위탁 관리

요즘 젊은이들은 남녀를 불문하고 벌레를 상당히 무서워한다. 바퀴벌레가 나오면 전쟁이라도 난 것처럼 비명을 지르고 난리를 피운다. 날파리 한 마리가 윙윙거려도 큰일 난 것처럼 군다. 형광등 하나도 스스로 갈아 끼우지 못하는 이들도 많다. 세입자가 젊은이인 경우, 말도 안 되는 소소한 일로 건물주를 부르는 등 피곤하게 구는 일이 있다.

건물주가 외지에 거주하는 경우에는 건물 관리를 주변의 가까운 공인중개사 사무소에 맡기면 편하다. 당신의 건물을 그 공인중개사가 독점 중개하도록 해주는 대신, 건물 관리에 대한 제반 사항을 관장하도록 하는 것이다. 임대차계약을 체결할 때만 건물주가 나타나고, 모든 임차인의 민원에 대해서는 건물주가 아닌 공인중개사에게 연락하라고 함으로써 건물주를 성가시게 하는 사안들을 공인중개사가 대신 관리하도록 해두자. 공인중개사는 그 물건에 대해 전속으로 중개할 수 있어서 좋고, 당신은 소소하게 신경 쓰는 삶에서 벗어나서 좋다. 건물 규모가 좀 큰 편이라면 관리인을 고용하거나 건물 관리 전문업체에 위탁할 수도 있다.

건물 관리는 처음에는 막막해 보이다가도 막상 닥치면 다 하게 되어 있다. 인간은 변화된 환경에 기막히게 빨리 적응하는 동물이므로 너무 걱정하지 않아도 된다. 건물을 관리할 때 역시 적은 돈에 연연하지 말고 과감히 투자하자. 삶의 질을 악화시키는 자잘한 임차인 민원이나 건물 관리는 공인중개사나 위탁업체에 맡기고, 자신의 행복 추구에 전념하는 게 어떨까.

건물주가 되기까지는 온갖 고생이 수반되고 그만큼 스트레스도 많다. 그렇지만 건물주가 된 이후부터는 관리인이나 위탁업체에 건물 관리를 맡기고, 스트레스를 줄이는 일상을 만들어 100세 시대를 대비해야 하지 않을까. 1920년 태생으로 100세를 훌쩍 넘기신 전 연세대학교 김형석 교수님은 아직도 왕성히 활동하신다. 그분의 장수비결은 규칙적인 식사와 운동은 기본이지만, 평소에 스트레스를 줄이거나 피하는 것에 있다. 그분은 만나면 기분 나쁜 사람은 피하는 식으로 무엇이든 자신에게 스트레스로 다가올 일은 피하려고 노력하신다고 한다. 젊은 시절, 적당한 스트레스는 목표 달성을 위한 강력한 동기부여가 되지만, 장년 시절에는 면역력이 점차 약해져서 스트레스를 이겨내기가 쉽지 않다. 이를 잘 아는 사람은 장년기에 들어서면 사람도 골라 만난다. 만수무강에 이로운 방향으로 가기 위함이다. 건물 관리의 스트레스 때문에 인생 2막을 푸념하며 지내서야 될 말인가. 건물이 잘 관리되도록 관리인을 고용하고, 공인중개사의 정보망을 활용하고, 위탁 관리업체에 맡기는 식으로 적은 돈을 들이면서 스트레스 없는 행복한 일상을 추구해보자.

공실
관리

시설물 유지·관리를 중시하라

공실을 없애거나 줄이기 위해서는 건물의 외관, 로비, 화장실, 승강기를 쾌적한 상태로 유지해야 한다. 입주회사의 직원이든, 외부 방문객에게든, 이러한 부분의 이미지가 중요하다. 사무실 내부는 좋은데 화장실이 아직도 재래식이고 냄새난다면 아무리 저렴한 임대료라고 해도 떠나고픈 마음이 가득할 것이다. 로비도 건물의 내부 이미지를 결정하는 중요한 요소다. 승강기 내부가 조명도 어둡고 철판도 낡고 지저분하면 어떨까. 남 보기 부끄럽다. 실제로 중소기업 오너들은 사무실을 얻을 때 이런 부분도 고려해서 건물을 정한다. 다소 임대료가 높더라도 예쁘고 깨끗한 건물을 얻으려고 한다.

평소 건물 내·외부 시설물의 유지 관리에 만전을 기해야 한다. 주기적인 화장실 청소와 냄새 제거, 계단실 청소, 옥상 청소뿐만 아니라 10년 주기로 옥상 방수 작업을 시행해야 한다. 건물 외벽도 5년 주기로 고압 분사기로 청소하는 게 좋다. 이렇게 관리하면 30년 된 건물이 15년 된 것으로밖에 안 보인다. 피부 관리에 신경 쓴 50대 얼굴이 30대 동안으로 보이는 것과 같은 이치다. 이런 노력을 기울이면 한번 들어온 임차인들은 거주 만족도가 높아 오래 머문다.

1년 12개월을 공실 하나 없이 유지하기는 절대 쉽지 않다. 간혹 공실이 발생할 수 있다는 생각을 가지자. 혹여 공실 없이 1년을 보내게 된다면 보너스로 여기자. 공실률 제로를 유지하겠다는 야무진 목표를 세웠는데 차질이 빚어질 경우, 그에 너무 예민하게 반응하고 골몰하다 보면 쉬이 늙는다. 행복해지자고 빌딩부자가 되었는데, 소소한 부분에 얽매여 스스로 불행을 자초한다면 무슨 소용인가. 큰돈 버는 데 신경 쓰고 작은 부분은 대범하게 넘기자.

공인중개사를 활용하라

빌딩 밸류업 차원에서 진행한 리모델링이나 신축공사 완공 후 임차인 수배는 신속하게 양질의 임차인으로 공실을 채워야 하므로 시간이 생명이다. 임차인 수배는 중개사들의 강력한 공동중개망을 이용하는 것이 좋다. 문제는 중개사들이 내 건물 임대를 최우선순위에 두도록 동기부여를 하는 것이 중요하다. 건물주가 비즈니스 마인드를 발휘해 인센티브를 제공하는 것이다. 건물 완공 후 처음으로 공실을 채울 때는 수수료의 2배를 제시하면 효과가 있다. 요율대로만 지급한다면 당신의 건물은 보통 매물이 되어 공인중개사들의 특별한 관심을 얻지 못해 임차인 수배 기간이 한없이 늘어질 수 있다. 동기를 유발하면 공인중개사들은 앞다투어 임차인들을 당신 건물로 데려올 것이다.

임차인 수배를 위해서 일부 건물주는 건물 외벽에 '임대문의' 표찰이나 현수막을 걸어두는데, 잘되면 중개보수를 줄일 수 있다는 장점이 있지만, 대체로 공실 기간이 길어진다는 약점이 더 큰 방법이다. 공실이 발생하면 중개업자의 거래정보망을 통해 임차인을 수배하는 것이 공실 기간을 줄이는 데 훨씬 효과적이다. 어떤 건물주는 '임대문의' 표식을 건물 외벽에 게재한 채 공인중개사 사무소에도 의뢰하는데, 그런 경우 웬만해서는 공인중개사의 협조를 얻기 어렵다. 공인중개사가 고객을 현장에 안내할 때, 임대문의 표식에 적힌 전화번호를 보고 나중에 당사자끼리 연락해서 계약할 가능성이 농후하므로, 공인중개사는 길잡이 노릇만 할 뿐이라는 생각 때문에 관심을 끊는 것이다. 이런 일이 반복되면 공실 채우기는 하염없이 늘어질 수 있다. 월세의 절반 수준인 중개보수를 주고 공실 기간을 줄이느냐, 그것을 아끼려고 수개월간 공실을 지속하느냐는 건물주의 선택이다.

참고로 다세대주택이나 오피스텔 시행사들이 신축 완공 후 공실을 채우기 위해 시행하는 강력한 중개수수료 인센티브 관행을 전한다. 이들이 완공 후 임차인 수배 때 지급하는 인센티브가 얼마나 될까? 방 2칸짜리 빌라의 전세가 3억 원이라고 할 때, 인센티브는 500만 원 내지 1,000만 원을 준다. 3억 원 전세에 대한 정상적인 중개수수료는 90만 원에 불과하다는 것을 고려할 때 2배에 그치지 않고 무려 5~10배를 준다. 시행사들은 분양 또는 전세를 완료하는 것이 사업의 완성이므로 사업 지연을 막기 위해 이렇게 파격적인 인센티브를 제공한다. 건물 임대는 이와는 결이 다르지만, 리모델링이나 신축사업 완공 후 빈 건물에 새 임차인을 들일 때만큼은 정상 수수료의 2배 정도를 지급한다면 중개사들에게 환영받고 신속히 공실이 채워질 것이다. 서양 속담에 'Money talks'라는 말이 있다. '돈이면 귀신도 부릴 수 있다'라는 뜻으로 건물 공실 관리에도 통하는 말이다.

외벽
관리

　건물의 외벽은 다양한 건축자재로 마감되어 있는데, 우리는 이를 외장재라고 부른다. 외장재는 마치 외투와 같다. 외투는 건물을 튼튼하게 해주는 게 아니고 건물을 감싸서 바람과 비, 햇빛과 추위를 막아주는 역할을 한다. 또한, 어떤 외장재를 쓰느냐에 따라 관리를 달리해야 한다. 여기에서는 외장재에 따른 관리 방법을 알아본다.

　먼저 외벽에 페인트칠한 경우다. 기존의 외벽은 벽돌이나 타일인 경우가 많은데, 이들 외장재가 30년 이상 지나면 변색하고 오염되어 보기

한 번도 청소하지 않아
전면이 어둡게 변색함

노란색으로 깔끔하게
도장된 모습

부실시공으로 우측 벽면의
칠이 벗겨짐

에 흉하다. 이를 커버하기 위한 가장 저렴한 방식이 도장인데, 한번 칠하면 수명이 10년을 넘기기 어렵다는 단점이 있다. 저렴한 도료를 사용하거나 시공이 부실하게 되면 10년도 못 가서 칠이 벗겨지기도 한다. 제대로 시공된 도장이어도 최소 10년마다 도장을 다시 해줘야 한다.

둘째, 벽돌로 마감한 경우, 시간이 경과하면서 벽돌과 벽돌 사이를 메운 줄눈이 갈라지고 그 틈 사이로 누수가 발생한다. 따라서 모든 벽돌조 건물은 3년마다 외벽 청소와 함께 발수제를 꼼꼼하게 도포하는 관리가 필수다. 발수제를 도포하기 전에는 반드시 약품 작업으로 오염을 제거하고, 고압 분사기로 세척한 뒤 충분히 건조시킨 후에 발수제를 도포해야 한다. 물청소 없이 발수제만 도포할 경우, 벽돌 표면에 흡착된 먼지가 그대로 굳어 미라처럼 처리되어 외관이 흉해질 뿐 아니라, 이후 제거도 매우 어려워지므로 각별한 주의가 필요하다.

고압수로 찌든 때를 씻어내는 모습

스카이기를 이용한 외벽 세척 작업

세척 전 메탈 패널 외벽 모습

세척 후 깔끔해진 메탈 패널 모습

셋째, 고급 외장재에 속하는 석재나 커튼월 마감인 경우다. 부실시공이 아닌 경우, 이런 외장재는 30년이 초과해도 누수가 발생하는 경우가 드물다. 다만 외벽 물청소는 5년마다 시행해야 한다. 몇백만 원이 아까워 준공 후에 단 한 번도 물청소를 안 하는 건물주들이 많아 유감이다. 이들은 비가 오면 벽면에 낀 때가 저절로 씻겨 내려갈 것으로 믿겠지만, 일부는 씻겨나가고 일부는 표면에 고착된다는 게 문제다.

외벽 관리의 결과는 곱게 관리된 중년의 팽팽한 피부와 자외선에 무한 노출된 사람의 쭈글쭈글한 피부 차이를 생각하면 쉽게 이해할 수 있을 것이다. 주기적인 외벽 청소를 통해 잘 관리된 건물은 30년이 지나도 15년 된 것처럼 보이지만, 한 번도 외벽 청소를 하지 않은 건물은 20년만 지나도 40년은 된 것처럼 노후해 보인다. 이런 건물은 임대료가 점차 낮아지고 공실이 발생하기 쉽다. 사람이 몸을 씻듯, 건물 역시 주기적으로 '샤워'를 시켜줘야 한다.

아래 좌측 건물은 전면이 화강석이고 좌측면은 고구마색 타일로 마감되어 있으나 준공 후 단 한 번도 외벽 청소를 하지 않아 지저분하다. 가운데 건물은 전면이 타일로 마감되어 있는데 이 건물 역시 외벽 상태가 매우 불량하다. 맨 우측 건물은 전면이 커튼월이다. 주기적으로 청소

| 지저분한 화강석과 타일 | 먼지층이 고착된 타일건물 | 불순물이 고착된 커튼월 |

해주면 언제나 개방감과 멋진 외관을 자랑할 텐데 유리에 때가 끼어 보기에 흉하다.

넷째, 노출콘크리트조 건물이다. 일반적인 외장 마감은 철근을 조립한 뒤 거푸집을 설치하고 시멘트를 타설한 후, 거푸집을 제거한 골조 표면에 단열재와 외장재를 부착해 마감하는 방식이다. 반면 노출콘크리트는 시멘트 타설 후 거푸집을 제거한 뒤 드러난 콘크리트 표면을 매끄럽게 정리해, 그 자체를 외관으로 사용하는 방식이다. 호불호가 분명히 갈리지만, 중후하고 묵직한 외관을 선호하는 일부 건물주들은 이 방식을 선택하기도 한다.

문제는, 콘크리트는 흡수력이 탁월해 비가 오면 노출콘크리트 속으로 비가 스펀지처럼 스며든다는 것이다. 비가 그친 후에도 시멘트 속의 수분이 서서히 빠져나와 콘크리트 표면의 미세한 굴곡을 따라 벽면을 타고 빗물이 흘러내린다. 비가 내릴 때마다 물은 동일한 길을 따라 흘러내리고 이렇게 형성된 물길에 이끼가 낀다. 시간이 지나면 이끼는 검게 변색되어 외관을 해치기 쉽다. 특히 강우에 가장 많이 노출되는 건물 상층부가 더욱 취약하다.

노출콘크리트는 공사비가 상당히 비싸고 중후미가 넘친다고 알려져

상층부와 돌출 부위 변색

상층부에 집중된 변색

상층부 테두리 변색

있다. 그런 멋진 모습을 유지하려면 그만큼 외벽 관리에 공을 들여야 한다. 관리를 안 하면 304페이지 사진처럼 몰골이 흉해진다. 따라서 최소 3년마다 외벽 청소와 발수제를 도포해줘야 중후한 멋을 유지할 수 있다.

누수와
결로

　외벽 누수 외에도 누수의 원인은 다양하다. 옥상 방수제가 수명을 다한 경우도 있고, 창틀의 실리콘이 굳어 금이 가면 그 사이로 빗물이 침투하기도 하며, 화장실 방수 문제도 있고, 지하실에서 누수도 고질적으로 이어진다. 옥상 방수에 대해서는 이 책 Part 4의 '차별화가 살길이다'에서 다루었기에 생략한다. 창틀 누수도 간단하게 수리할 수 있으며, 화장실 누수도 누수업체를 통해 해결하면 된다. 다만, 수많은 건물주가 지하실 누수에 대해서는 원인과 처방에 대해 잘 알지 못하기 때문에 여기에서는 지하실 누수와 처방에 대해 전한다.

　철근콘크리트 건물에서 균열은 필연적이다. 시간이 흐를수록 균열이 발생하고 균열이 점점 커진다. 특히 지하실처럼 습기와 직접 접하는 곳은 수분의 침투로 콘크리트의 균열이 진행된다. 균열 사이로 침투한 수분이 철근에 닿으면 화학작용으로 철근이 산화되어 녹슨다. 녹이 슬면서 부피가 증가해 시멘트의 균열을 더 크게 만든다. 따라서 준공 30년쯤 지나면 지하실에서의 누수는 무조건 발생한다고 봐야 한다. 이것은 부실시공의 결과가 아니라 시멘트와 철근 조합의 태생적 숙명이기 때문이다.

그러면 균열로 인한 누수는 어떻게 처리해야 할까. 방법은 크게 2가지다. 하나는 균열이 큰 부위의 갈라진 틈을 따라 앙카를 박고, 그 속에 방수액을 주입하는 방식이다. 방수액을 고압으로 벽면 내부에 주입하면, 시멘트 속의 모든 균열 틈으로 스며든 후 신속하게 경화되어 방수되는 것이다. 그러나 이 방법은 완전하지 않고 한시적 처방에 불과하다. 근본적인 처방은 집수정을 설치하는 것이다. 즉, 방바닥 가장자리를 따라 도랑(트렌치)을 만들어 벽면에서 흘러내리거나 바닥에서 솟아난 물이 도랑을 타고 흐르도록 유도해 물이 모이는 곳에 집수정을 설치한다. 집수정 안의 물이 일정 수준으로 차면 펌프가 자동으로 가동되어 바깥으로 퍼내는 것이다. 도랑과 집수정은 바닥면 아래에 설치되므로 육안으로 보이지 않게 마무리하면 된다. 이 방법은 지금까지 개발된 가장 효과적인 지하실 누수 처리 방식이라고 볼 수 있다.

벽면 균열 틈으로 에폭시를 주입해 방수

도랑 끝에 집수정 + 펌프 + 배수관 설치 모습

결로는 건물 내부의 벽면에 이슬이 맺혀 흐르는 문제로서, 건물 밖의 온도와 내부 온도의 차이로 발생한다. 결로를 근본적으로 방지하기 위해서는 신축이나 리모델링 시 외벽에 단열재를 부착하되, 단열재와 단열재 사이의 틈을 잘 메꿔줘야 한다. 그런데 낡은 건물의 경우, 단열재의 성능이 노후하거나 단열재 사이에 틈이 있으면, 그로 인해 결로가 발생한다. 시중에는 결로 방지용 도료도 있지만, 이는 임시방편에 불과하다. 근본적인 처리는 내벽에 고성능 압축 단열재인 아이소핑크와 같은 것을 부착하고 마감해서 처리해야 한다.

빌딩
투자
실전서

제1판 1쇄 2026년 2월 3일

지은이 임동권
펴낸이 허연 **펴낸곳** 매경출판㈜
기획제작 ㈜두드림미디어
책임편집 최윤경 **디자인** 김진나(nah1052@naver.com)
마케팅 한동우, 박소라, 김영관

매경출판㈜
등록 2003년 4월 24일(No. 2-3759)
주소 (04557) 서울시 중구 충무로 2(필동 1가) 매일경제 별관 2층 매경출판㈜
홈페이지 www.mkbook.co.kr
전화 02)333-3577
이메일 dodreamedia@naver.com(원고 투고 및 출판 관련 문의)
인쇄·제본 ㈜M-print 031)8071-0961

ISBN 979-11-6484-840-9 (03320)

책 내용에 관한 궁금증은 표지 앞날개에 있는 저자의 이메일이나
저자의 각종 SNS 연락처로 문의해주시길 바랍니다.

책값은 뒤표지에 있습니다.
파본은 구입하신 서점에서 교환해드립니다.